Hannes Silbernagl · Katharina Avi

OFFIZIELLE E-BIKE-TOUREN

im Vinschgau

30 einfache E-Bike-Touren
mit Kultur- und Genusshighlights

TAPPEINER.

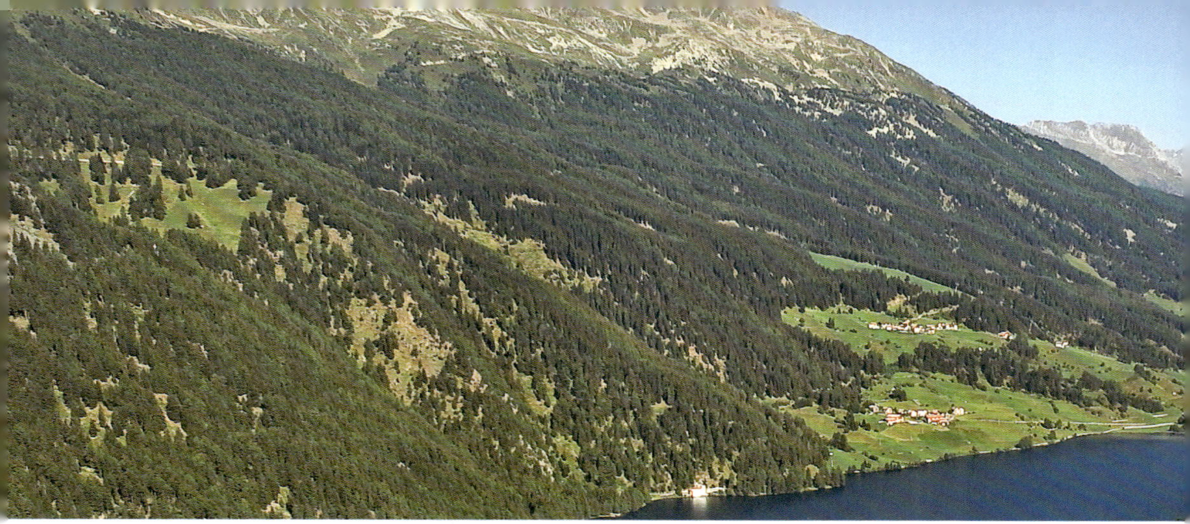

INHALT

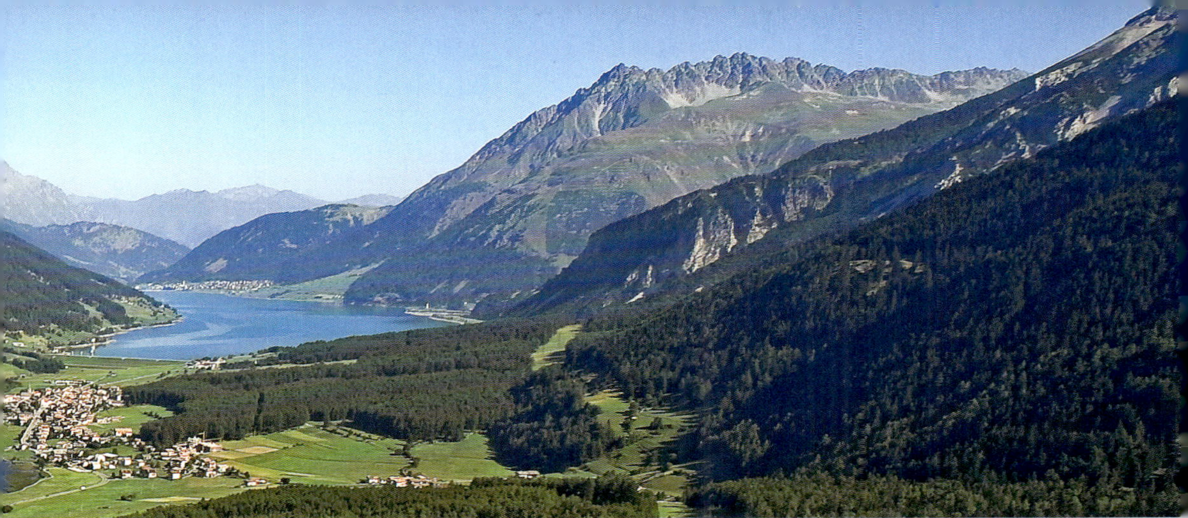

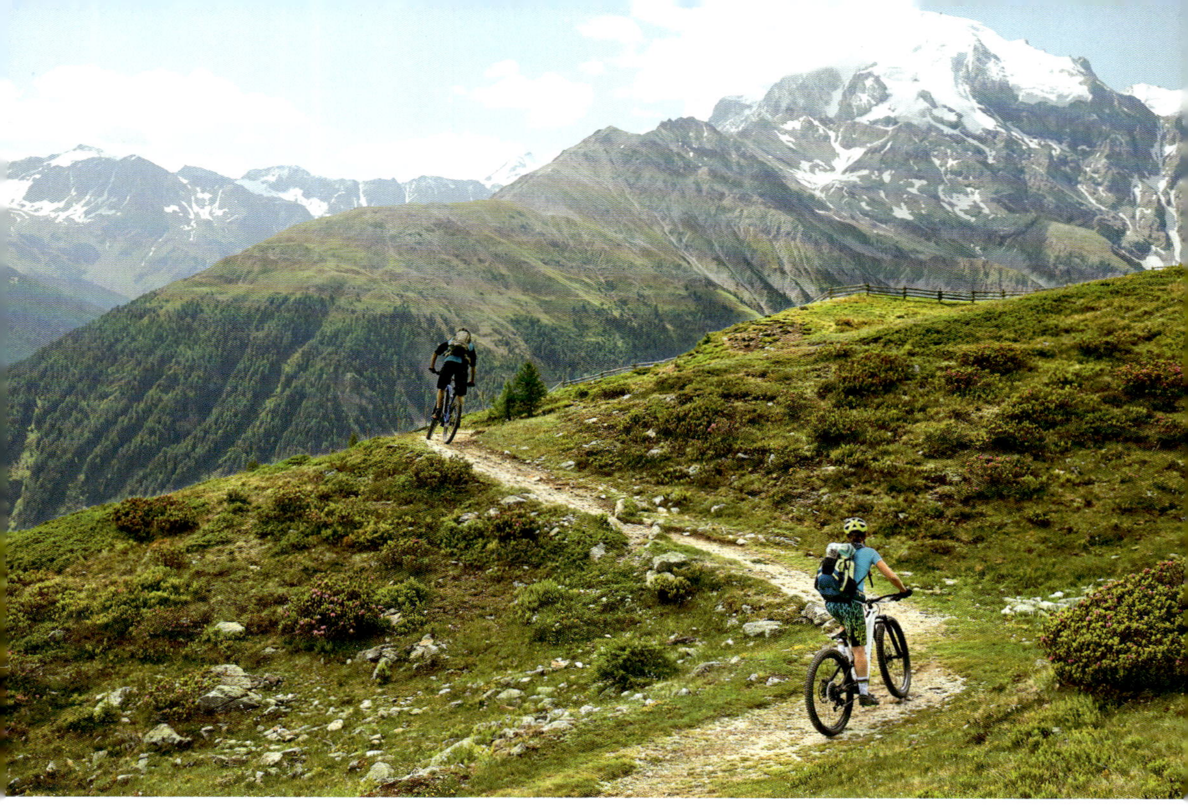

EINLEITUNG

Als wir vor fünf Jahren die Bikeacademy Lana gründeten, waren ausschließlich Mountainbike-Touren gefragt; E-Biker galten als Exoten, die lediglich zu faul zum Treten waren. Vor etwa drei Jahren hatte sich der Anteil Mountainbike / E-Bike auf 70:30 verlagert und mittlerweile fahren wir fast ausschließlich mit E-Bikern. Tatsächlich fällt die Wahl auf den „motorenbetriebenen Drahtesel" aus vielerlei Gründen: Die meisten nutzen das E-Bike zum „Niveau-Ausgleich", d. h. bei Fahrgemeinschaften können weniger Trainierte oder Schwächere mit den fitteren Mitgliedern der Gruppe mithalten und alle haben dabei Spaß, fühlen sich gefordert und tun etwas für die Kondition.

Gerade bei uns in Südtirol kommen bei Touren schnell 1000 Höhenmeter zusammen, die für viele nur schwer machbar sind; mit Unterstützung jedoch werden solche Touren nicht zum konditionellen Gewaltakt, sondern zum unvergesslichen Aktiverlebnis.

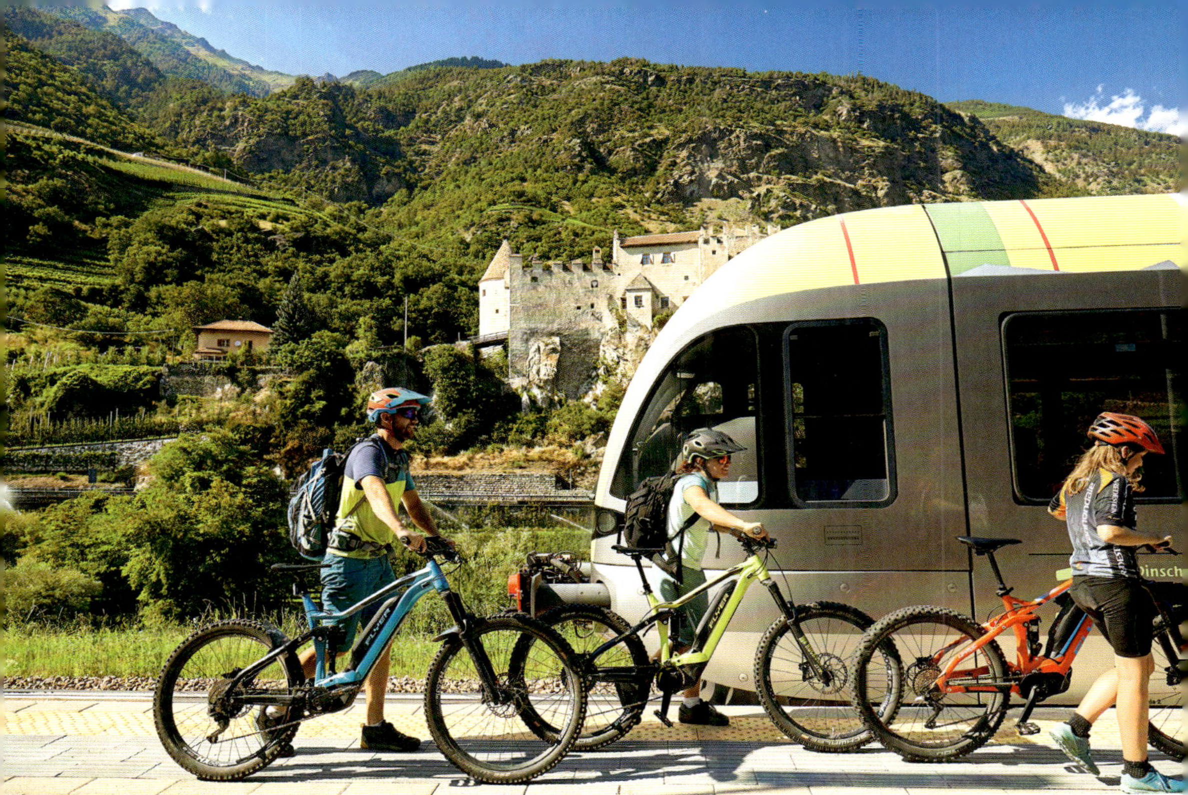

Einige sehr sportliche Fahrer suchen nach Herausforderungen beim sogenannten Uphill-Flow: War bis dato eher die Abfahrt eine technische Herausforderung, heißt es hier technisch schwierige Trails bergauf zu fahren, was den Puls sehr hoch hinaufjagt. Viele Spitzensportler nutzen das E-Bike mittlerweile für perfekt dosiertes Ausdauertraining: Je nach Herzschlagzielbereich kann man Unterstützung zuschalten oder wegnehmen, der Trainingseffekt ist hier enorm.

Für Familien ergibt sich mit dem E-Bike eine neue Dimension der Freizeitgestaltung: Wunderschöne Touren für einen Familienausflug sind nicht mehr mit „stupidem Dauertreiben" für die Jüngsten verbunden, sondern verwandeln das Biken in ein positives Erlebnis, bei dem Kinder nicht ständig überfordert sind und Eltern ihren Nachwuchs nicht mit Seilen und Schieben auf die nächste Alm bugsieren müssen. Tatsächlich sollte man sich vor Augen führen, dass kein Kind Skifahren bei einer Skitour erlernt, sondern mit Liftunterstützung ... dies sollte beim Biken auch so sein!

Generell möchten wir anmerken, dass uns Familien beim E-Biken ein besonderes Anliegen sind: Als Eltern von sechs Kindern zwischen zwei und 14 Jahren suchen wir immer nach erlebnisreichen Touren, die für alle machbar sind und Spaß bringen; zum einen hat man mit Batterieunterstützung die Möglichkeit, die Kleinsten im Anhänger umweltfreundlich an wunderschöne Orte zu bringen, zum anderen schafft man es auch, Pubertierende aus ihren Reserven zu locken und für Bewegung an der frischen Luft zu begeistern. Die Anhängertauglichkeit wurde bei jeder unserer Touren berücksichtigt, ausprobiert und in diesem Buch angeführt.

Die Angst, dass der Akku den E-Biker im Stich lässt, wird immer geringer: Die Akkus werden größer und Bike-Verleiher wissen mittlerweile sehr gut Bescheid über die Haltbarkeit der Batterie.

Grundlegend kann man sagen, dass bei einem 500-Wh-Akku auf automatischem Modus (Bosch: EMTB / Shimano: Trail / Panasonic: Auto usw.) ein 90 kg schwerer Fahrer 1000 Höhenmeter zurücklegen kann. Alle 10 kg Differenz verändern das Ergebnis um 125 Höhenmeter. Ein 70 kg schwerer Fahrer kommt also ca. 1300 Höhenmeter weit, ein 110 kg schwerer Fahrer etwa 750 Höhenmeter.

Wer es noch genauer wissen möchte kann unter www.bosch-ebike.com/de/service/reichweiten-assistent viele Variablen berücksichtigen.

In diesem Buch bewegen wir uns ausschließlich auf offiziellen Wegen, trotzdem sind die wenigsten davon exklusiv für den Radfahrer reserviert, sondern dem „share-the-trail-Prinzip" unterworfen, d. h. Biker und Wanderer teilen sich die Strecke.

Für ein respektvolles Miteinander sollten sich alle an die sogenannte Trail-Etikette halten:

- **Respektiere den Berg:** Karte lesen, Wetter checken, Zeitplan haben.
- **Respektiere den Weg:** Hinterlasse so wenig Spuren wie möglich und bleibe auf dem Weg.
- **Respektiere dein Können:** Fahre mit Einschätzungsvermögen und Reserven; handle risikobewusst und selbstverantwortlich.
- **Respektiere andere Naturnutzer und Tiere** – Fair Play für Natur und Mensch.

Über die kostenfreie **Notrufnummer 112** kann in Südtirol auch bei Berg- und Freizeitunfällen Hilfe angefordert werden. Dabei ist es wichtig, seinen Standort, die Art des Unfalls, nach Möglichkeit das Verletzungsmuster anzugeben sowie eine Mobiltelefonnummer, über die der Hilfesuchende gegebenenfalls erreicht werden kann.

Wir wünschen allen Leserinnen und Lesern unvergessliche Bikeerlebnisse! Ride on – Ride fair!

Hannes Silbernagl und Katharina Avi

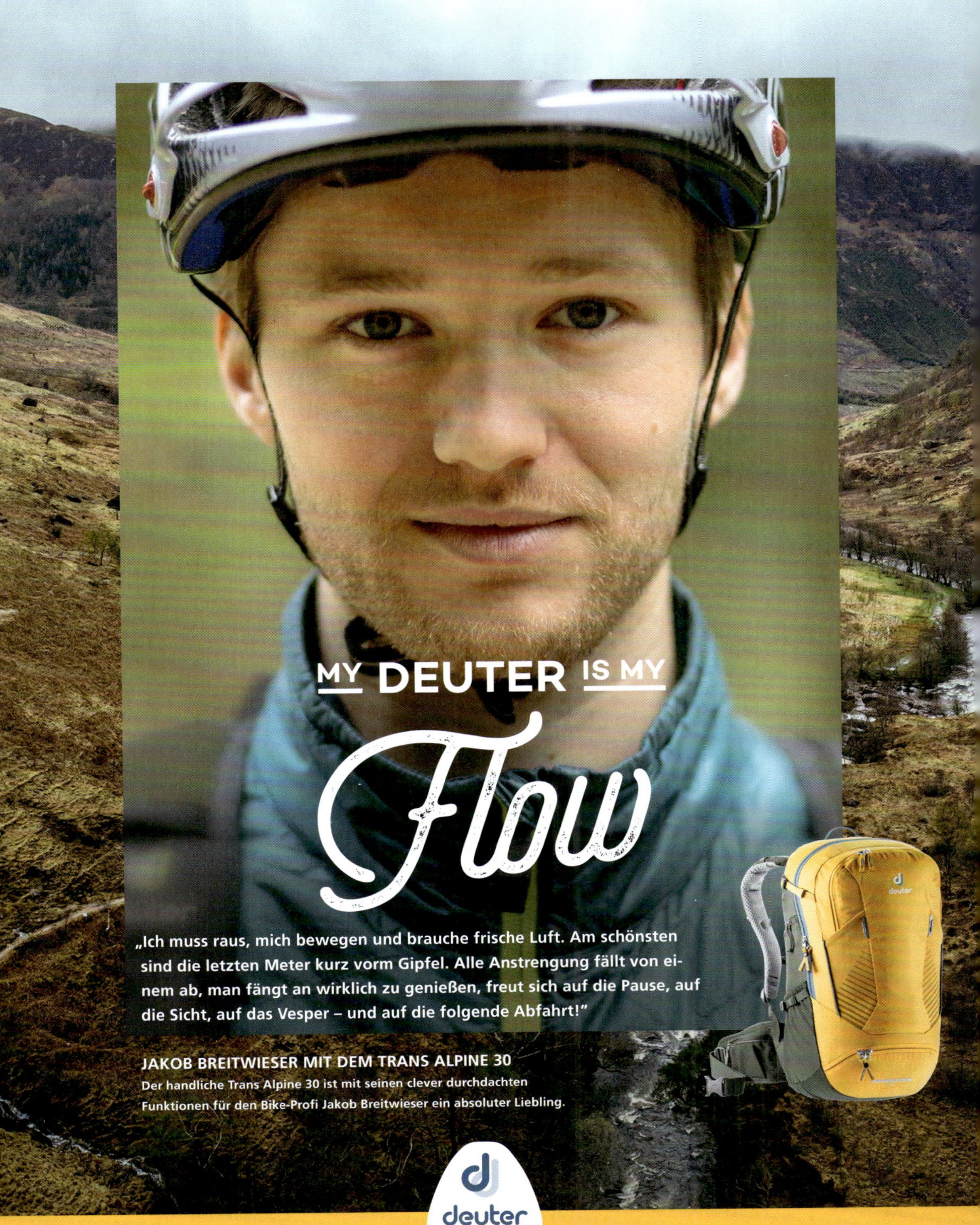
MY DEUTER IS MY
Flow
„Ich muss raus, mich bewegen und brauche frische Luft. Am schönsten sind die letzten Meter kurz vorm Gipfel. Alle Anstrengung fällt von einem ab, man fängt an wirklich zu genießen, freut sich auf die Pause, auf die Sicht, auf das Vesper – und auf die folgende Abfahrt!"
JAKOB BREITWIESER MIT DEM TRANS ALPINE 30
Der handliche Trans Alpine 30 ist mit seinen clever durchdachten Funktionen für den Bike-Profi Jakob Breitwieser ein absoluter Liebling.
deuter

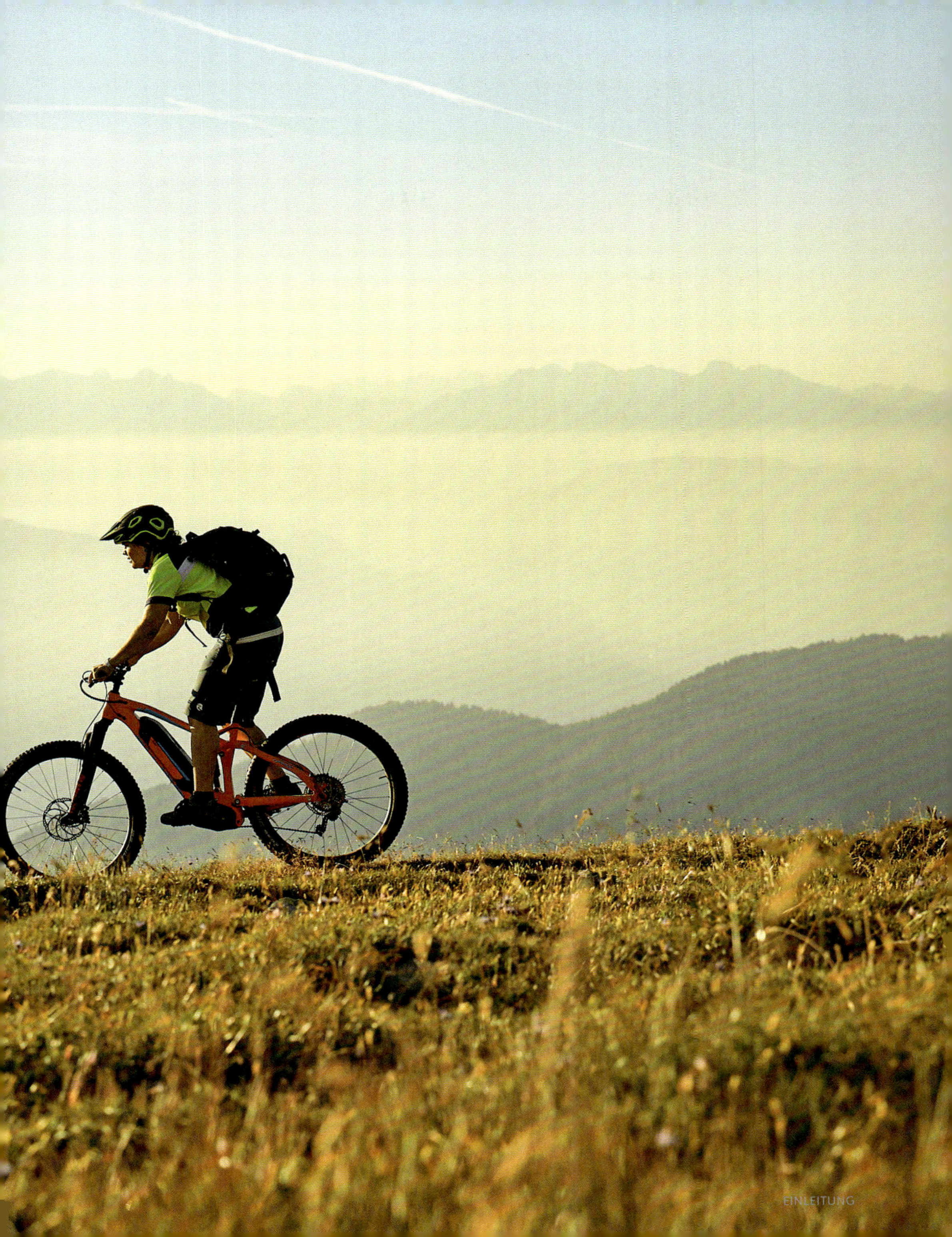

HOCH ÜBER DEM RESCHEN

Start + Ziel Parkplatz Reschen, 1500 m
Höchster Punkt 2003 m
Strecke 20 km
Hm bergauf 640
Hm bergab 640
Zeit MTB 2 Std. 30 Min.
Zeit E-MTB 1 Std. 40 Min.
Schwierigkeit ●○○○○
E-Bike-Akkus 1
Anhängertauglich ja

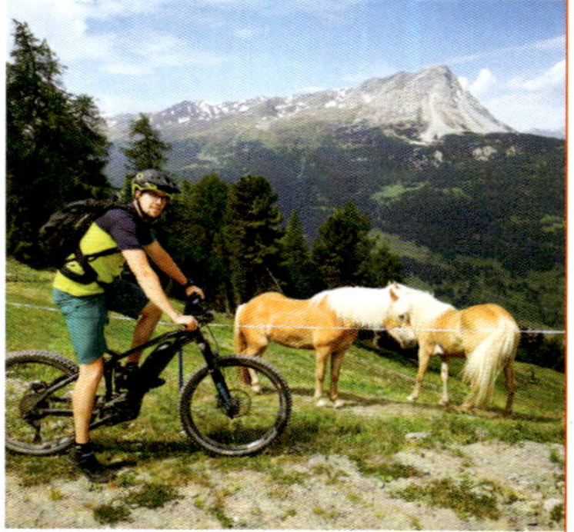

Entspannt hochkurbeln, wo sonst vor allem die Vollvisierfraktion am Werk ist. Für Enduristen wurden hier im Dreiländereck etliche Trails „geshaped" – aber keine Angst, diese Runde bleibt Enduro-frei; die bestehenden Forststraßen bieten eine erstklassige Aussicht auf den Reschen- und den Haider See.

Tourenbeschreibung

Vom Parkplatz in Reschen fährt man ans Nordwestufer, vorbei an der Talstation Schöneben und die Forststraße hinauf bis kurz nach den Spinhöfen. Hier rechts halten, bis man auf die Rojenstraße kommt. Der Straße folgen bis zur Abzweigung Reschner Alm. Nach 200 Höhenmetern hat man die Alm erreicht. Sie bietet neben gutem Essen auch einen herrlichen Ausblick. Nach verdienter Rast geht's gemütlich auf der Forststraße Richtung Norden zurück ins Tal.

Forststraße in Richtung Spinhöfe

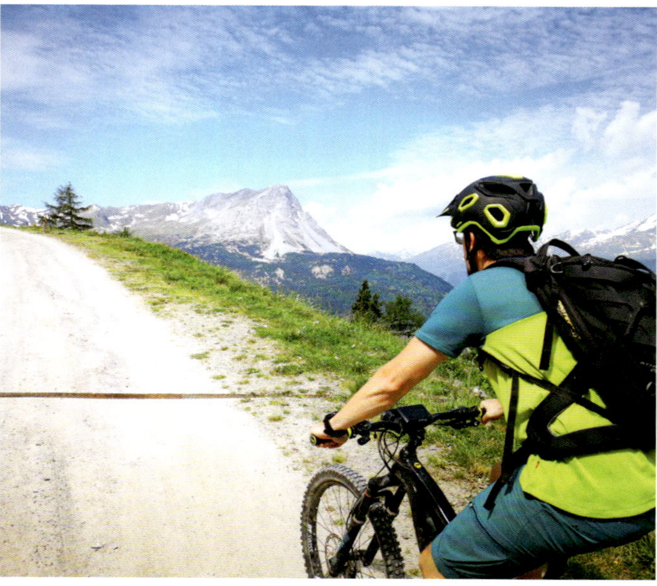

Anfahrt

 Mit dem Fahrrad über die Claudia Augusta (Vinschger Radweg) bis nach Reschen.

 Mit dem Auto über die Vinschgauer Staatsstraße und am Ende von Reschen-Dorf die Abzweigung Richtung Ski-/Wandergebiet Schöneben nehmen. Parkplatz an der Talstation.

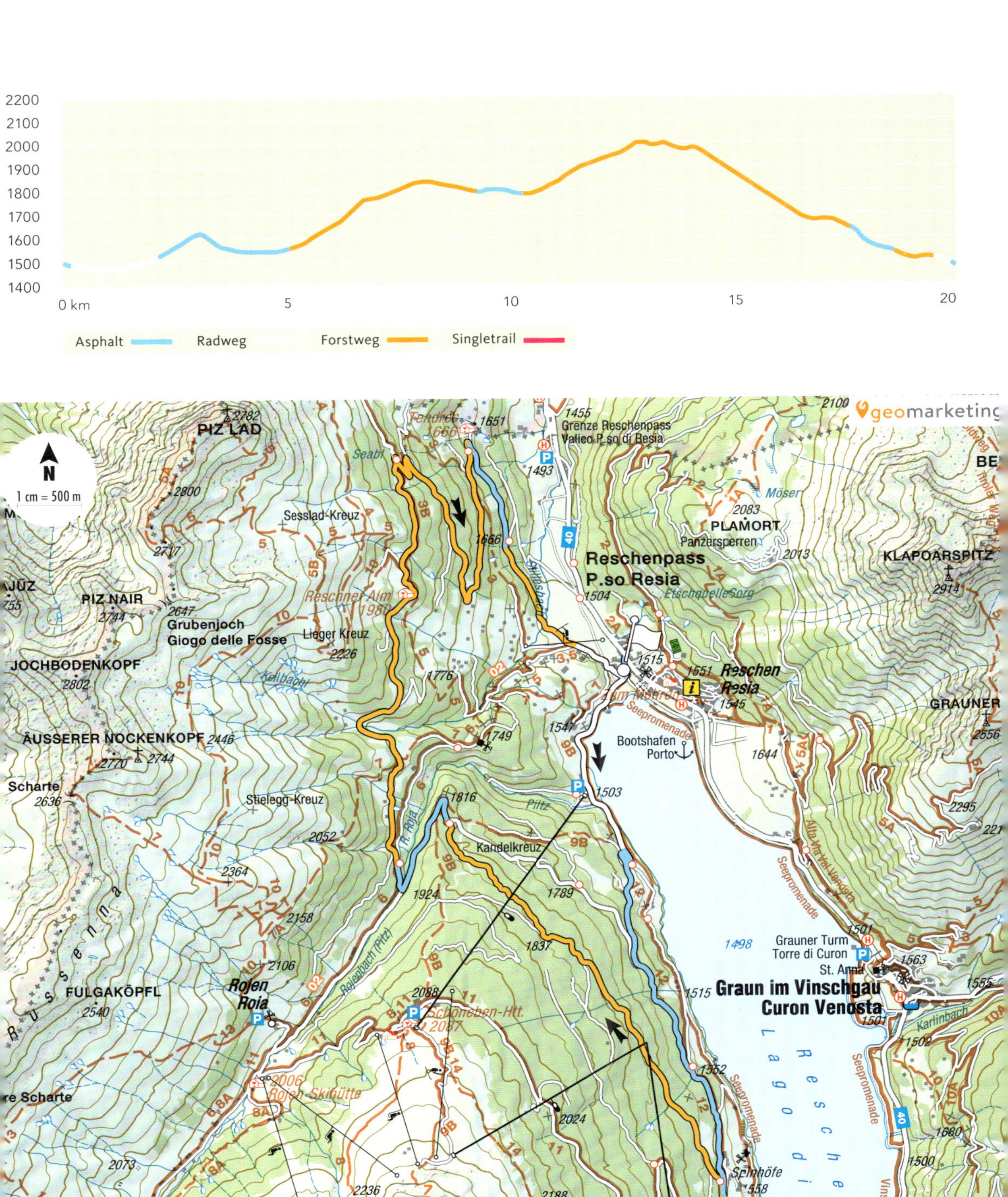

2200
2100
2000
1900
1800
1700
1600
1500
1400
0 km
5
10
15
20
Asphalt
Radweg
Forstweg
Singletrail
geomarketing
1 cm = 500 m
PIZ LAD
Sesslad-Kreuz
Reschner Alm
Lieger Kreuz
PIZ NAIR
Grubenjoch
Giogo delle Fosse
JOCHBODENKOPF
ÄUSSERER NOCKENKOPF
Scharte
Stielegg-Kreuz
Kandelkreuz
FULGAKÖPFL
Rojen
Roia
Schöneben-Htt.
Rojen-Skihütte
Grenze Reschenpass
Valico P.so di Resia
Reschenpass
P.so Resia
PLAMORT
Panzersperren
Möser
KLAPOARSPITZ
Etschquelle Sorg
Reschen
Resia
Seepromenade
Bootshafen
Porto
GRAUNER
Grauner Turm
Torre di Curon
St. Anna
Graun im Vinschgau
Curon Venosta
Karlinbach
Reschen
Lago di
Schöneben
Seabl
Rojenbach (Pitz)
Pitz

HIGHLIGHTS

Der Reschensee

Der Reschensee (die Geschichte zum Kirchturm im See auf Seite 20) ist 6 km lang und 1 km breit. Seine tiefste Stelle beträgt 28 m. Die Alperia AG produziert im dazugehörigen Kraftwerk ca. 250 Gigawattstunden pro Jahr.

Wander- und Skigebiet Haideralm

Rund um den See liegen die Dörfer Graun, Reschen und St. Valentin auf der Haide, welches zwischen Reschen- und Haider See liegt. Oberhalb von St. Valentin auf der Haide liegt das Skigebiet Haideralm, welches erst 2017/18 von der Schöneben AG übernommen und so mit dem gleichnamigen Skigebiet im Jahr 2019 über zwei 10er Kabinenbahnen zum Gebiet Schöneben-Haideralm verbunden wurde. Insgesamt 15 Aufstiegsanlagen sorgen somit im Winter wie im Sommer für relaxte Höhenüberwindung bei Skifahrern und Bikern.

Die Elferspitze

Die wohl bekannteste Bergspitze im umliegenden Panorama ist die Elferspitze: Mit 2926 m ist sie die höchste

Das herrliche Wandergebiet Schöneben-Haideralm

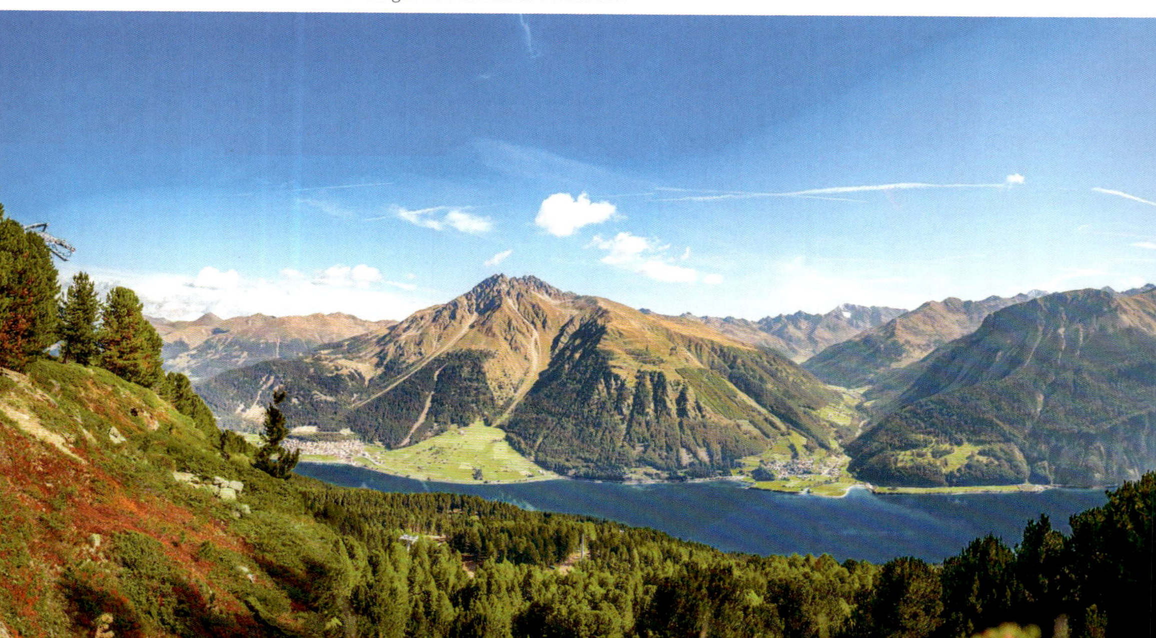

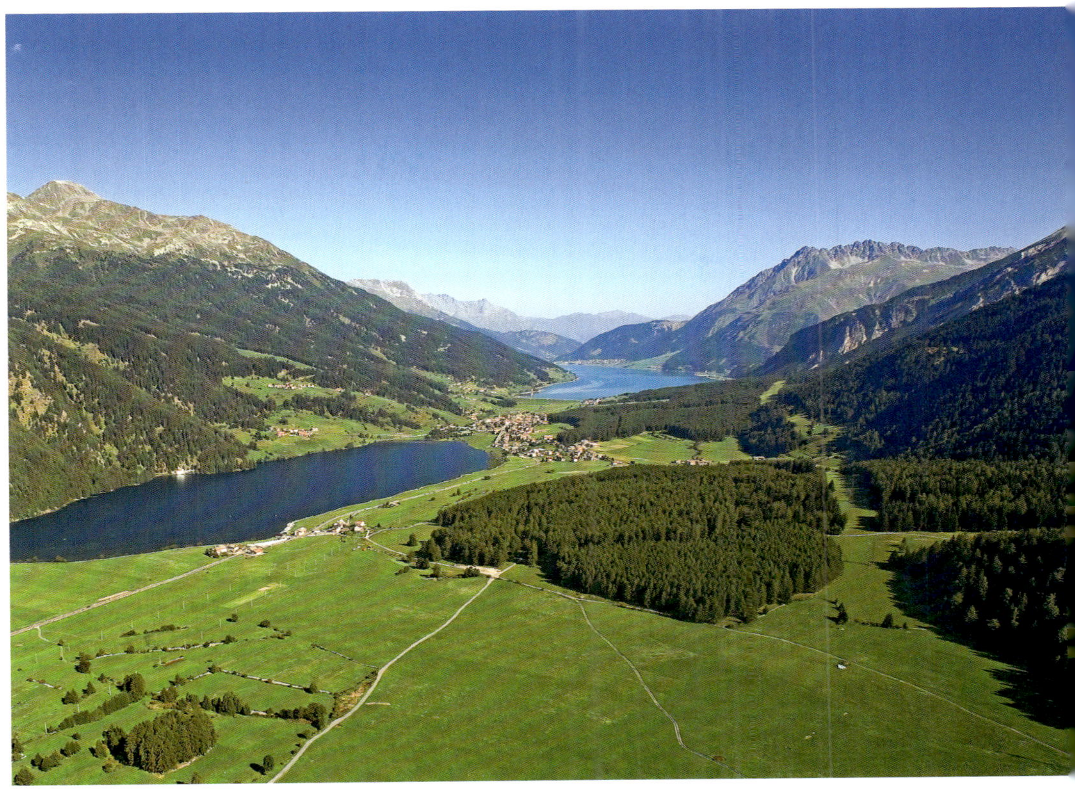

Haider See und Reschensee – dazwischen das idyllische Dörfchen St. Valentin auf der Haide

Erhebung des Bergmassivs Sesvennagruppe. Zusammen mit dem nordwestlich liegenden Zwölferkopf (2738 m) und dem nördlich liegenden Zehnerkopf (2675 m) bildet die Elferspitze die „Rojener Sonnenuhr", die früher zur Bestimmung der Uhrzeit genutzt wurde.

Haider- und Reschner Alm

Im sonnenverwöhnten Ski- und Bikegebiet Schöneben-Haideralm liegt der Almbetrieb Haideralm, der ganzjährig geöffnet ist und sich mit einer Höhe von 2200 m ü. d. M. rühmt.

Von der Reschner Alm (2020 m) aus hat man den besten Blick über den Reschensee und den oberen Vinschgau. Beide Almen befinden sich im sogenannten Dreiländereck (Italien, Österreich, Schweiz), was man tatsächlich am Wechseln des Mobilfunkanbieters am Handy erkennen kann …

2

PLAMORTBÖDEN

Start + Ziel Parkplatz Reschen, 1500 m
Höchster Punkt 2079 m
Strecke 18,7 km
Hm bergauf 720
Hm bergab 720
Zeit MTB 2 Std. 30 Min.
Zeit E-MTB 1 Std. 40 Min.
Schwierigkeit ●●●○○
E-Bike-Akkus 1
Anhängertauglich nein

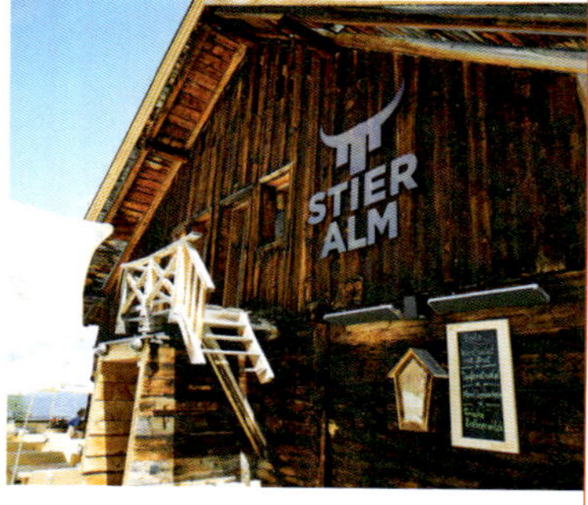

Diese grenzüberschreitende Tour ist zu geschichtsträchtig, um sie sich entgehen zu lassen. Vorbei an den berühmten Panzersperren findet man den wohl bekanntesten Fotospot des Reschensees. Alternative Abfahrtsmöglichkeiten lassen jeden auf seine Kosten kommen.

Tourenbeschreibung

Ausgehend vom Parkplatz in Reschen fährt man auf dem Talradweg über den Reschenpass Richtung Nauders. An der Kreuzung kurz vor Nauders der Beschilderung Richtung Bergkastel folgen. Die Forststraße führt dann bergauf bis zur Stierbergalm. Wer sich die Höhenmeter sparen möchte, kann in Nauders die Bergkastelbahn und von der Bergstation den angelegten Trail zur Stierbergalm nehmen. Da dies Teil des Drei-Länder-Enduros ist, fährt die Seilbahn auch im Sommer.
Nach der Alm folgt man dem Plamorttrail zurück über die italienische Grenze direkt hin zu den bekannten Panzersperren. Links dem Wiesenweg folgend gelangt man zum Fotofelsen hoch über

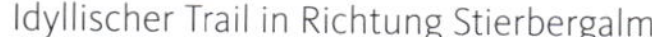
Idyllischer Trail in Richtung Stierbergalm

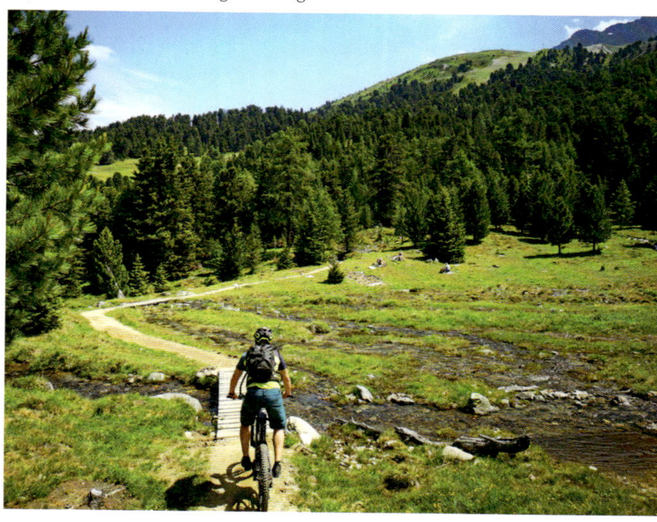

Anfahrt

 Mit dem Fahrrad über die Claudia Augusta bis nach Reschen.

 Mit dem Auto über die Vinschgauer Staatsstraße und am Ende von Reschen-Dorf die Abzweigung Richtung Ski-/Wandergebiet Schöneben nehmen. Parkplatz an der Talstation.

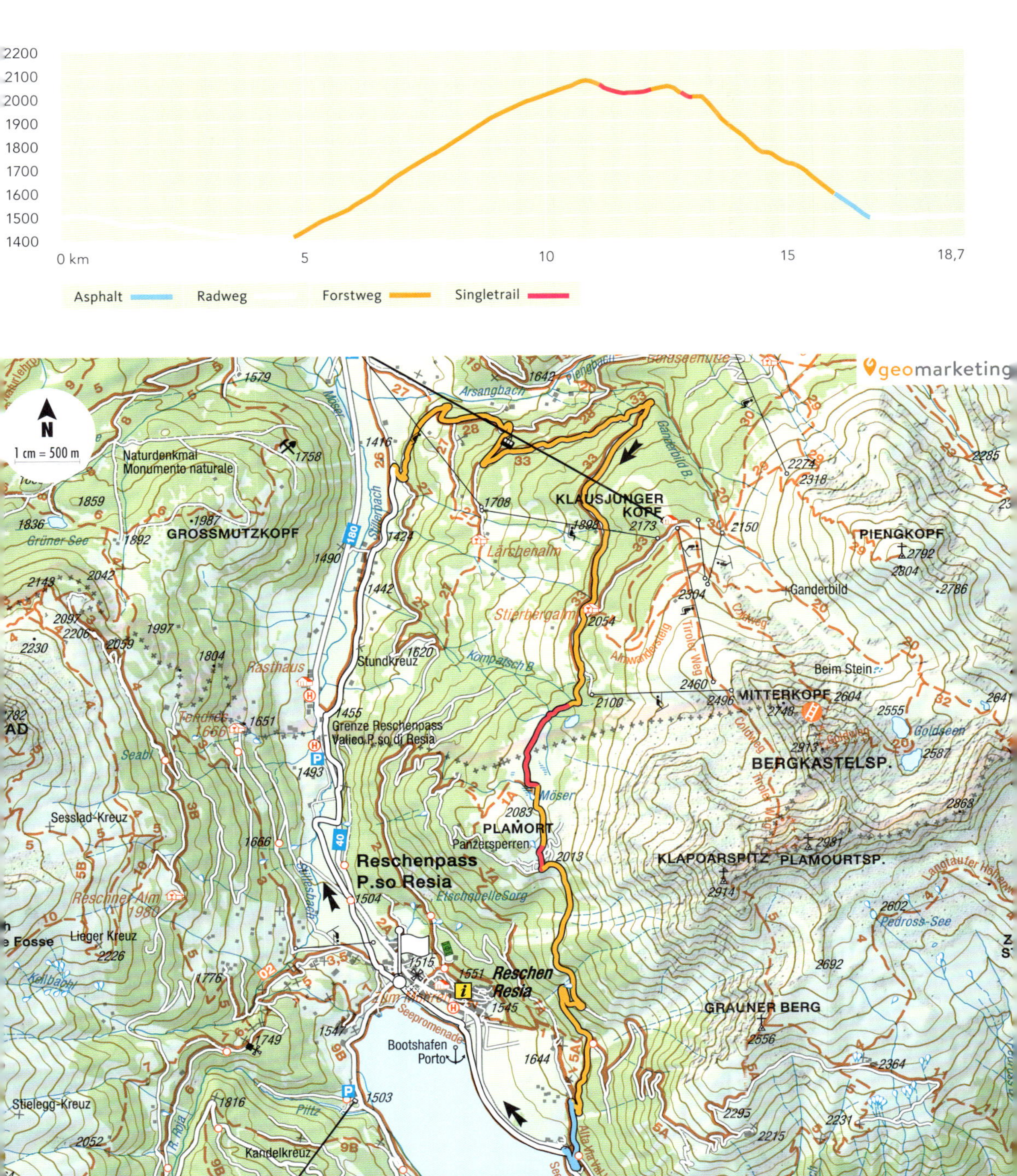

2200
2100
2000
1900
1800
1700
1600
1500
1400
0 km
5
10
15
18,7
Asphalt
Radweg
Forstweg
Singletrail
geomarketing
N
1 cm = 500 m
Naturdenkmal
Monumento naturale
GROSSMUTZKOPF
Grüner See
KLAUSJUNGER KOPF
Lärchenalm
Stierbergalm
PIENGKOPF
Ganderbild
Beim Stein
MITTERKOPF
BERGKASTELSP.
Goldseen
Stundkreuz
Rasthaus
Grenze Reschenpass
Valico P. so di Resia
PLAMORT
Panzersperren
Reschenpass
P.so Resia
KLAPOARSPITZ
PLAMOURTSP.
Sesslad-Kreuz
Reschner Alm
Lieger Kreuz
Reschen
Resia
Seepromenade
Bootshafen
Porto
GRAUNER BERG
Pedross-See
Stielegg-Kreuz
Kandelkreuz
Arsangbach
Kompatsch B.
Tiroler Weg
Möser

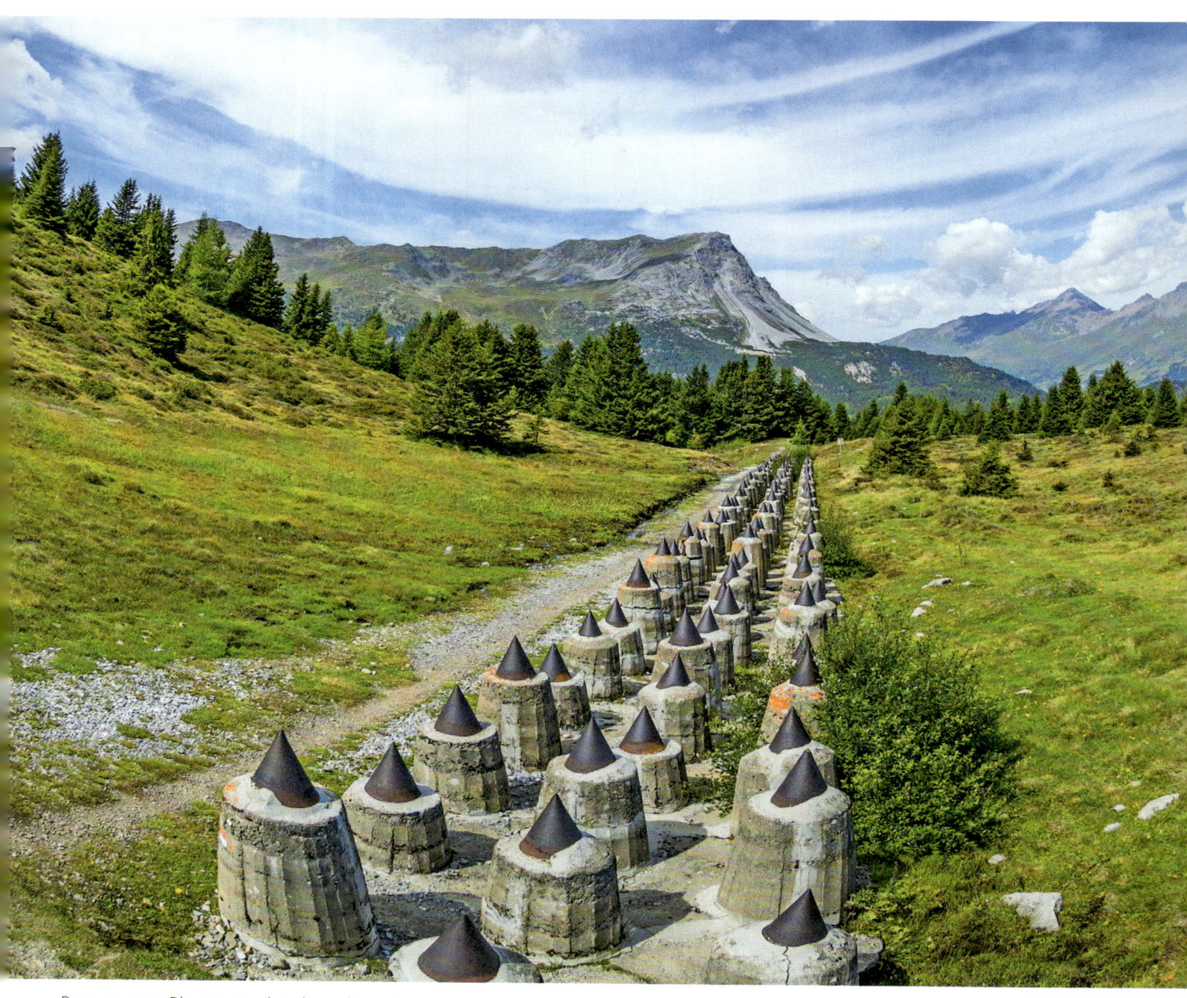

Panzersperre Plamort an der ehemaligen Staatsgrenze

dem Reschensee. Oft muss man hier sogar anstehen, um alleine auf dem Foto zu sein. Nun kann man sich entscheiden, ob man den alten Militärweg wählt oder die anspruchsvolle Variante Bunkertrail und anschließend den Etschtrail. In beiden Fällen kommt man nahe der Etschquelle wieder zurück zum Reschensee.

HIGHLIGHTS

Die Etschquelle

Die Etsch ist der Hauptfluss Südtirols und entspringt oberhalb des Dorfs Reschen auf 1550 m; sie ist mit 415 km Länge der zweitgrößte Fluss Italiens nach dem Po und mündet wie dieser in das Adriatische Meer.

Die Hochebene Plamort

Nahe dem Reschenpass befindet sich die Hochebene Plamort, ein Hochmoor, in dessen Hintergrund sich unverkennbar König Ortler – der höchste Berg Südtirols und Hauptgipfel der Ortleralpen – mit seinen 3900 m in den Himmel erhebt. Eine Besonderheit des fast Viertausenders ist sicherlich, dass er nicht, wie vergleichbar hohe Berge aus kristallinem Urgestein besteht, sondern aus Dolomit, welches aus dem Urmeer hervorgegangen ist; davon zeugen Funde von Fossilien auf dem Gletscher.

Die strategische Grenzstellung Plamorts zwischen Österreich und Italien war im Zweiten Weltkrieg von besonderer Bedeutung: Das Gebiet war nämlich Teil des Alpenwalls und sollte das faschistische Italien vor dem potentiellen Einmarsch der deutschen Nationalsozialisten schützen. Dieser „Vallo Alpino" – 1938 innerhalb eines Jahres errichtet – wurde mit einem großen Hauptbunker samt Panzerabwehrkanonen abgesichert. Daneben gibt es noch einige kleinere Nebenbunker mit Maschinengewehr-Ständen. Über fast die gesamte Ebene erstreckt sich eine Panzersperre aus mit Beton ummantelten Lärchenholz-Pfählen, welchen Spitzen aus Metall aufgesetzt wurden; den Abschluss dieser Absicherung bildete Stacheldraht und ein Wassergraben. 1942 gab es sogar Pläne, den Alpenwall weiterauszubauen; diese wurden aber nie in die Tat umgesetzt, da das nun verbündete Deutsche Reich verständlicherweise nicht dessen Einwilligung geben konnte. Die Grenzsperre wurde bis in die 60er Jahre hinein gewartet, danach aber vernachlässigt.
Erst Anfang der 2000er Jahre wurde die Anlage erneuert und zur Besichtigung freigegeben. Mittlerweile steht sie unter Denkmalschutz und fungiert als Zeitzeuge eines ungemütlichen Kapitels in der Geschichte Südtirols.

Die Etschquelle

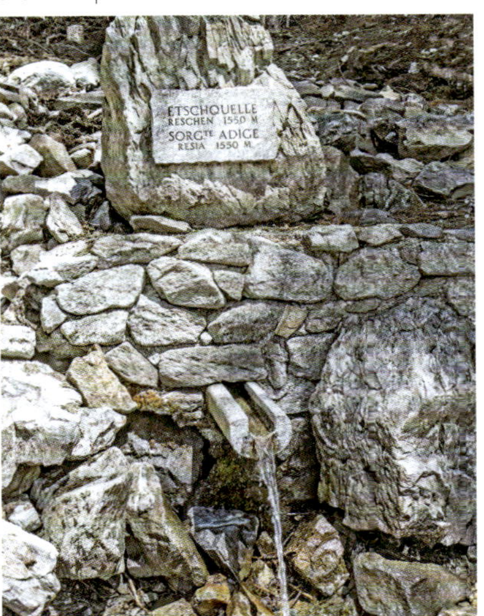

3 RUND UM DEN RESCHENSEE

Start + Ziel Parkplatz Ski-/Wandergebiet Schöneben, 1500 m
Höchster Punkt 1522 m
Strecke 16 km
Hm bergauf 60
Hm bergab 60
Zeit MTB 1 Std.
Zeit E-MTB 40 Min.
Schwierigkeit ●○○○○
E-Bike-Akkus 1
Anhängertauglich ja

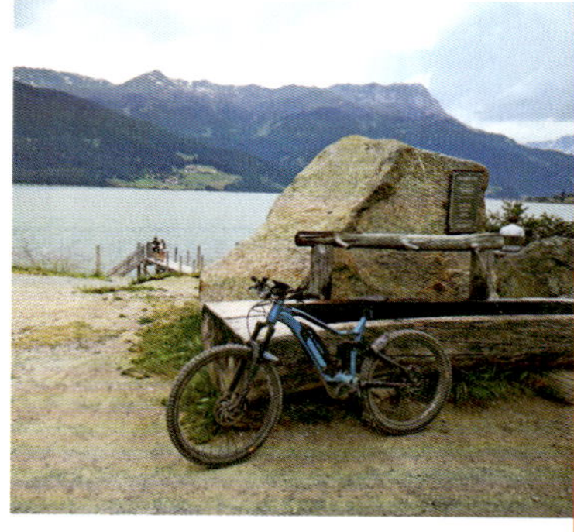

Anfahrt

 Mit dem Fahrrad über die Claudia Augusta bis nach Reschen.

 Mit dem Auto über die Vinschgauer Staatsstraße und am Ende von Reschen-Dorf die Abzweigung Richtung Ski-/Wandergebiet Schöneben nehmen.

Ohne nennenswerte Höhenmeter eignet sich diese Tour für die ganze Familie. Der See vermittelt Urlaubsfeeling und man kann Kitesurfern, die den bekannten Vinschger Wind nutzen, zusehen, wie sie über die Oberfläche „fliegen". Fast wie am Gardasee, nur ohne Hitze und mit einem Turm in der Mitte des Wassers ...

Tourenbeschreibung

Die Rundtour kann man an mehreren Orten starten, einen Autoabstellplatz findet man aber am sichersten beim Parkplatz Schöneben. Hier ist man auch gleich unter Bikern, schließlich wird die Kabinenbahn gerne für die Drei-Länder-Enduro genutzt. Immer am See entlang kann man am südlichen Umkehrpunkt noch überlegen, die Tour zum Haider See zu verlängern und auch diesen zu umrunden, ansonsten fährt man weiter Richtung Graun mit dem bekannten Kirchturm. Von dort geht es zum Dorf Reschen und dann wieder retour zum Parkplatz.

Der Weg um den Reschensee verläuft nahezu flach.

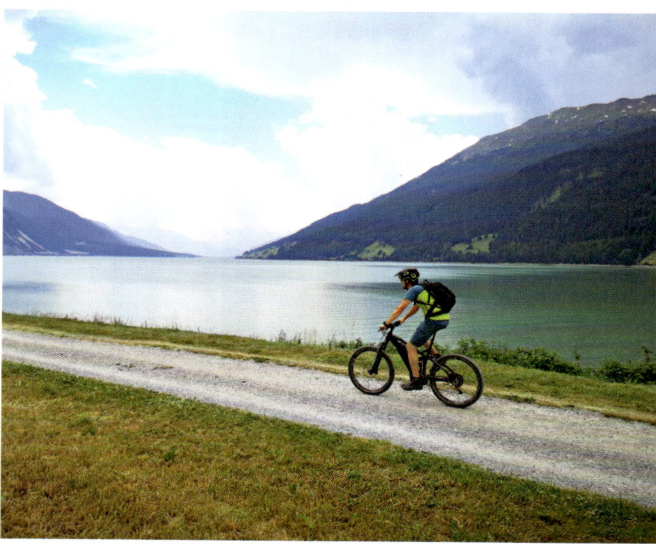

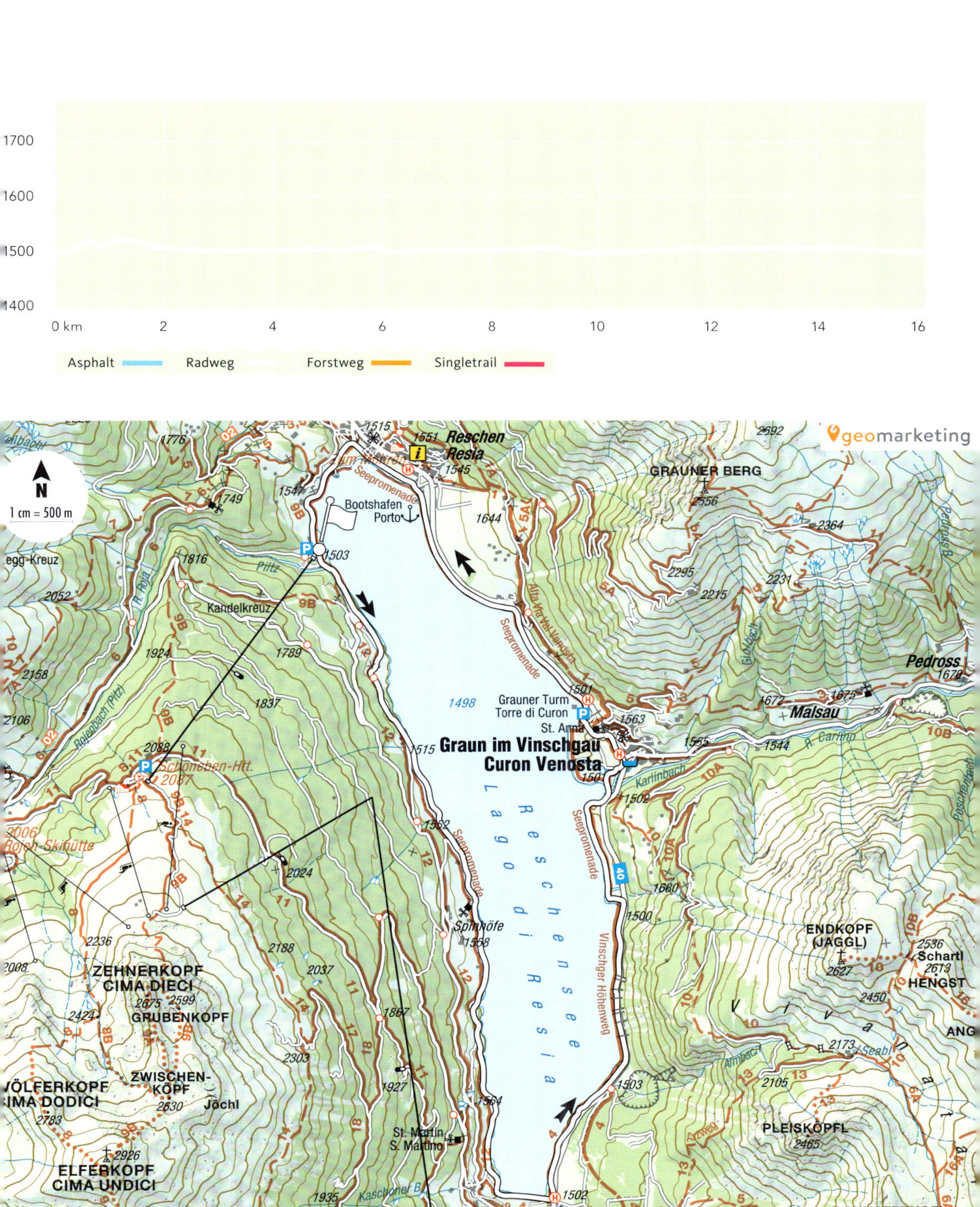

1700
1600
1500
1400
0 km
2
4
6
8
10
12
14
16
Asphalt
Radweg
Forstweg
Singletrail
geomarketing
N
1 cm = 500 m
Reschen
Resia
Bootshafen
Porto
Seepromenade
GRAUNER BERG
Pedross
Malsau
Grauner Turm
Torre di Curon
St. Anna
Graun im Vinschgau
Curon Venosta
Reschensee
Lago di Resia
Kandelkreuz
Schöneben-Htt.
Rojen-Skihütte
Spinnhöfe
St. Martin
S. Martino
ZEHNERKOPF
CIMA DIECI
GRUBENKOPF
ZWISCHEN-
KÖPF
Jöchl
ELFERKOPF
CIMA UNDICI
ENDKOPF
(JAGGL)
HENGST
PLEISKÖPFL
Vinschger Höhenweg
Alta Via Val Venosta
Kartinbach

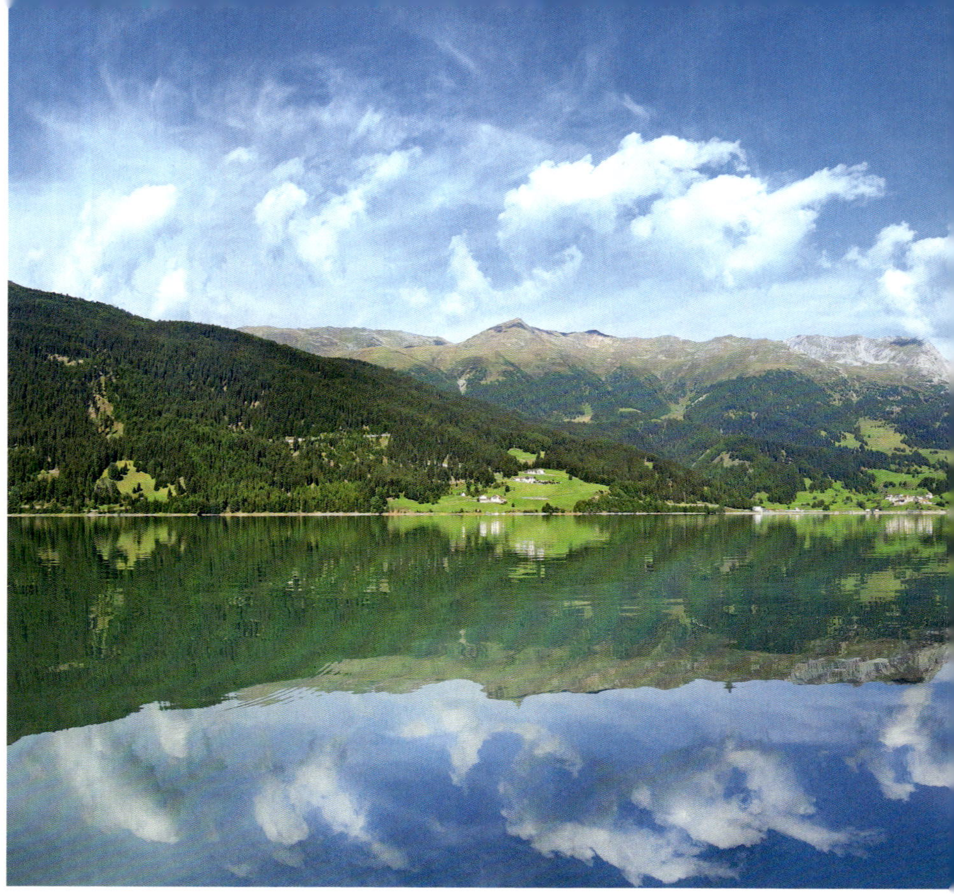

HIGHLIGHTS

Der Kirchturm von Graun

Ca. 5 km vor dem Reschenpass, in Graun, ragt ein alter Kirchturm aus dem Wasser … natürlich verbirgt sich dahinter eine spannende Geschichte: 1949/50 fielen über 160 Häuser in Graun und Reschen und ca. 520 ha fruchtbarer Boden einem rücksichtslosen Stauprojekt zum Opfer. Ursprünglich war eine zusätzliche Stauung von 5 m für den Betrieb eines Elektrizitätswerkes vorgesehen, was eigentlich kein Problem darstellte. Der damalige Konzern Montecatini (heute Alperia AG) übernahm diese Konzession und steigerte die Stauung um 17 auf 22 m. Die Unterschriftensammlung bei den Einwohnern lief gesetzeswidrig ab: Nur für zwei Wochen war der Erlass unter vielen anderen in italienischer Sprache publiziert, sodass nach kurzer Zeit der Baubeginn genehmigt wurde. Allerdings konnte die Gesellschaft Montecatini erst einige Jahre nach Kriegsende das Stauprojekt verwirklichen und bekam dabei tatkräftige finanzielle Unterstützung aus der

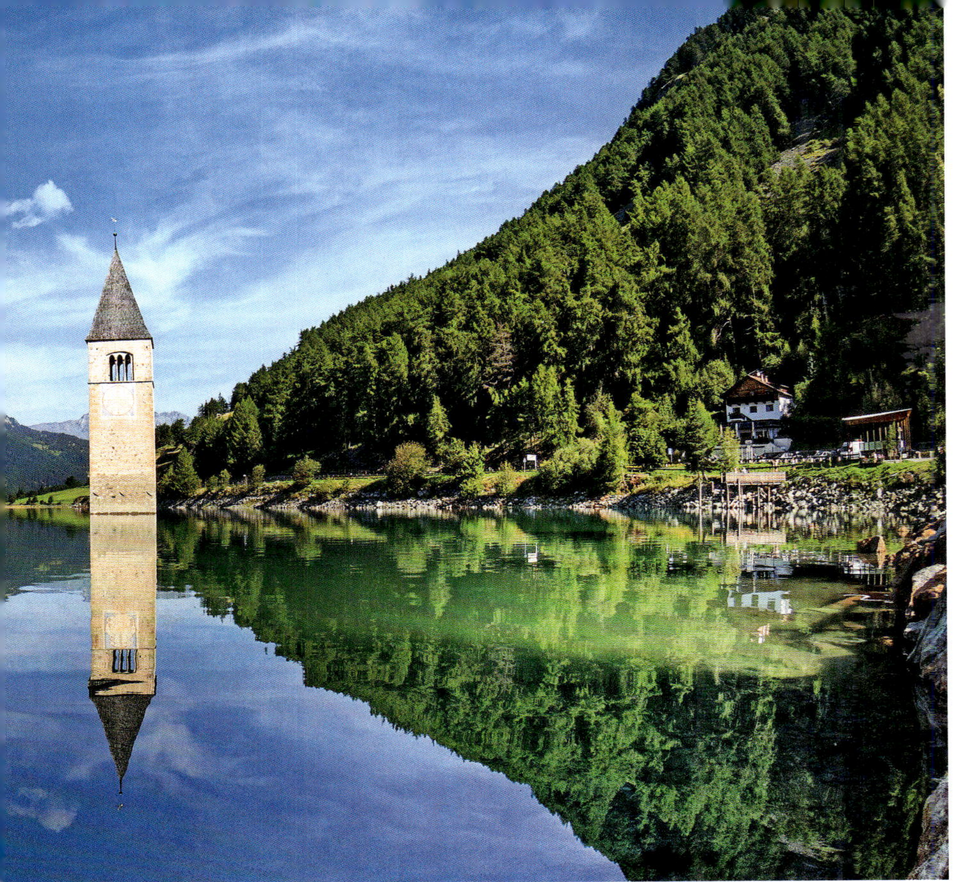

Der Kirchturm von Altgraun ist ein Magnet für Einheimische und Touristen.

Schweiz: Elektro-Watt im schweizerischen Rheinwald benötigte nämlich 120 Mio. kWh Winterenergie und dies über zehn Jahre lang. Alt-Graun wurde geflutet und viele mussten das Land ihrer Väter verlassen, nur ca. 30 von 120 Parteien blieben und zogen dann in die neuen Siedlungen. Heute ragt nur noch der Kirchturm als stummer Kläger aus dem Reschensee hervor.

Das Museum Vinschger Oberland in Graun erzählt die Geschichte der Flutung und des Wiederaufbaus der Dörfer Graun und Reschen in all seinen Details. Im Museum finden sich auch die sakralen Gegenstände und Figuren aus den ehemaligen Dorfkirchen.

Reschenseelauf

In Graun beim historischen Kirchturm im See startet jedes Jahr im Juli der bekannte Reschenseelauf: Tausende Läufer rennen den 15,3 km langen Rundweg in teilweise atemberaubendem Tempo; einige wenige brauchen keine 50 Minuten für die Strecke ...

DREI-ALMEN-TOUR LANGTAUFERS

Start + Ziel Parkplatz Talstation Haideralm, St. Valentin auf der Haide, 1500 m
Höchster Punkt 2114 m
Strecke 40 km
Hm bergauf 850
Hm bergab 850
Zeit MTB 4 Std.
Zeit E-MTB 2 Std. 40 Min.
Schwierigkeit ●●○○○
E-Bike-Akkus 1
Anhängertauglich nein

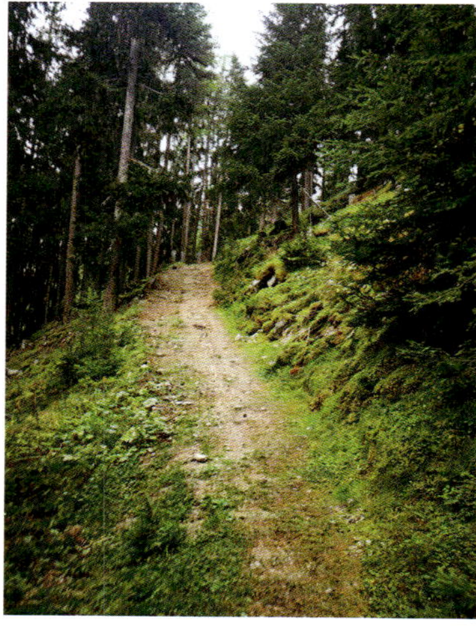

Diese idyllische Tour in der Abgeschiedenheit von Langtaufers bietet eine gigantische Landschaft am Fuße des Weißkugelgletschers. Die Südtiroler kennen das Tal vor allem wegen der Erlebnisschule und dem Gletscherlehrpfad.

Tourenbeschreibung

Von der Talstation Haideralm dem Talradweg Richtung Norden bis nach Graun folgen. Nach dem Warmrollen am Reschensee ca. 2,5 km der Hauptstraße entlang und dann rechts über die Brücke. Immer der Forststraße nach in Richtung Kaproner Alm. **Achtung:** Es müssen einige steile Rampen überwunden werden, die jedoch zumindest technisch nicht schwierig sind (evtl. Schiebehilfe des E-Bikes einsetzen).

Kurz unterhalb der Kaproner Alm den Höhenweg entlang und hinunter ins Tal, um dann über die Forststraße bis zur Melager Alm zu gelangen. Wer noch Reserven übrig hat, kann bald nach der Kaproner Alm die 200 zusätzlichen Höhenmeter bis auf die Masebenalm nehmen. Das Panorama und der Apfelstrudel entschädigen schnell die kleine Extra-Anstrengung. Ab der Melager Alm wechselt man die Talseite und rollt das breite Bachbett auf der orografisch rechten Seite hinunter. Nach Melag rollt man den Rest der Strecke auf der Straße talauswärts.

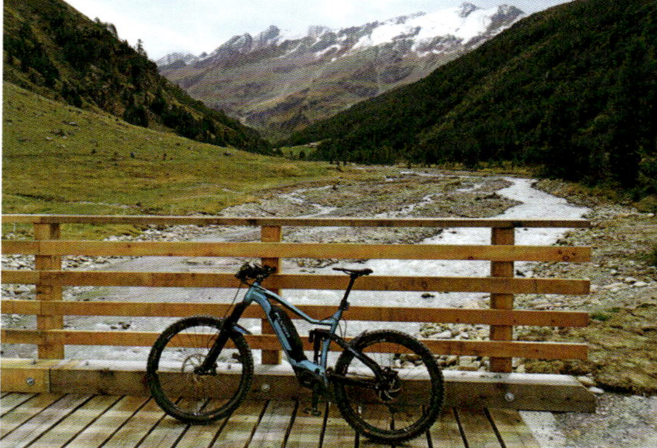

Der Karlinbach ist wiederkehrender Begleiter auf dieser Tour.

Anfahrt

 Mit dem Fahrrad über die Claudia Augusta bis nach St. Valentin auf der Haide.

 Mit dem Auto über die Vinschgauer Staatsstraße und am Ende des Haider Sees die Abzweigung Talstation Haideralm nehmen.

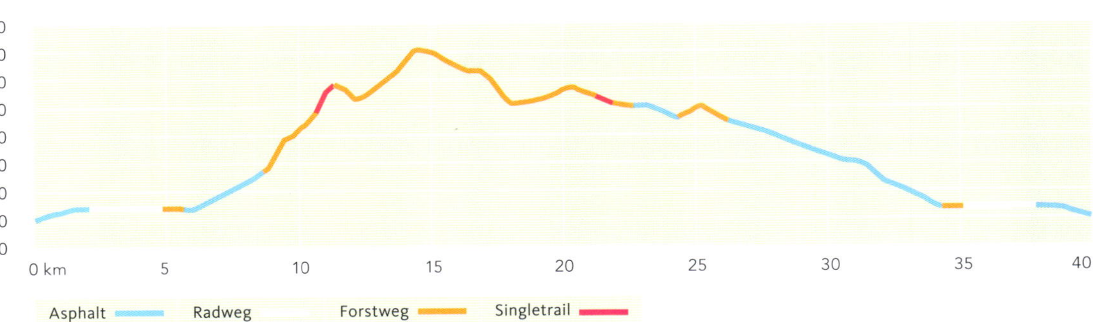

Majestätisch erheben sich die Berge in den Himmel.

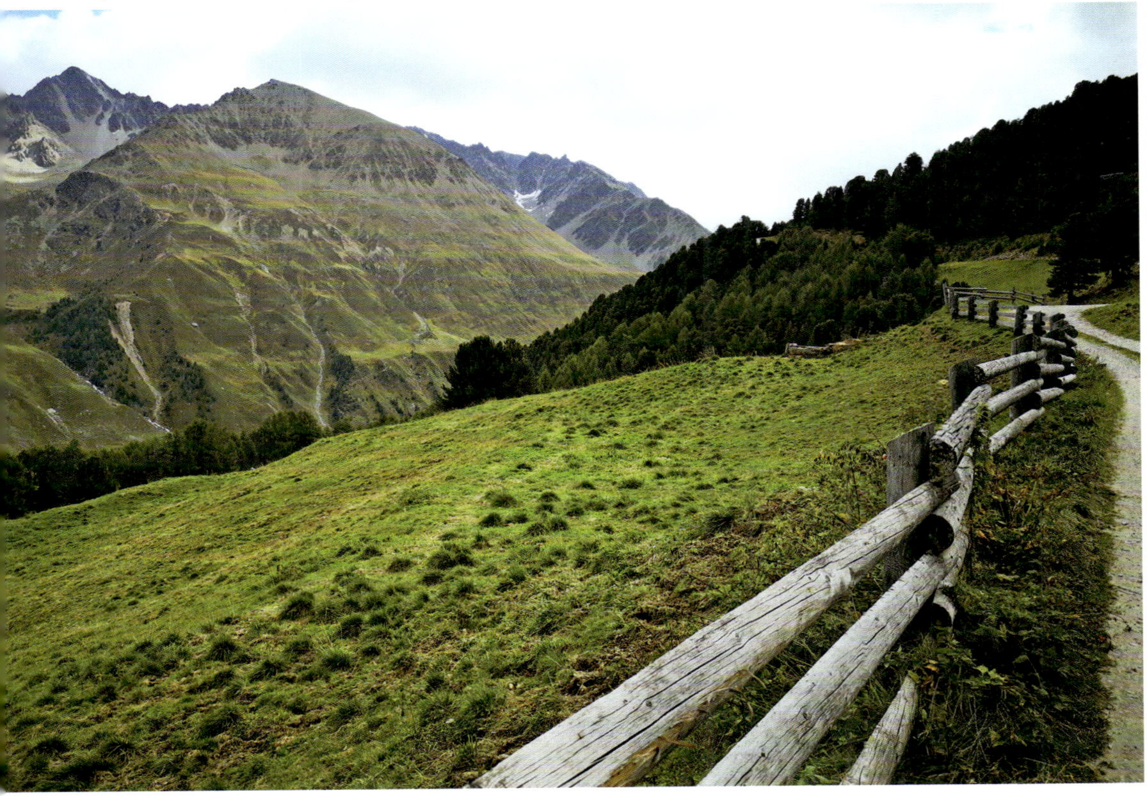

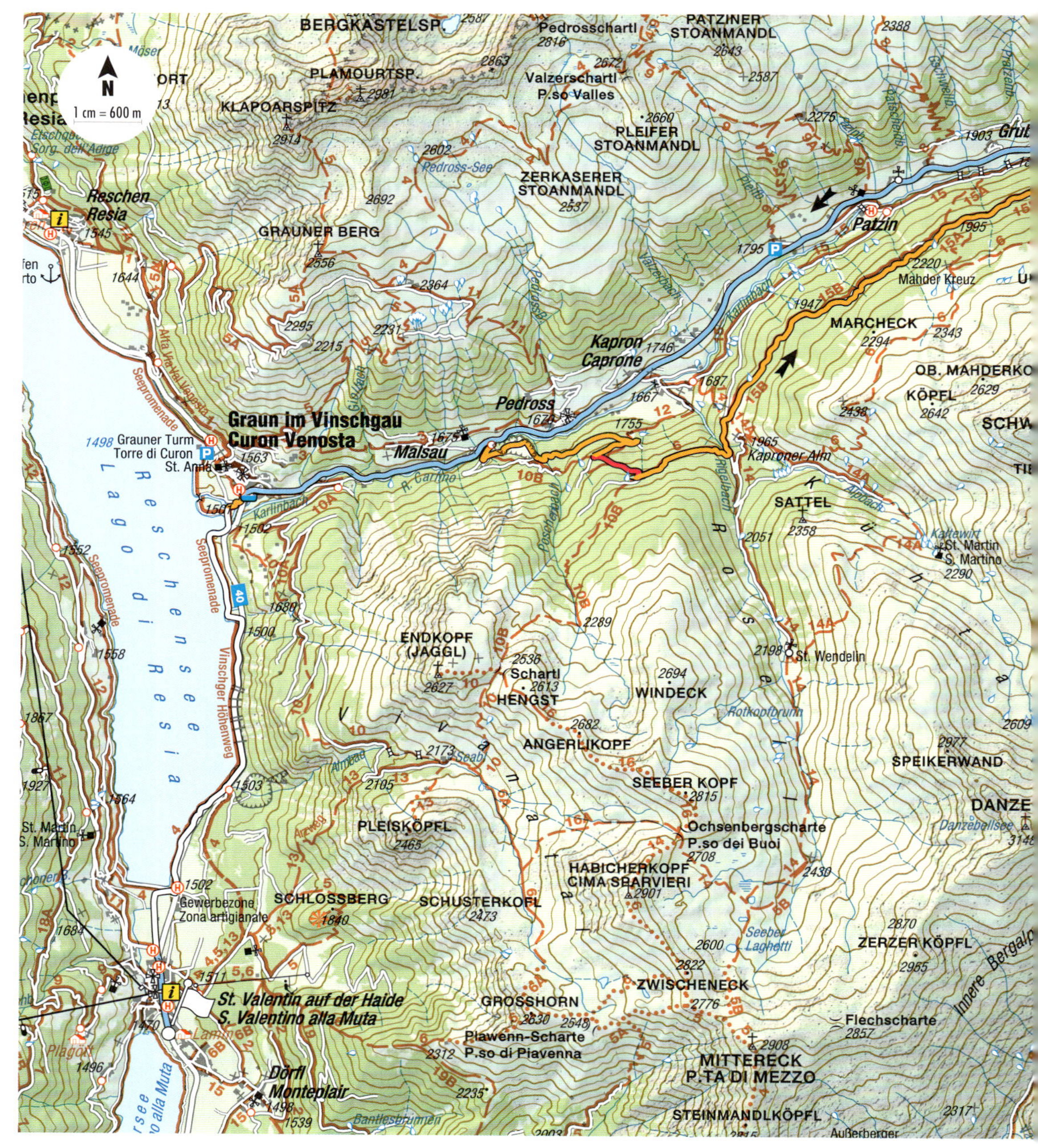
N
1 cm = 600 m
BERGKASTELSP.
Pedrosschartl
PATZINER STOANMANDL
PLAMOURTSP.
Valzerschartl P.so Valles
KLAPOARSPITZ
PLEIFER STOANMANDL
Pedross-See
ZERKASERER STOANMANDL
Reschen Resia
GRAUNER BERG
Patzin
Grub
Mahder Kreuz
MARCHECK
Kapron Caprone
OB. MAHDERKÖPFL
Pedross
Graun im Vinschgau Curon Venosta
Grauner Turm Torre di Curon
St. Anna
Malsau
Kaproner Alm
SATTEL
St. Martin S. Martino
Reschensee Lago di Resia
Seepromenade
Vinschger Höhenweg
ENDKOPF (JAGGL)
Schartl
HENGST
WINDECK
St. Wendelin
ANGERLIKOPF
SPEIKERWAND
SEEBER KOPF
Ochsenbergscharte P.so dei Buoi
PLEISKÖPFL
HABICHERKOPF CIMA SPARVIERI
SCHLOSSBERG
SCHUSTERKOFL
Gewerbezone Zona artigianale
Seeber Laghetti
ZERZER KÖPFL
ZWISCHENECK
St. Valentin auf der Haide S. Valentino alla Muta
GROSSHORN
Flechscharte
Plawenn-Scharte P.so di Piavenna
MITTERECK P.TA DI MEZZO
Dörfl Monteplair
STEINMANDLKÖPFL
Innere Bergalp

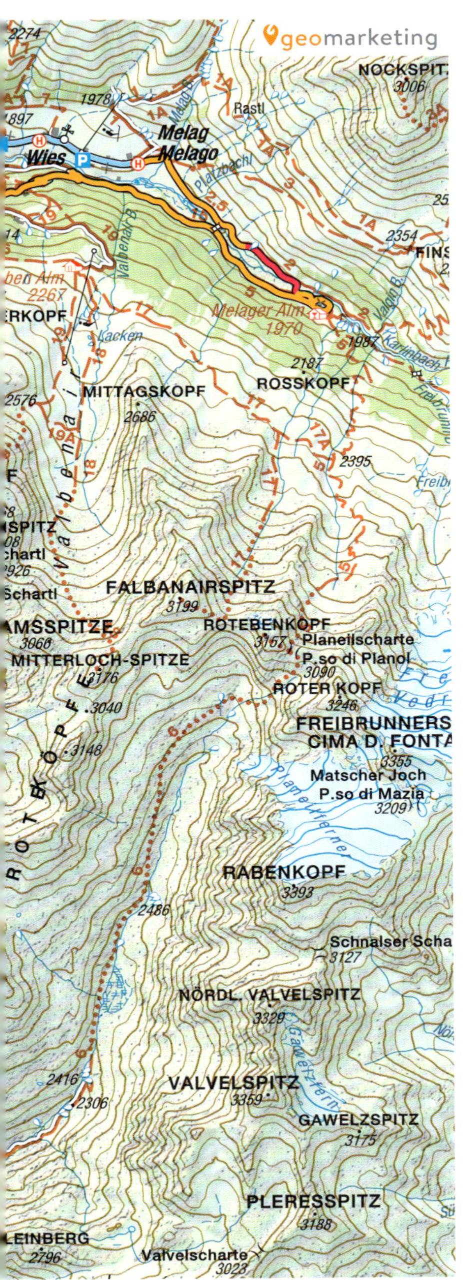

HIGHLIGHTS

Die Melager Alm

Die Melager Alm auf 1970 m liegt im Talschluss des Langtauferer Tales und ist ein idyllisch gelegenes Ziel für Biker und Wanderer, um Ruhe in schönster Bergnatur zu genießen.

Von der Alm aus kann man den Gletscherlehrpfad zur Weißkugelhütte (2557 m) erwandern: Auf insgesamt 12 Stationen gibt es hier interessante Fakten rund um die Gletscher. Einige sind informativ (die Lawinenbahn in schneereichen Wintern), manche stimmen nachdenklich, da sie z. B. den unaufhaltsamen Rückgang der Gletscher zeigen.

Der Weg führt durch hochalpines Gelände und erfordert entsprechende Trittsicherheit, das Befahren mit dem Mountainbike ist nicht empfehlenswert. Gutes Schuhwerk und stabiles Wetter sind Voraussetzung für das Begehen des Gletscherlehrpfades.

Die Erlebnisschule

Im Langtauferer Tal, im ehemaligen Grundschulgebäude in Grub (Gemeinde Graun), befindet sich auf 1850 m die Erlebnisschule Langtaufers. Dort haben Schulklassen aus Südtirol oder dem Ausland die Möglichkeit, die Natur und Kultur des Hochtales Langtaufers von einheimischen Fachleuten vermittelt zu bekommen. Je nach Jahrgangsstufe wird dort auf verschiedene Themenbereiche wie Milchverarbeitung, Tiere des Bauernhofs, Brotbacken, Imkerei oder kreatives Arbeiten mit Naturmaterialien wie Wolle, Filz und Holz eingegangen. Außerdem wird die Natur mit allen Sinnen bei Wanderungen, Klettertouren oder im Winter sogar bei Hornschlittenfahrten erlebt. Die Schule wurde so zu einem erfolgreichen Projekt, das im gesamten Land bekannt ist und auch eine Einnahmequelle für die umliegenden Höfe und Gastbetriebe darstellt.

GOASBERGCROSS

Start + Ziel Parkplatz Talstation Haideralm, St. Valentin auf der Haide, 1500 m
Höchster Punkt 2130 m
Strecke 20 km
Hm bergauf 800
Hm bergab 800
Zeit MTB 2 Std. 20 Min.
Zeit E-MTB 1 Std. 30 Min.
Schwierigkeit ●●○○○
E-Bike-Akkus 1
Anhängertauglich nein

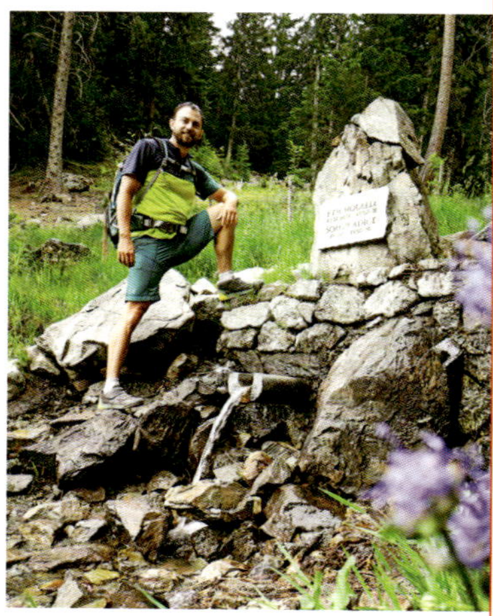

Die Haideralm war schon Austragungsort der Suzuki Nine Nights, dem Event, bei dem die Dirtbiker auch mal einen Doppelsalto hinlegen. Unsere Tour punktet eher mit Panorama als mit Adrenalin, bietet aber mehrmals die Möglichkeit eines Traileinstiegs.

Tourenbeschreibung

Von der Talstation Haideralm auf dem Talradweg Richtung Norden bis zum Reschensee und dann links über die Staumauer. Der Beschilderung folgen und kurz rechts steil hochfahren. Dann wieder nach rechts auf die Forststraße bis zur Haideralm. Sehr wahrscheinlich sieht man während der Auffahrt bereits zahlreiche Biker, die den so genannten „Unteren-Spin-Trail" ins Tal nehmen. Nach der Rast auf der Haideralm nimmt man die Forststraße bergab und hält sich immer rechts, um noch einmal einen kleinen Aufstieg zur Bruggeralm zu machen. Ab da rollt man die Forststraße runter ins Tal – vorbei an der kleinen Kirche St. Martin im Zerzertal – und fährt dann entlang des Haider Sees zurück zum Ausgangspunkt.

Am Ende der Tour lädt der Haider See zum Verweilen ein.

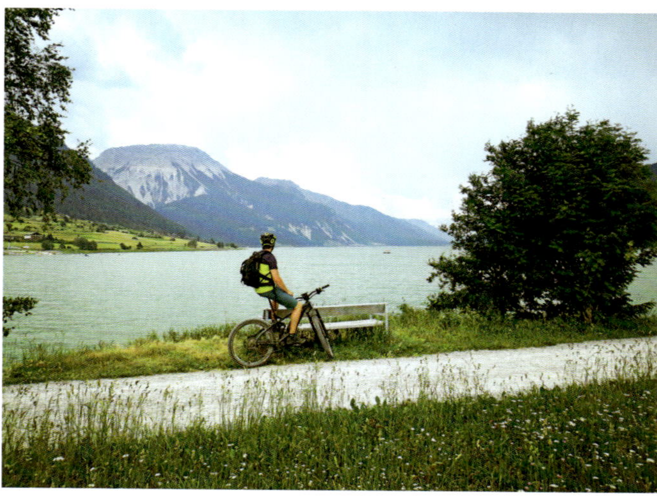

Anfahrt

 Mit dem Fahrrad über die Claudia Augusta bis nach St. Valentin auf der Haide.

 Mit dem Auto über die Vinschgauer Staatsstraße und am Ende des Haider Sees die Abzweigung Talstation Haideralm nehmen.

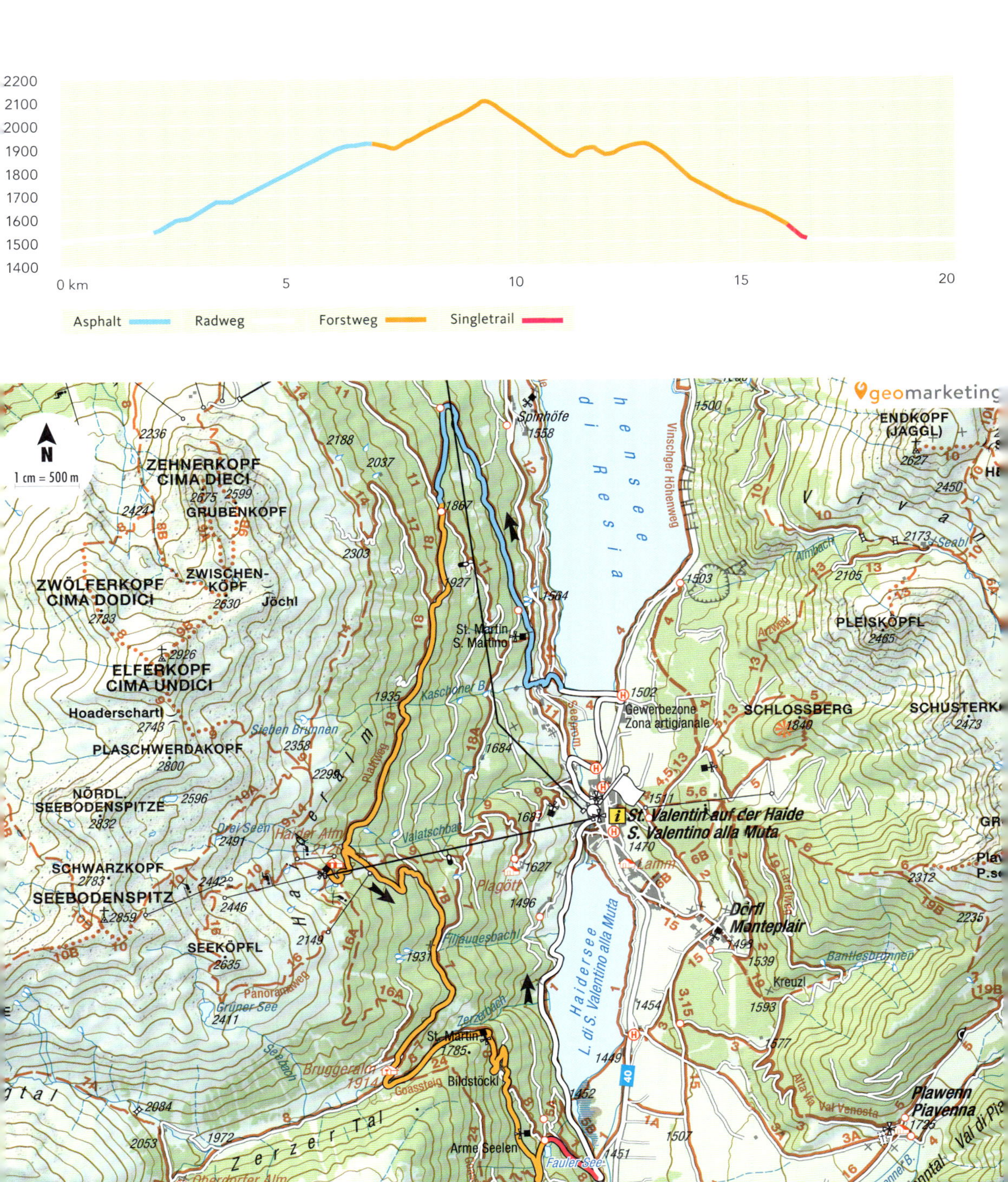

2200
2100
2000
1900
1800
1700
1600
1500
1400
0 km
5
10
15
20
Asphalt
Radweg
Forstweg
Singletrail
geomarketing
N
1 cm = 500 m
ZEHNERKOPF
CIMA DIECI
GRUBENKOPF
ZWÖLFERKOPF
CIMA DODICI
ZWISCHEN-
KÖPF
Jöchl
ELFERKOPF
CIMA UNDICI
Hoaderschartl
PLASCHWERDAKOPF
NÖRDL.
SEEBODENSPITZE
SCHWARZKOPF
SEEBODENSPITZ
SEEKÖPFL
Sieben Brunnen
Drei Seen
Haider Alm
Grüner See
Panoramaweg
Bruggeralm
Goassteig
Zerzer Tal
Oberdorfer Alm
Spinhöfe
St. Martin
S. Martino
Kaschoner B.
Valatschbach
Plagött
Filjaunesbach
Zerzerbach
Bildstöckl
Arme Seelen
Fauler See
Vinschger Höhenweg
Almbach
ENDKOPF
(JAGGL)
PLEISKÖPFL
SCHLOSSBERG
SCHUSTERK
Gewerbezone
Zona artigianale
St. Valentin auf der Haide
S. Valentino alla Muta
Lamm
Dörfl
Monteplair
Kreuzl
Bantlesbrunnen
Haidersee
L. di S. Valentino alla Muta
Plawenn
Piavenna
Val Venosta

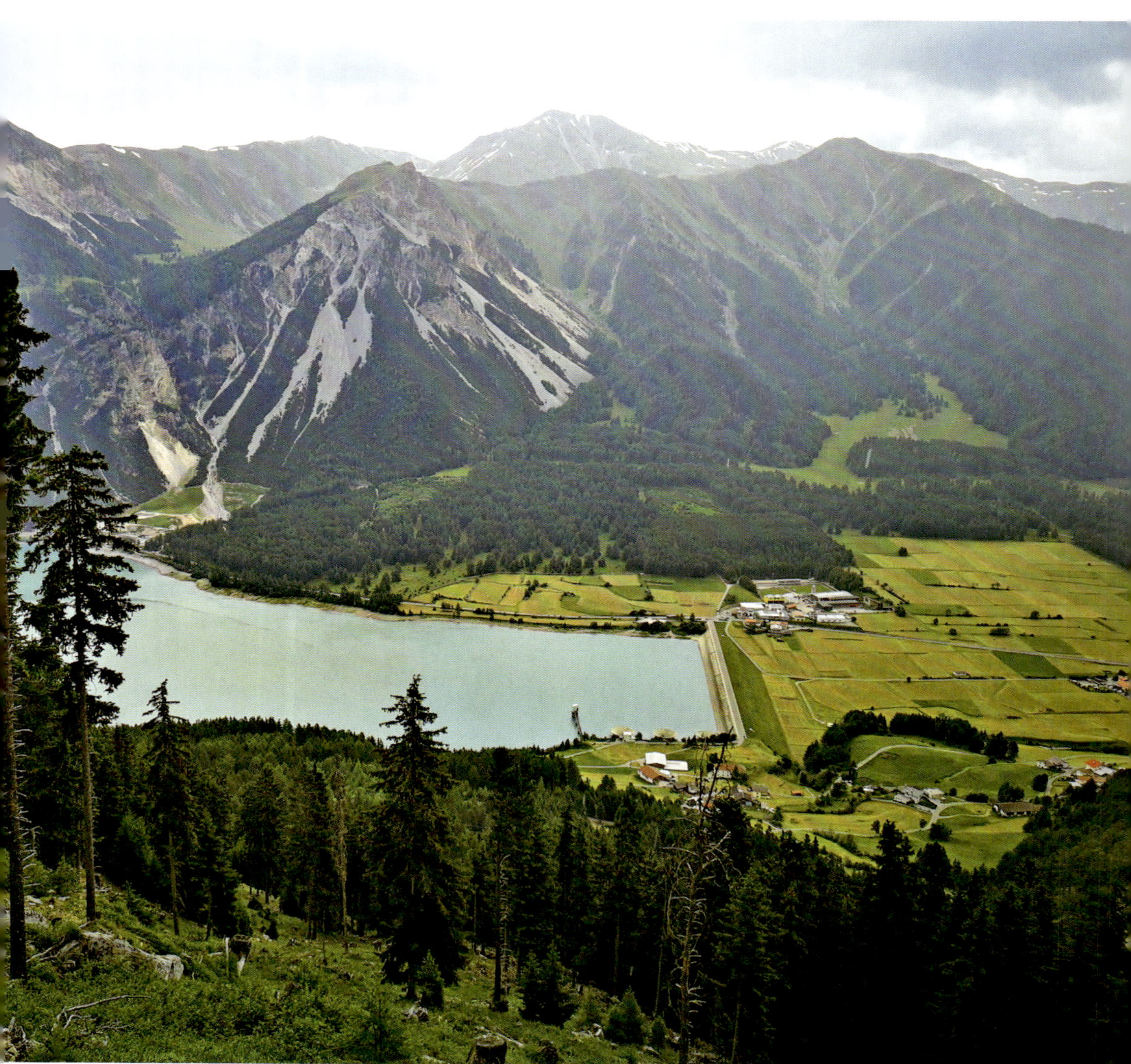

Ausblick auf die Staumauer des Reschensees

HIGHLIGHTS

Der Goasbergcross

„Goas“ ist das Südtiroler Dialektwort für „Ziege“ und der Goasberg war das dazugehörige Weidegebiet. Heutzutage wird im Land eher auf die Milchwirtschaft mit Kühen als auf die mit Ziegen gesetzt.

Der Goasbergcross führt zu zwei Hütten, der Haideralm und der Bruggeralm, und schließlich zu einem schönen Panorama am Haider See.

Die Bruggeralm

Die Bruggeralm auf 1920 m liegt im Zerzertal und wird im Sommer von ca. 70 Kühen beweidet. Aus deren frischer Milch werden pro Saison rund 4,5 Tonnen (!) Almkäse hergestellt. Die Laibe dürfen dann auf knapp 2000 m in Ruhe reifen.

Der Haider See

Der Haider See liegt auf 1450 m Höhe, direkt am Dorf St. Valentin auf der Haide und ist einer der schönsten naturbelassenen Seen im Alpenraum. Er wird hauptsächlich von Südtirols längstem Fluss, der Etsch, und dem Zerzerbach aus dem gleichnamigen Tal gespeist. Der Haider See hat eine maximale Tiefe von 15 Metern und ist sehr fischreich: In ihm tummeln sich verschiedene Forellenarten, Hechte, Barsche und Renken, deren Bestand als einzigartig in Südtirol gilt. Dieses Fischreichtum zieht den von Anglern nicht gern gesehenen Haubentaucher an, der die Jungfischstände drastisch reduziert. Aber auch Enten und Möwen sind am Ufer und im See zu finden. Auf dem Haider See dürfen keine treibstoffbetriebenen Motorbootfahrzeuge fahren, für Elektroboote hingegen gibt es sogar Auflademöglichkeiten.

Der 4,5 km lange Rundweg, bei dem man immer Aussicht auf den imposanten „König Ortler“ hat, wird neben Wanderern auch viel von Radfahrern genutzt. Im Winter ist der Haider See ein beliebter Ort unter Eisseglern und Snowkitern, da er meist schon Ende November zufriert.

Das Kirchlein St. Martin im Zerzertal

Das kleine Kirchlein St. Martin im Zerzertal wurde von einem Burgeiser im Jahre 1713 zur Abwendung von unerklärlichen Viehkrankheiten erbaut und dem hl. Martinus geweiht.

Die Bruggeralm

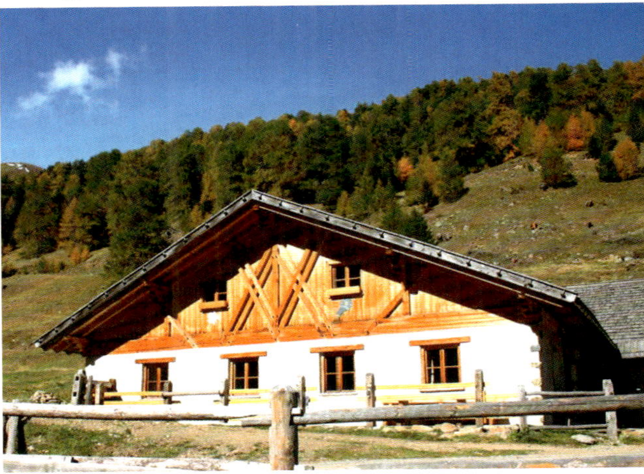

OBERVINSCHGER PANORAMATOUR

Start Parkplatz Talstation Haideralm, St. Valentin auf der Haide, 1500 m
Ziel Mals, 1000 m
Höchster Punkt 1718 m
Strecke 24 km
Hm bergauf 620
Hm bergab 1050
Zeit MTB 2 Std. 30 Min.
Zeit E-MTB 1 Std. 40 Min.
Schwierigkeit ●○○○○
E-Bike-Akkus 1
Anhängertauglich nein

Der Fröhlichsturm

Diese Tour eignet sich perfekt als Halbtagestour und auch für Biker, die nicht auf viele Höhenmeter stehen. Tief atmen, denn die Luft hier soll besonders rein sein, rühmt sich Mals doch als erste pestizidfreie Gemeinde Südtirols.

Tourenbeschreibung

Von St. Valentin auf dem Radweg zur Staumauer des Reschensees. Kurz dem Ostufer folgen, dann durch die Unterführung auf die andere Straßenseite. Auf dem alten Ziehweg durch den Wald bis zum Dorf Monteplair. Auf der wenig befahrenen Straße über die Malser Haide, an Plawenn vorbei bis zur kleinen Ortschaft Alsack. In rasanter Abfahrt an Ulten vorbei bis zum Sackhof. An der folgenden Brücke links und 300 Höhenmeter bis zur Hochebene Malettesböden. Hier jagt ein Fotospot den nächsten. Der Beschilderung Malettestour folgen und in gemütlicher Abfahrt über Muntatschinig zurück nach Mals.

Den Haider See gut im Blick

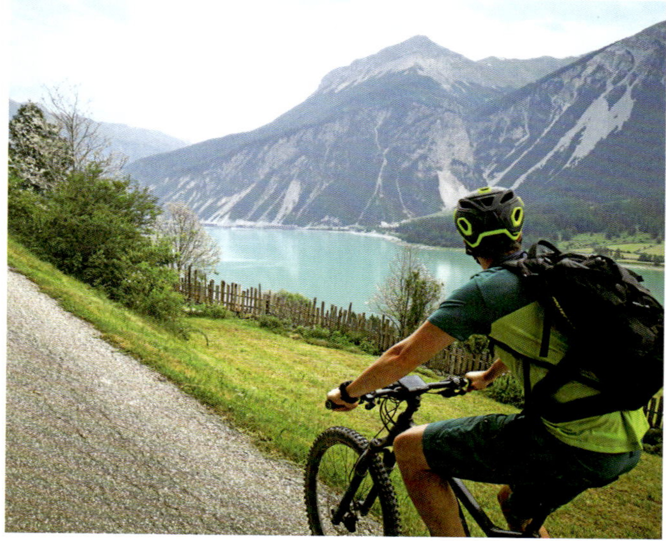

Anfahrt

 Mit dem Fahrrad über die Claudia Augusta bis nach St. Valentin auf der Haide.

Mit dem Auto über die Vinschgauer Staatsstraße und am Ende des Haider Sees die Abzweigung Talstation Haideralm nehmen.

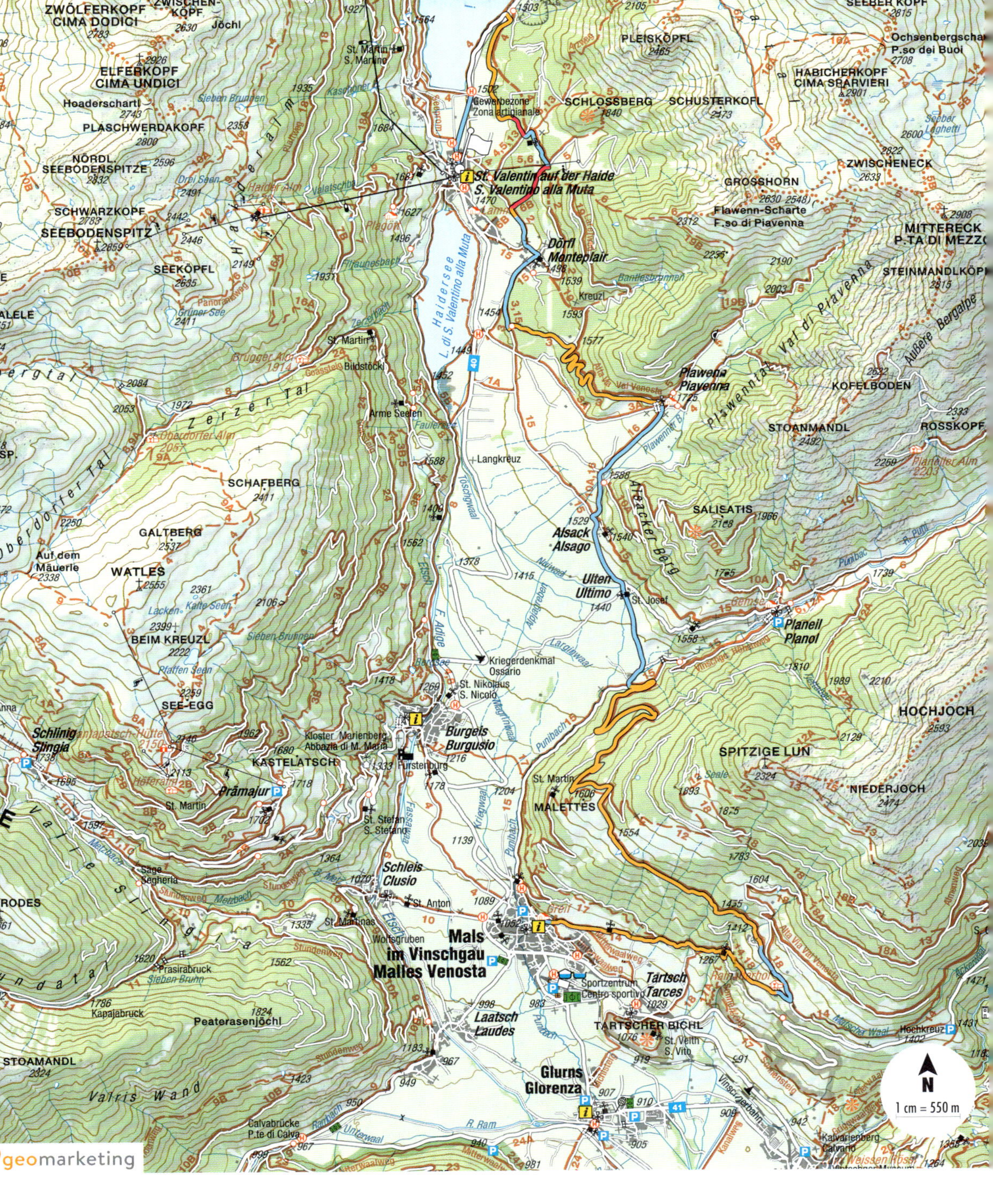
St. Valentin auf der Haide
S. Valentino alla Muta
Haidersee
L. di S. Valentino alla Muta
Dörfl
Monteplair
Plawenn
Plavenna
Alsack
Alsago
Ulten
Ultimo
Planeil
Planol
Burgeis
Burgusio
Schlinig
Slingia
Prämajur
Malettes
Schleis
Clusio
Mals
im Vinschgau
Malles Venosta
Tartsch
Tarces
Laatsch
Laudes
Glurns
Glorenza
1 cm = 550 m
geomarketing

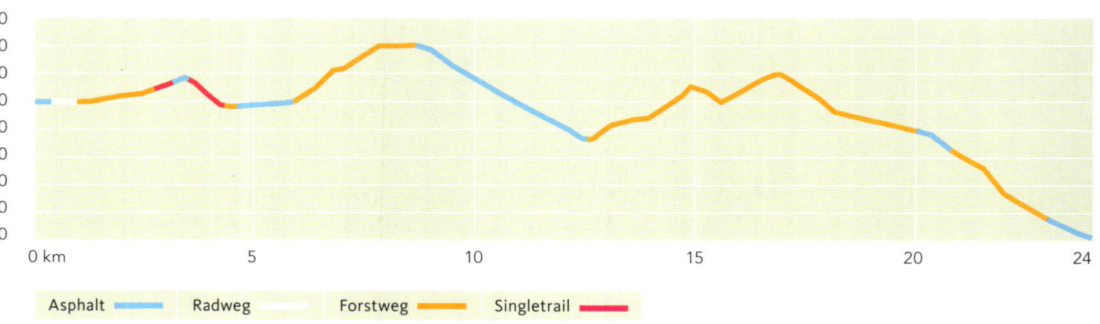

HIGHLIGHTS

Mals

Mals, auf 1050 m Meereshöhe, gilt als der sonnigste Ort Südtirols. Der Name „Mals“ kommt aus dem Indogermanischen und deutet auf eine alte Besiedelung hin. Heute zählt die Gemeinde Mals über 5000 Einwohner, die aus mehreren Fraktionen kommen: aus Burgeis, Schlinig, Schleis, Laatsch, Planeil, Plawenn (mit nur 46 Einwohnern!), Tartsch, Ulten-Alsack und dem Bergsteigerdorf Matsch. Im Zuge eines Volksreferendums sprach sich die Mehrheit der Malser Bevölkerung für eine pestizidfreie Landwirtschaft aus, woraufhin ein Pestizidverbot in der gesamten Gemeinde ausgesprochen wurde. Der Europäische Gerichtshof und das Verwaltungsgericht in Bozen erklärten dieses Verbot für nichtig ... Die Geschichte des Pestizidwiderstandes wurde 2018 mit dem Titel „Das Wunder von Mals“ sogar zum Kinofilm. Er wurde von 1700 Personen durch Crowdfunding finanziert.

Der Fröhlichsturm

Im Zentrum der Ortschaft Mals erhebt sich der Fröhlichsturm aus dem 12. Jahrhundert. Die ehemalige im romanischen Stil erbaute Burganlage der Matscher ist heute nur noch eine Ruine, deren Steine teilweise für die Erweiterung der Pfarrkirche im 19. Jahrhundert verwendet wurden. Die letzten Besitzer, die Herren von Fröhlich, verliehen dem 33 Meter hohen Turm seinen Namen.

Mittelalterliches Mals

Im siebentürmigen Mals befinden sich mehrere mittelalterliche Kirchen wie St. Johann, St. Martin und St. Benedikt. Letztere ist im Alpenraum eine der wenigen steinernen Zeugen aus dem 8. Jahrhundert. Die Kirche beherbergt seltene Fresken aus der Zeit Karls des Großen, die zu den ältesten Wandmalereien im deutschsprachigen Raum gehören.

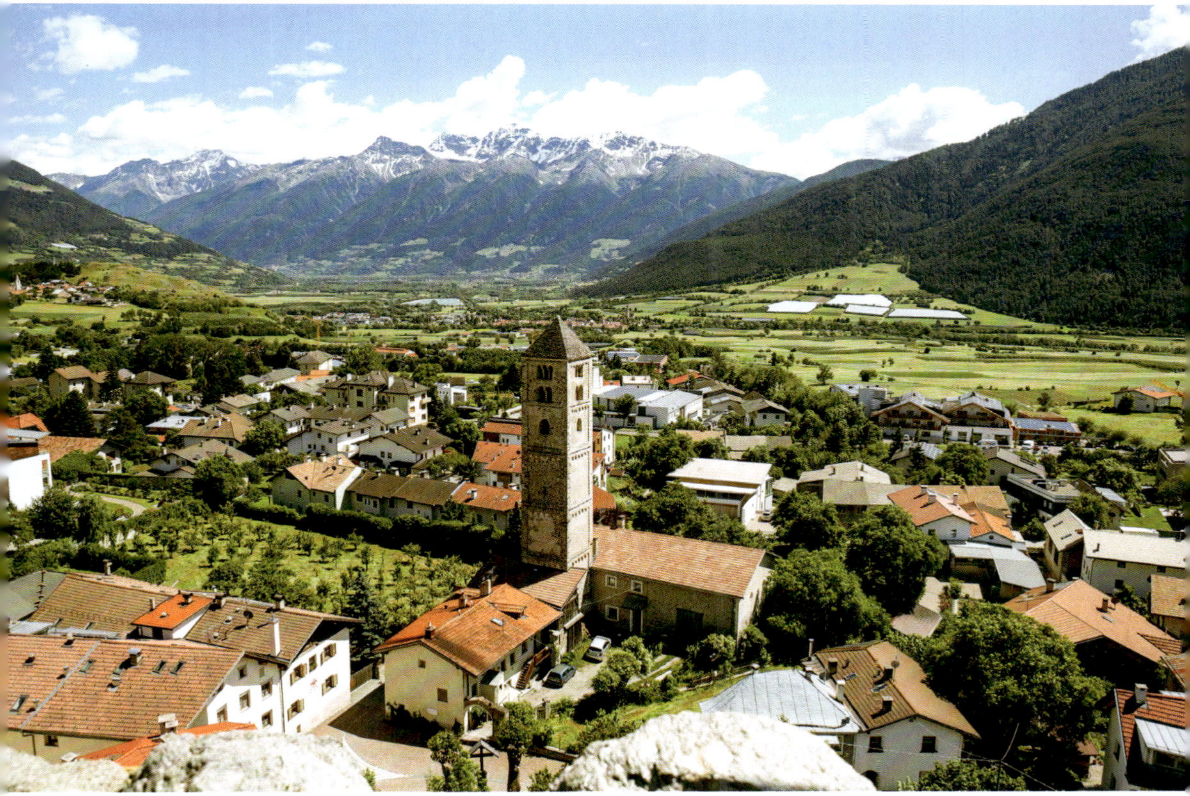

Das idyllische Dorf Mals
im Obervinschgau

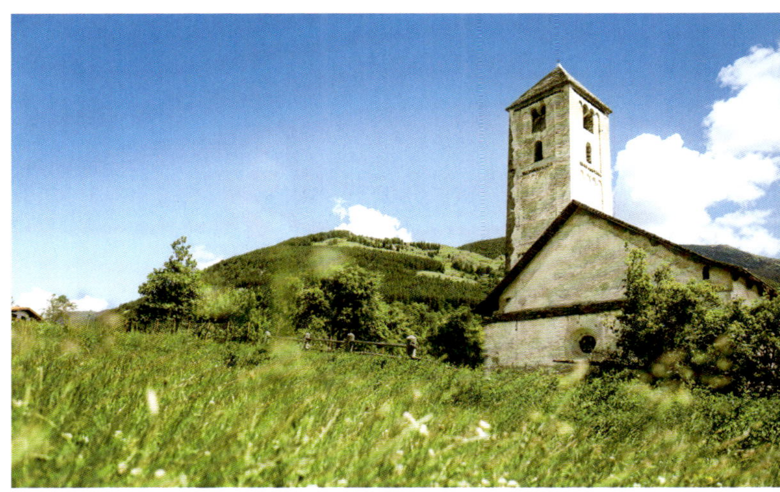

Die St.-Benedikt-Kirche

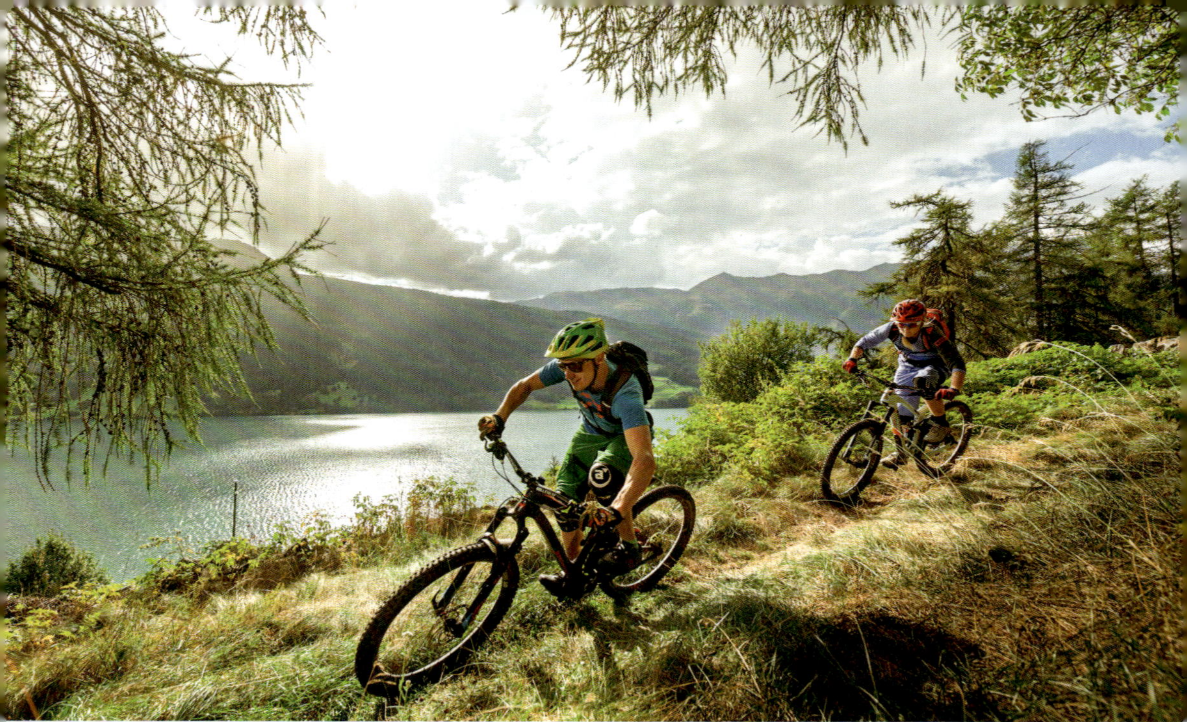

FERIENREGION RESCHENPASS

Die Ferienregion Reschenpass liegt im Dreiländereck zwischen Italien, Österreich und der Schweiz. Herzstück ist der versunkene Turm im Reschensee. Die Seitentäler Langtaufers und Rojen bilden ein Erholungsgebiet für Genießer von Stille und Natur.

Sport und Freizeit wird in der abwechslungsreichen Landschaft der Ferienregion großgeschrieben. Skifahren, Rodeln, Langlaufen, Eislaufen, Skitouren und Schneeschuhwandern – am Reschenpass hält die weiße Jahreszeit für alle Gäste das passende Angebot bereit. Der Haider See und der Reschensee laden zum Segeln und Kiten ein und eine Schifffahrt auf dem Reschensee ist ein besonderes kulturelles Erlebnis. Für Jogger und Wanderer stehen zahlreiche Strecken zur Verfügung. Das abwechslungsreiche Gelände im Talaiwald macht das Bogenschießen zum echten Naturerlebnis.

Die Ferienregion Reschenpass hat sich zur Bikeregion etabliert. Mountainbiker erwartet große Abwechslung: Sie erleben steile und anspruchsvolle Bergtouren, gemütliche Panoramastrecken und die Drei-Länder-Enduro-Trails in allen Schwierigkeitsstufen.

Die Radtouren rund um den Reschen- und Haider See ohne große Höhenunterschiede, welche auch mit dem E-MTB gefahren werden können, sorgen für Spaß. Die Rundwege sind ideal für einen gemütlichen Familienausflug. Das Angebot rund um das Radfahren beinhaltet auch viele Gasthäuser und Almen, welche zum Verweilen einladen.

Die Ferienregion Reschenpass bietet zusätzlich mit der 3-Länder-Card für Wanderer, Biker und Familien ein tolles Angebot. Zur Verfügung steht damit die freie Benutzung der Bergbahnen, die unbegrenzte Mobilität vor Ort und zahlreiche Vergünstigungen.

www.reschenpass.it
info@reschenpass.it
T +39 0473 633 101

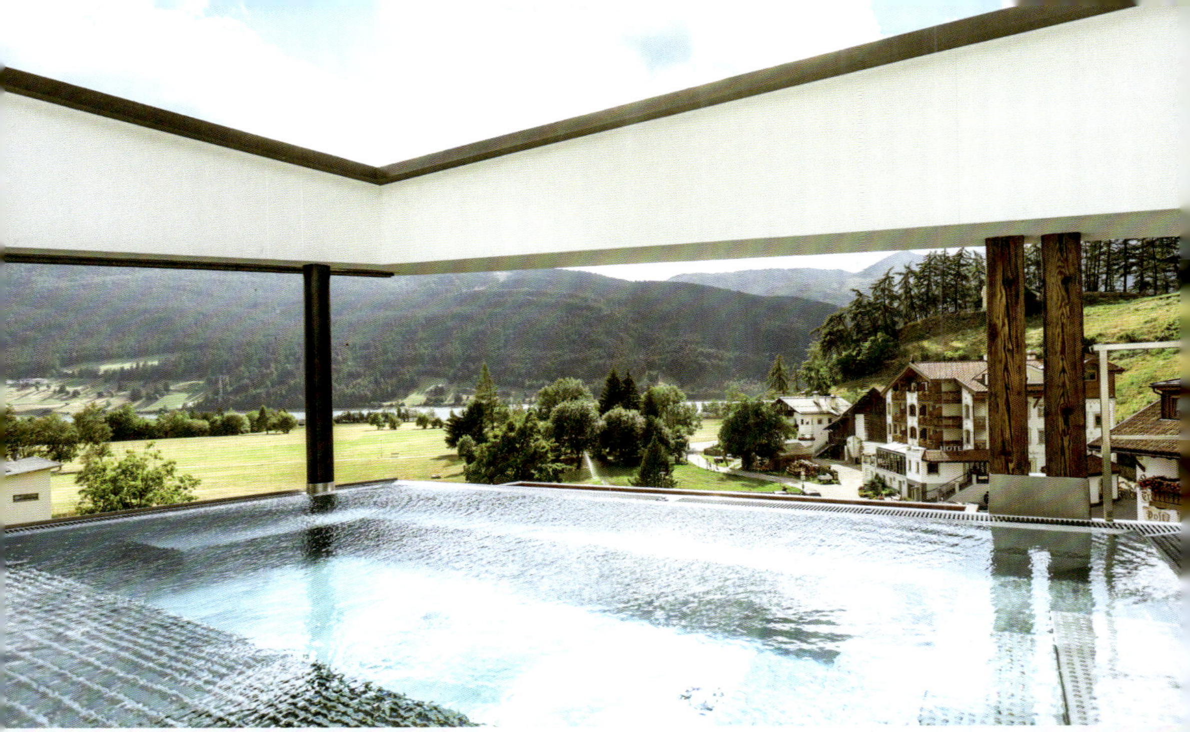

AKTIV UND WELLNESSHOTEL TRAUBE POST**** 1500 m

Das Hotel Traube bietet Ihnen eine prämierte Gourmetküche und eine traumhafte Wellness-Oase mit Whirlpool-Skybecken. Erfahren Sie zudem die Geschichte des alten Dorfes Graun – das Dorf, das unter Wasser steht und dessen Turm weit sichtbar aus dem Wasser ragt ...

Das Seenplateau am Reschen mit seinem strahlend blauen Reschensee hat so viel zu bieten, da ist es manchmal schwer, die Übersicht zu behalten. Mit dem Hotel Traube Post fällt die Entscheidung leicht: Es gibt unterschiedliche Angebote für verschiedenste Ansprüche. Egal, ob Sie den Vinschgau und Südtirol gerne kulinarisch kennenlernen möchten, ob Sie die Alpenpässe des Dreiländerecks mit Ihrem Motorrad erkunden wollen, für Ihr Leben gerne wandern oder ein echter Schnäppchenjäger sind: Im Hotel Traube Post gibt es garantiert ein Angebot, dass Ihren Geschmack trifft. Viel Spaß beim Stöbern und Entdecken!

In unseren Zimmern und Suiten treffen wertvolles Altholz auf mutige Design-Elemente, kombiniert mit warmen Farben und edlen Stoffen. Abgerundet vom malerischen Panorama des Sees und der Berge. Gleichzeitig spiegeln unsere Zimmer die Geschichte des Dorfes wider – eingraviert in Stein. Das Haubenrestaurant (Gault & Millau) mit großer Terrasse und E-Bike-Ladestation lädt v. a. Biker zum genussvollen Relaxen ein. Elegante Velourstoffe, Leder und entspannte Brauntöne geben den Ton an – und sorgen gemeinsam mit dem Südtiroler Lebensgefühl für anregende Gemütlichkeit bei Ihrem Urlaub im Vinschgau am Reschensee. Lassen Sie sich von unseren geschmackvollen Wohnwelten begeistern!

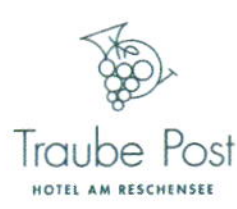

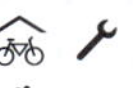

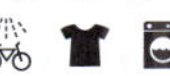

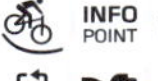

Via Claudia Augusta 10
I-39027 Graun (BZ)
T +39 0473 633131
info@traube-post.it
www.traube-post.it

Öffnungszeiten: Weihnachten bis Ostern und Ende Mai bis Allerheiligen

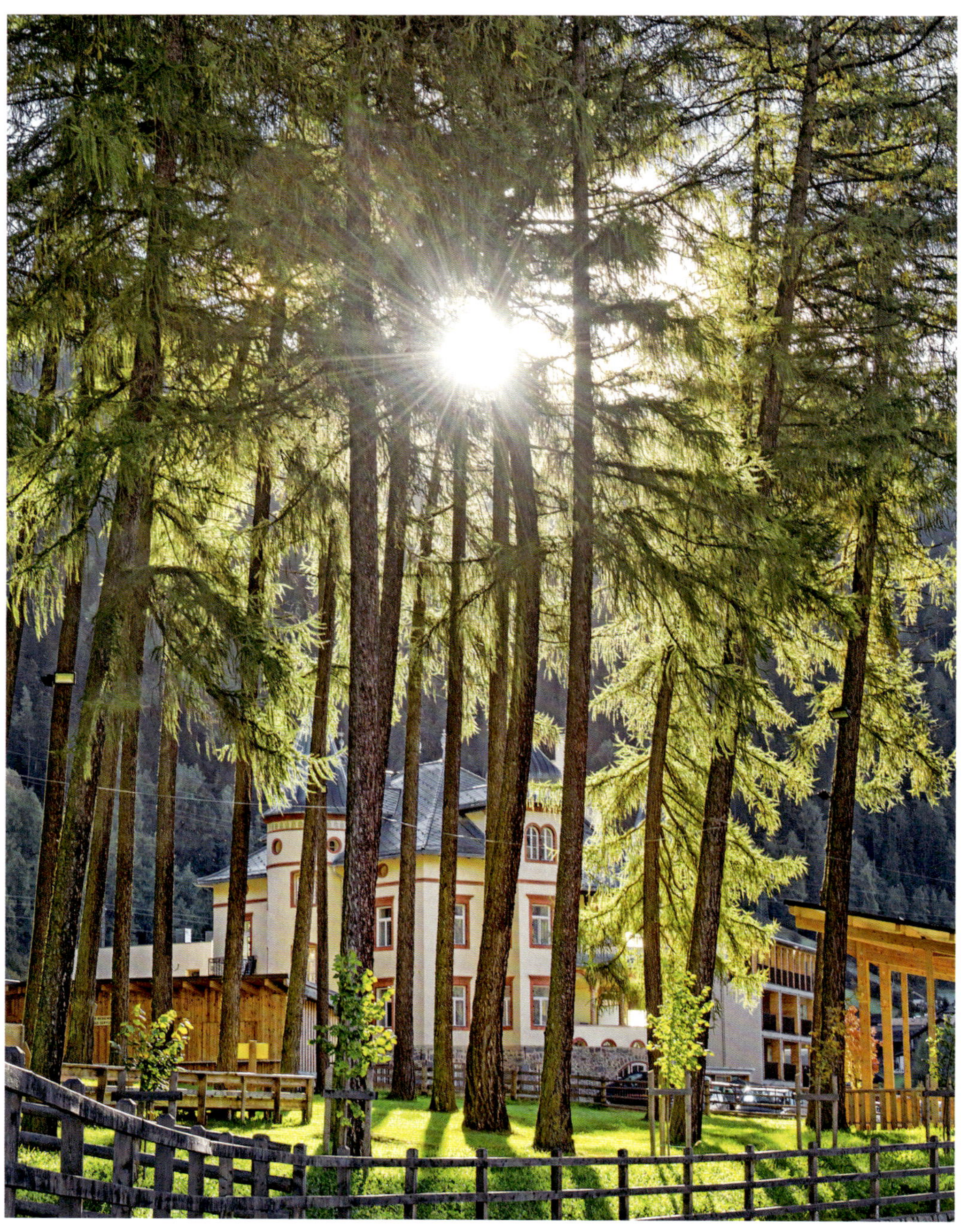

7 MATSCHER ALM

Start Mals, Bahnhof, 1000 m
Ziel Matscher Alm, 2045 m
Höchster Punkt 2045 m
Strecke 23 km
Hm bergauf 1280
Hm bergab 270
Zeit MTB 3 Std. 30 Min.
Zeit E-MTB 2 Std.
Schwierigkeit ●○○○○
E-Bike-Akkus 1
Anhängertauglich nein

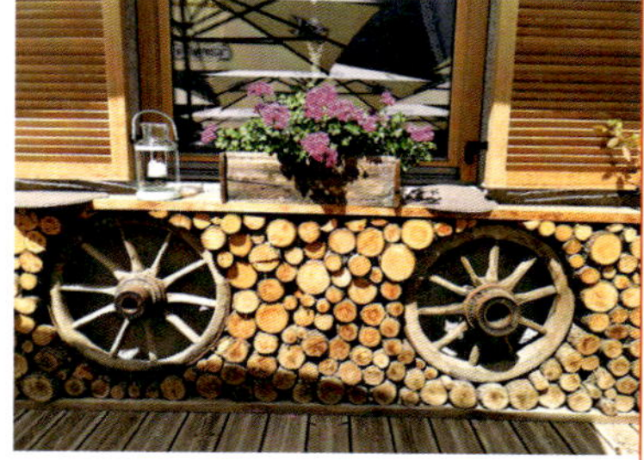

Umweltverträglicher und naturnaher Tourismus, so definiert sich das Bergsteigerdorf Matsch. Dementsprechend gibt es hier hauptsächlich Natur pur. Kurz „antrisch" (südtirolerisch für unheimlich) kann es einem auf den Malettesböden ergehen, auf denen früher ein seltsames Treiben geherrscht haben soll.

Tourenbeschreibung

Vom Bahnhof durch das Zentrum von Mals bis zum nördlichen Ortsende, dann rechts auf die Forststraße Nr. 64. Hinauf bis Malettes und dort nach rechts bergab bis kurz vor Muntatschinig. Ab hier wieder aufwärts der Beschilderung zum Hof Gemassen folgen. Bei der nächsten Kreuzung nach rechts bis nach Matsch. Ab Matsch der Hauptstraße entlang bis kurz vor dem Glieshof, dort Richtung Matscher Alm. Für die Rückkehr denselben Weg wählen. Kombinierbar mit Churburg- oder Matscher-Raubritter-Tour. Wer sein Tagespensum erfüllt hat, kann auch in sehr schneller Abfahrt die Hauptstraße vom Glieshof bis nach Tartsch nehmen.

Tipp: Wenn möglich das Wochenende meiden.

Vorbei an einem von Jägern genutzten Hochsitz

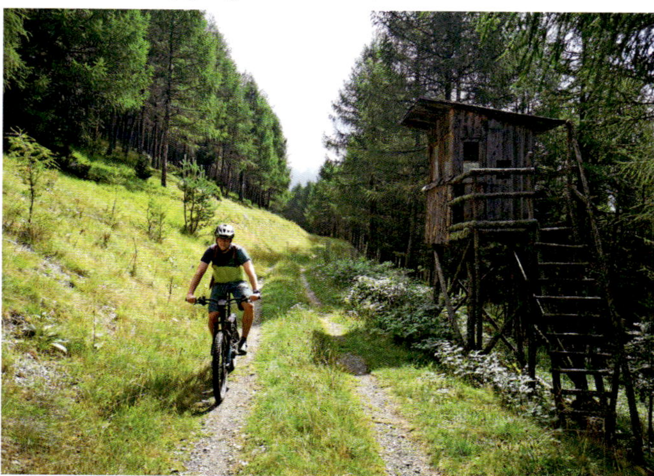

Anfahrt

 Mit dem Fahrrad über die Claudia Augusta bis zum Bahnhof Mals.

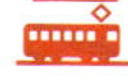 Mit dem Zug direkt zum Bahnhof Mals.

 Mit dem Auto über die Vinschgauer Staatsstraße und in Mals die Abzweigung zum Bahnhof nehmen.

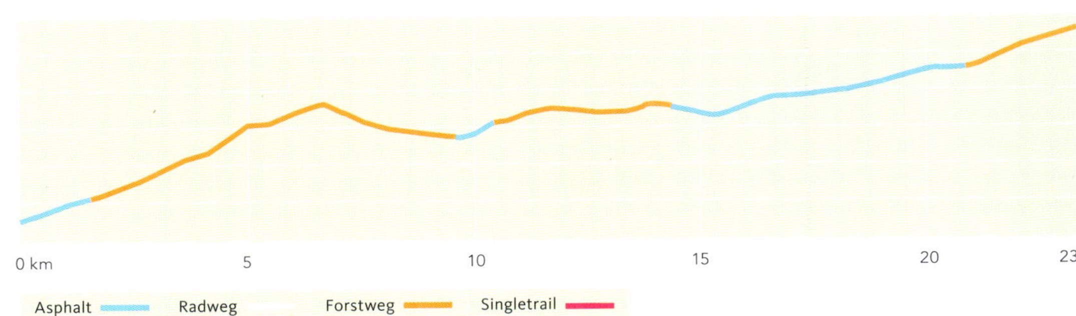

Das Panorama bei der Abfahrt ist purer Genuss.

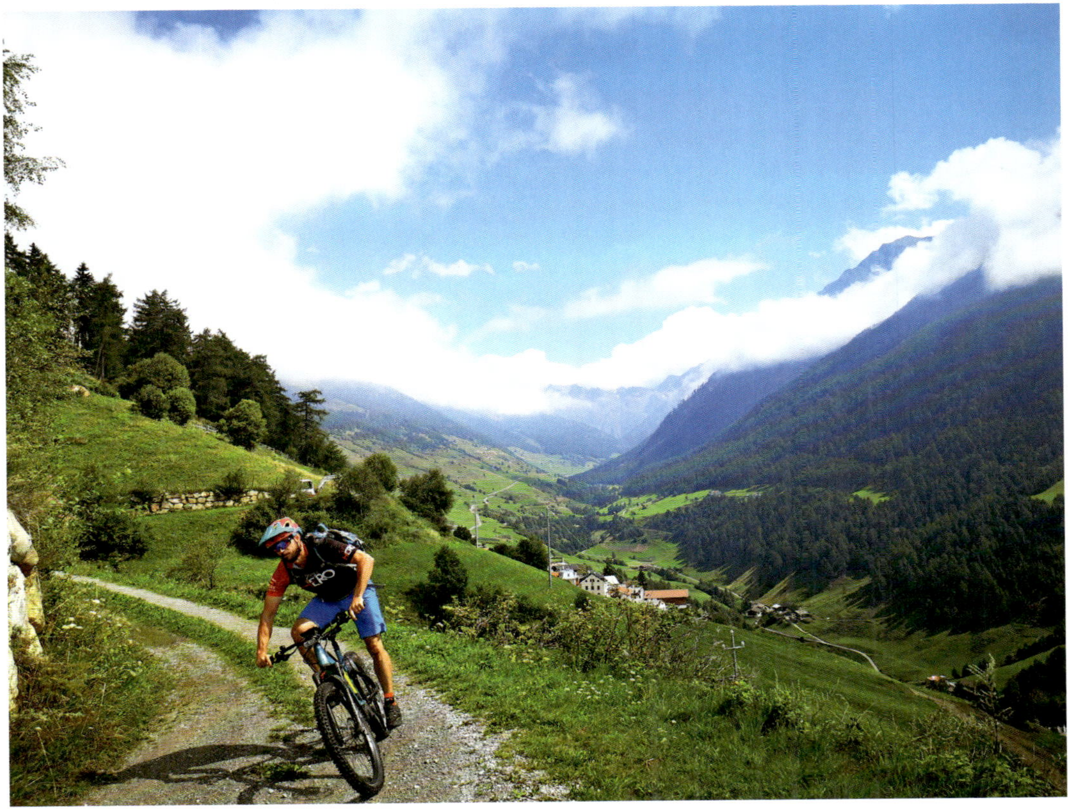

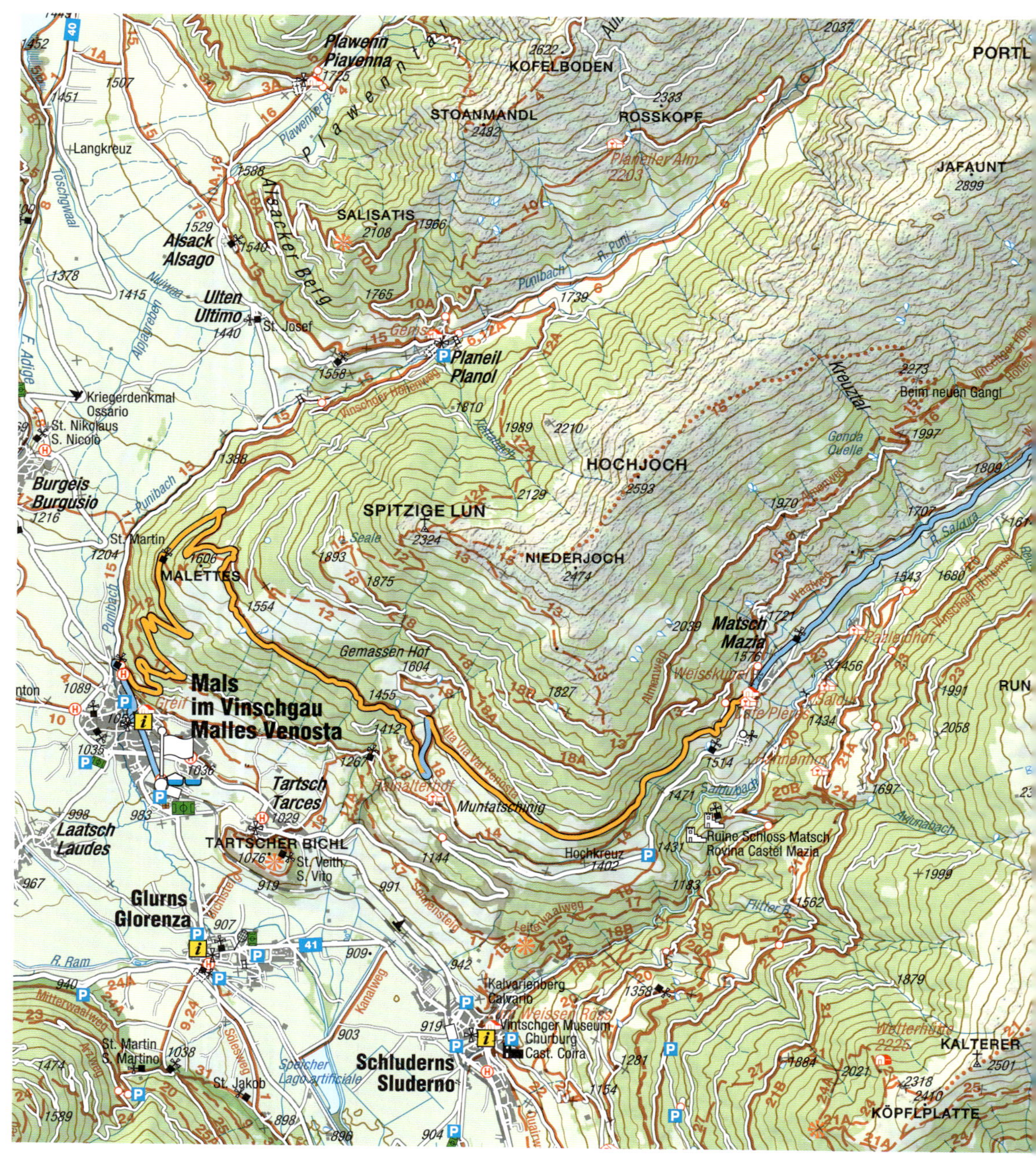

Plawenn
Piavenna
KOFELBODEN
STOANMANDL
ROSSKOPF
Planeiler Alm
2203
JAFAUNT
2899
PORTL
Langkreuz
SALISATIS
2108
Alsacker Berg
Alsack
Alsago
Ulten
Ultimo
St. Josef
Planeil
Planol
Kreuztal
Beim neuen Gangl
Kriegerdenkmal
Ossario
St. Nikolaus
S. Nicolo
Burgeis
Burgusio
HOCHJOCH
2593
SPITZIGE LUN
2324
NIEDERJOCH
2474
St. Martin
MALETTES
Gemassen Hof
Matsch
Mazia
Weisskugel
Mals
im Vinschgau
Malles Venosta
Tartsch
Tarces
Muntatschinig
Alta Via Val Venosta
Laatsch
Laudes
TARTSCHER BICHL
St. Veith
S. Vito
Hochkreuz
Ruine Schloss Matsch
Rovina Castel Mazia
Glurns
Glorenza
R. Ram
Kalvarienberg
Calvario
Vintschger Museum
Churburg
Cast. Coira
St. Martin
S. Martino
St. Jakob
Speicher
Lago artificiale
Schluderns
Sluderno
Wetterhütte
2225
KALTERER
KÖPFLPLATTE
RUN

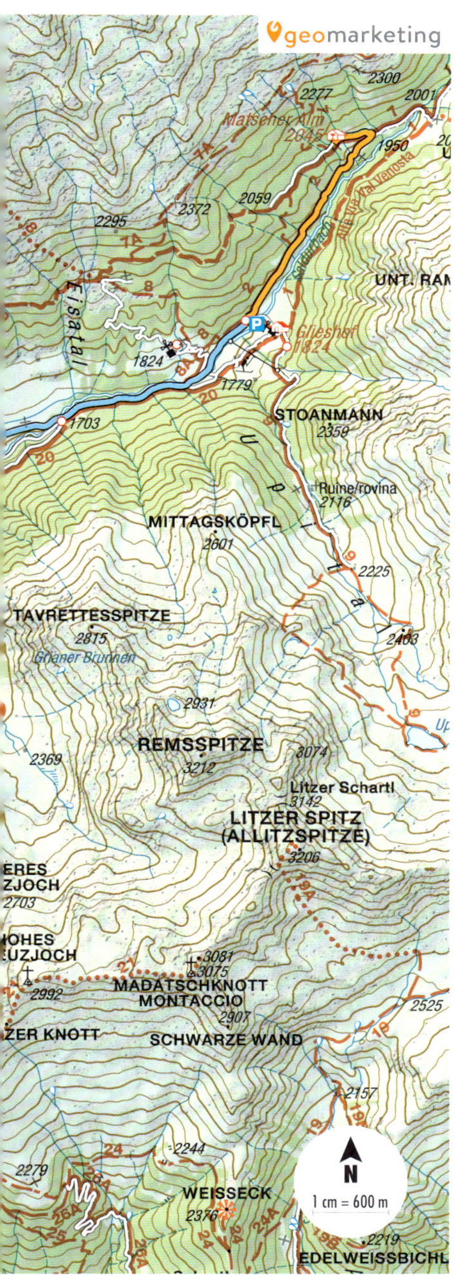

HIGHLIGHTS

Das Matscher Tal

Generell ist die Alm- und Milchwirtschaft fester Bestandteil des Matscher Tals; aus diesem Grund wird die Matscher Alm auch Matscher Kuhalm genannt. Auf 2045 m Höhe wird die Milch von ca. 40 Milchkühen direkt in der Almsennerei zu leckeren Produkten wie Käse, Frischkäse und Butter verarbeitet; diese Köstlichkeiten können anschließend mit einem fantastischen Blick auf die umliegende Bergwelt probiert werden. Die Alm ist fast das ganze Jahr über geöffnet (November ausgenommen): Im Sommer finden viele Biker und Wanderer ihren Weg dorthin, im Winter trifft man Rodler und Tourengeher. Sogar einen Eisturm zum Klettern gibt es in der kalten Jahreszeit.

Die Malettesböden

Die Malettesböden auf ca. 1500 m sind ein sagenumwobener Ort: Der Legende nach trafen sich dort jeden Pfingschtig (südtirolersich für Donnerstag) Hexen und trieben ihr Unwesen. Einmal sollen sie Hasen sogar so verzaubert haben, dass diese anfingen zu sprechen. Daraufhin erschrak ein Jäger derart, dass er die Beine in die Hand nahm und um sein Leben rannte. Er erzählte das Zugetragene im Dorf und schwor, nie mehr dieses unheimliche Hochplateau Malettes zu betreten. Seine Meldung über das unheimliche Treiben verbreitete sich natürlich wie ein Lauffeuer in der Umgebung und darüber hinaus. Sagenumwobene Kultorte, an denen Zauberwesen Pläne schmiedeten, gibt es im Vinschgau einige.

Spitzige Lun

Der beherrschende Berg bei dieser Tour ist sicherlich die „Spitzige Lun", ein 2324 m hoher Gipfel in den Ötztaler Alpen. Ursprünglich hieß die Aussichtskanzel über Mals Piz Lun, was Mondberg bedeutet.

8

SCHLINIGER ALM

Start Mals, Bahnhof, 1000 m
Ziel Schliniger Alm, 1856 m
Höchster Punkt 1856 m
Strecke 12 km
Hm bergauf 870
Hm bergab 10
Zeit MTB 2 Std.
Zeit E-MTB 1 Std. 20 Min.
Schwierigkeit ●○○○○
E-Bike-Akkus 1
Anhängertauglich ja

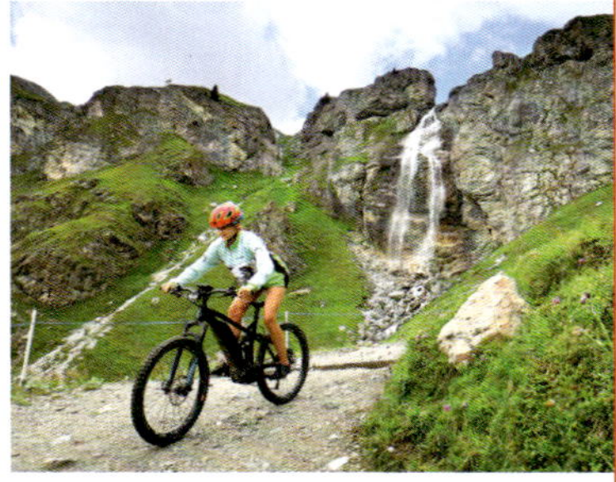

Diese Tour bietet ein grandioses Panorama und ist zudem noch familien- und sogar anhängertauglich. Überblickt man zu Beginn große Teile des Obervinschgaus, gipfelt das Panorama mit dem fantastischen Wasserfall hinter der Schliniger Alm.

Tourenbeschreibung

Vom Bahnhof Mals hinauf ins Dorfzentrum und dann links halten. Die Staatsstraße überqueren und dem Radweg nach Schleis folgen. Hier beginnt der Aufstieg bis nach Schlinig. Vorbei am Langlaufzentrum Schlinig links halten und dann immer auf der Forststraße bis zur Schliniger Alm.

Der atemberaubende Wasserfall hinter der Schliniger Alm

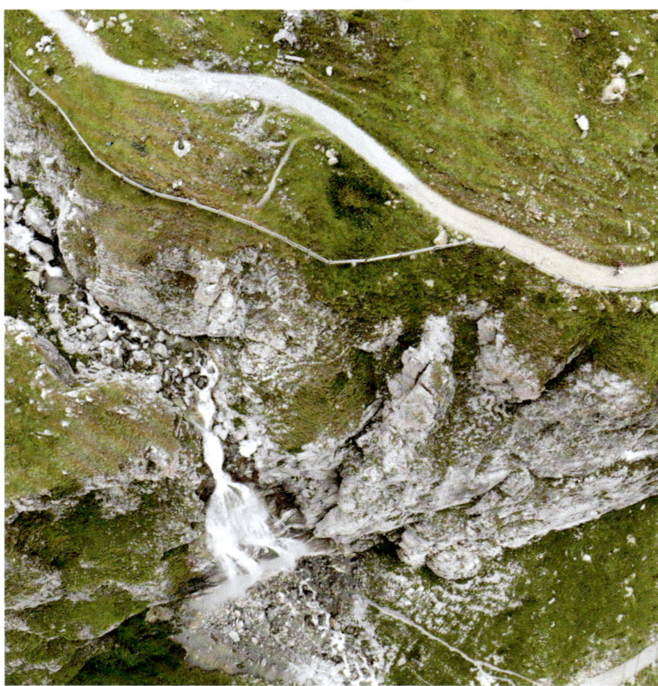

Anfahrt

 Mit dem Fahrrad über die Claudia Augusta bis zum Bahnhof Mals.

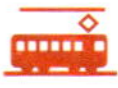 Mit dem Zug direkt zum Bahnhof Mals.

 Mit dem Auto über die Vinschgauer Staatsstraße und in Mals die Abzweigung zum Bahnhof nehmen.

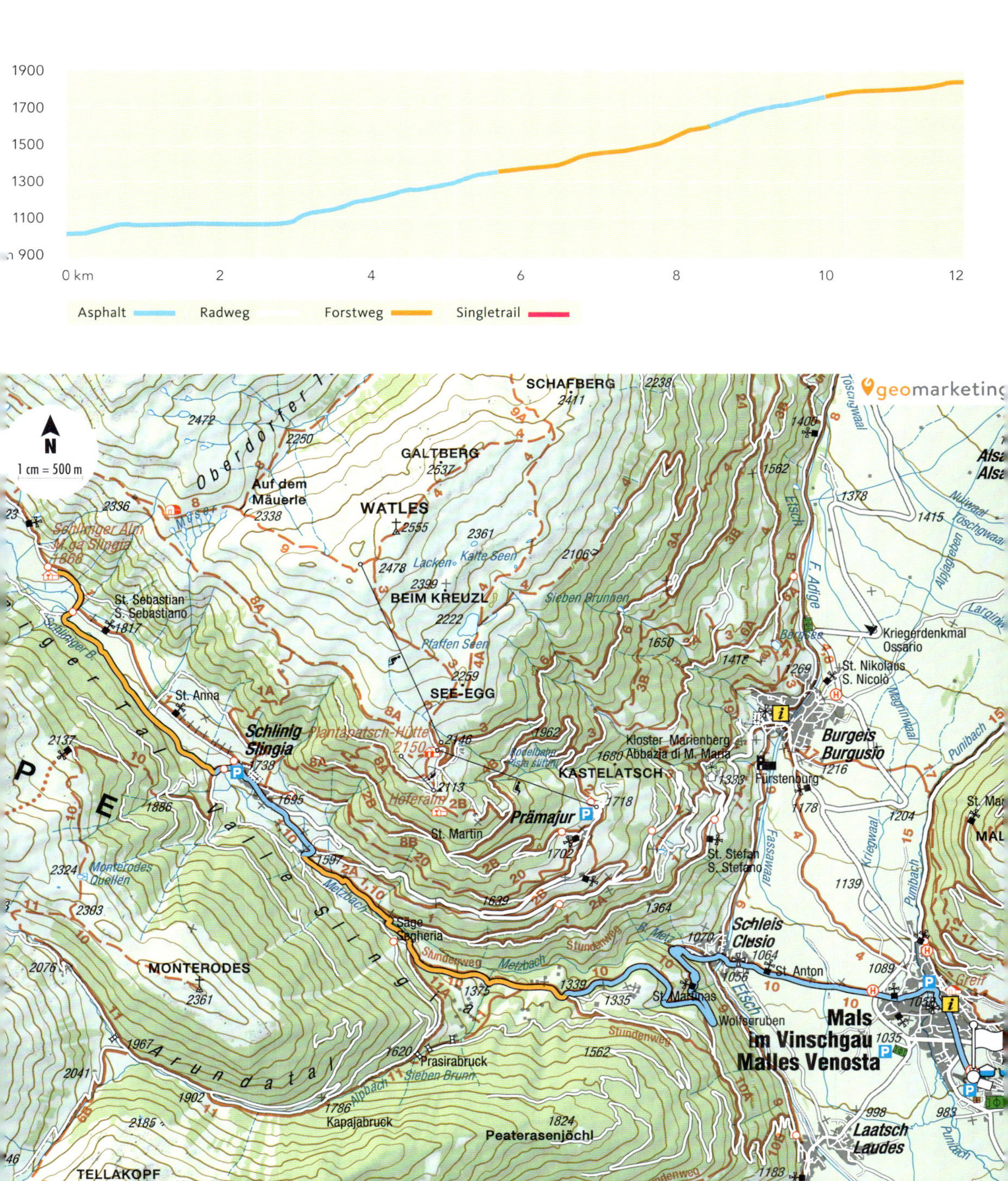

1900
1700
1500
1300
1100
900
0 km
2
4
6
8
10
12
Asphalt
Radweg
Forstweg
Singletrail
geomarketing
N
1 cm = 500 m
SCHAFBERG
GALTBERG
2537
WATLES
2555
Auf dem Mäuerle
2338
Oberdorfer
Schlinger Alm
M.ga Slingia
1868
St. Sebastian
S. Sebastiano
1817
St. Anna
Schlinig
Slingia
1738
Plantapatsch-Hütte
2150
BEIM KREUZL
SEE-EGG
Kalte Seen
Sieben Brunnen
Pfaffen Seen
Höferalm
St. Martin
Prämajur
1718
KASTELATSCH
Kloster Marienberg
Abbazia di M. Maria
Burgeis
Burgusio
Fürstenburg
St. Nikolaus
S. Nicolò
Kriegerdenkmal
Ossario
St. Stefan
S. Stefano
Schleis
Clusio
St. Anton
St. Martinas
Wolfsgruben
Mals
im Vinschgau
Malles Venosta
Laatsch
Laudes
Säge
Segheria
Stundenweg
Metzbach
MONTERODES
2361
Monterodes Quellen
Arundatal
Prasirabruck
Sieben Brunn
Kapajabruck
Peaterasenjöchl
TELLAKOPF
STOAMANDL
Etsch
F. Adige
Punibach
Fassawaal
Töschgwaal

Kühe geben beste Milch für den prämierten Käse der Alm.

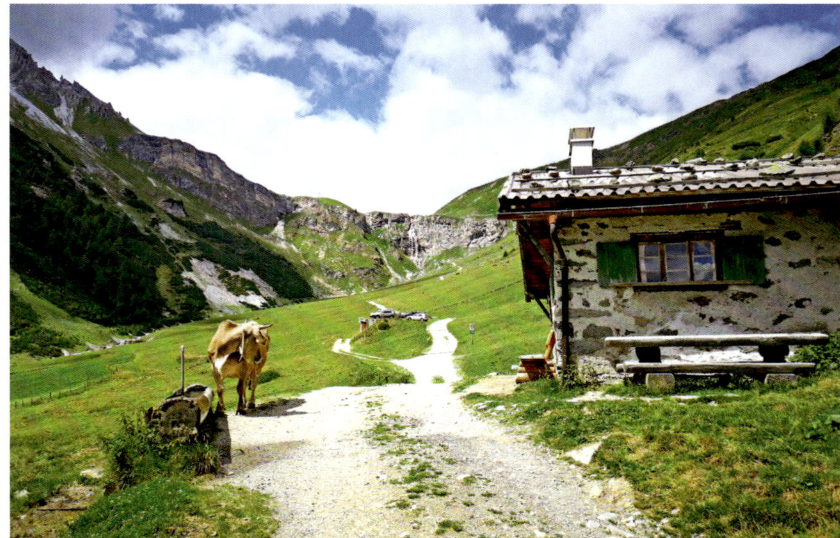

Das kleine Dörfchen Schleis auf 1074 m

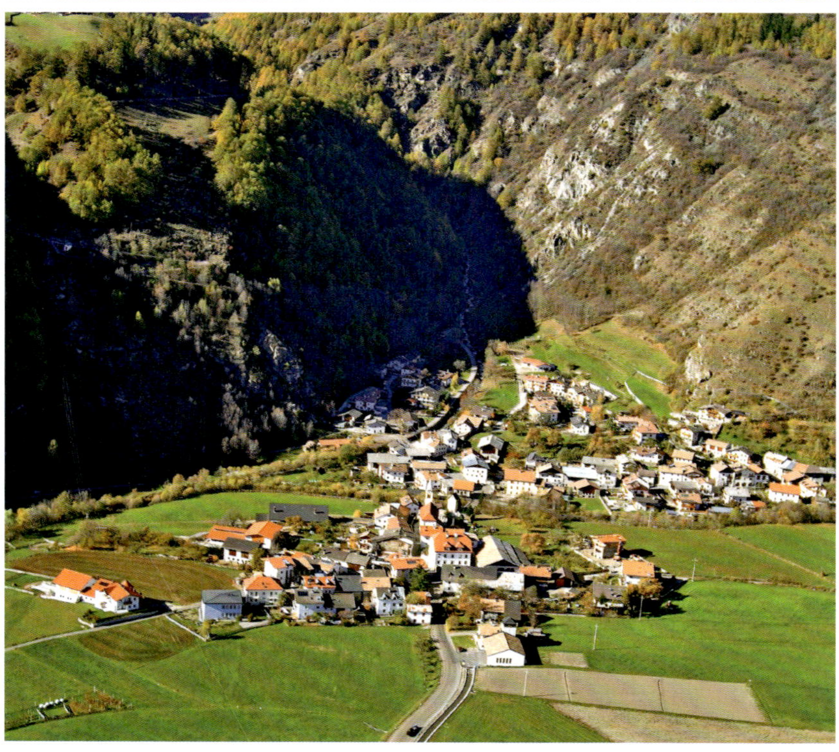

HIGHLIGHTS

Schleis

Das kleine Dörfchen Schleis auf 1074 m hat zahlreiche freskengeschmückte Häuser, die wirklich nett anzuschauen sind. Auch wenn man konzentriert sein Bike durch die engen Gässchen steuern muss, lohnt sich hier ein Dorfrundgang. Der Name „Schleis" leitet sich vom Lateinischen „exclusa" ab, was so viel wie ausgeschlossen (vom übrigen Gebiet) bedeutet. Liebhaber sakraler Bauten finden hier die Kapelle zum hl. Antonius (erbaut 1682) und auf dem Weg zum Polsterhof die Kapelle zum hl. Martin (1696 erbaut und in den letzten Jahren restauriert). Der Name „Polsterhof" stammt aus dem 13. Jahrhundert, als Glurns Sitz des Landesfürstlichen Gerichts war: Jedem zum Tode Verurteilten stand ein Kissen zu, welches von den Bauern eben dieses Hofes gefertigt worden war ...

Die Schliniger Alm

Die Schliniger Alm hat ihren Namen vom gleichlautenden Seitental Schlinig, das bei Burgeis in den Obervinschgau mündet. Sie gilt als wahrer Biker-Treffpunkt. Am Ende des Schlinigtals befindet sich die Schutzhütte Sesvenna auf 2260 m. Diese ist besonders bei Alpenüberquerern/-innen bekannt, die über die Ostroute in den Süden gelangen wollen und hier meist „Halbzeit" haben.

Die Schliniger Alm wird auch „Planbell" genannt, was übersetzt „schöne Ebene" heißt. Tatsächlich ist der Anstieg gemächlich und steile Rampen bleiben vollständig aus. Die Alm liegt auf 1868 m Höhe und hinter ihr riegelt die „Schwarze Wand" das sonst breite Tal abrupt ab. Falls man mit Kindern unterwegs ist, finden diese hier Platz zum Spielen.

Im Winter gehört das Gebiet den Langläufern. Auf einer Strecke vor 15 km – eine der schönsten Langlaufloipen Südtirols – gelangen die Wintersportler zur Schliniger Alm.

TIPP

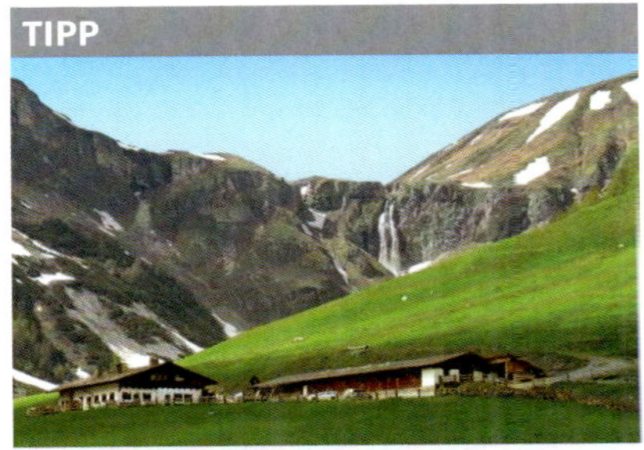

SCHLINIGER ALM, 1868 m

Auf der Schliniger Alm ist alles besonders ... der prämierte Käse, den man das ganze Jahr auf der Alm kaufen kann. Die besonderen Gerichte wie die Kasknödel, der Almtoast oder die Marendbrettlen ... der entspannende Blick von der Sonnenterrasse auf die Talsohle und im Winter – nach einer Skitour, Winterwanderung oder Langlaufrunde im Nordischen Skizentrum – die gemütliche Atmosphäre der Holzstuben.

Schlinigtal
I-39024 Mals im Vinschgau (BZ)
T +39 347 9770667
anna.ladurner@hotmail.com

Ganzjährig geöffnet

24h E-BIKE

9 BRUGGERALM

Start Mals, Bahnhof, 1000 m
Ziel Bruggeralm, 1930 m
Höchster Punkt 1930 m
Strecke 14 km
Hm bergauf 960
Hm bergab 960
Zeit MTB 2 Std. 20 Min.
Zeit E-MTB 1 Std. 20 Min.
Schwierigkeit ●○○○○
E-Bike-Akkus 1
Anhängertauglich ja

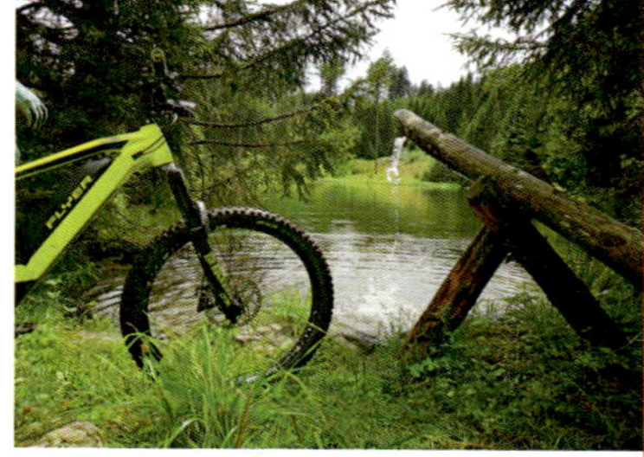

Nach gemütlichem Einrollen über den Radweg führt eine angenehme Steigung zur Bruggeralm im Zerzertal. Von oben herab genießt man – zusammen mit dem weiß getünchten Kloster Marienberg – eine herrliche Aussicht auf den Haider und Reschensee.

Tourenbeschreibung

Vom Bahnhof in Mals der Beschilderung der Radroute folgen und dann bei Laatsch nach rechts Richtung Norden. Auf dem Radweg bis zum Beginn des Haider Sees bleiben, dann links auf die Forststraße abbiegen. Vorbei am Faulen See und danach gleich rechts halten. An der Kirche in St. Martin am Eingang des Zerzertals unbedingt das Panorama genießen. Dem Forstweg weiter folgen bis zur Bruggeralm auf der rechten Seite.
Nach einer Rast auf der Bruggeralm gibt es mehrere Möglichkeiten, die Tour fortzusetzen: über denselben Weg zum Ausgangspunkt retour oder alternativ zurück über den Trail, der die Forststraße des Hinwegs immer wieder kreuzt. Dem Weg Nr. 7 abwärts folgen, bis man wieder auf eine Forststraße trifft. Wer

Die Wege sind stets gut ausgeschildert.

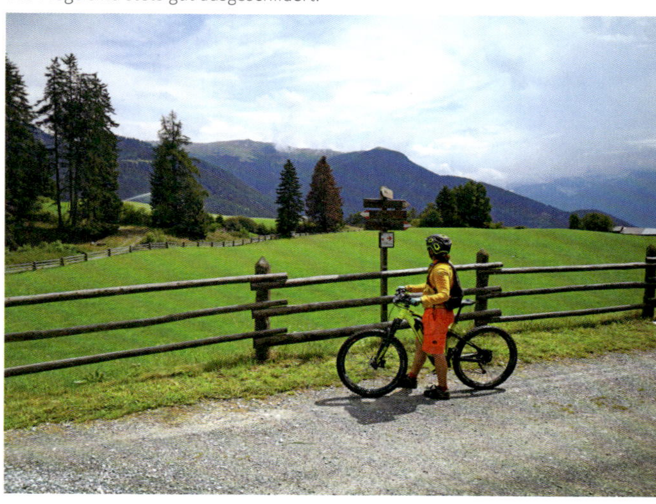

Anfahrt

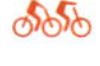 Mit dem Fahrrad über die Claudia Augusta bis zum Bahnhof Mals.

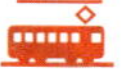 Mit dem Zug direkt zum Bahnhof Mals.

 Mit dem Auto über die Vinschgauer Staatsstraße und in Mals die Abzweigung zum Bahnhof nehmen.

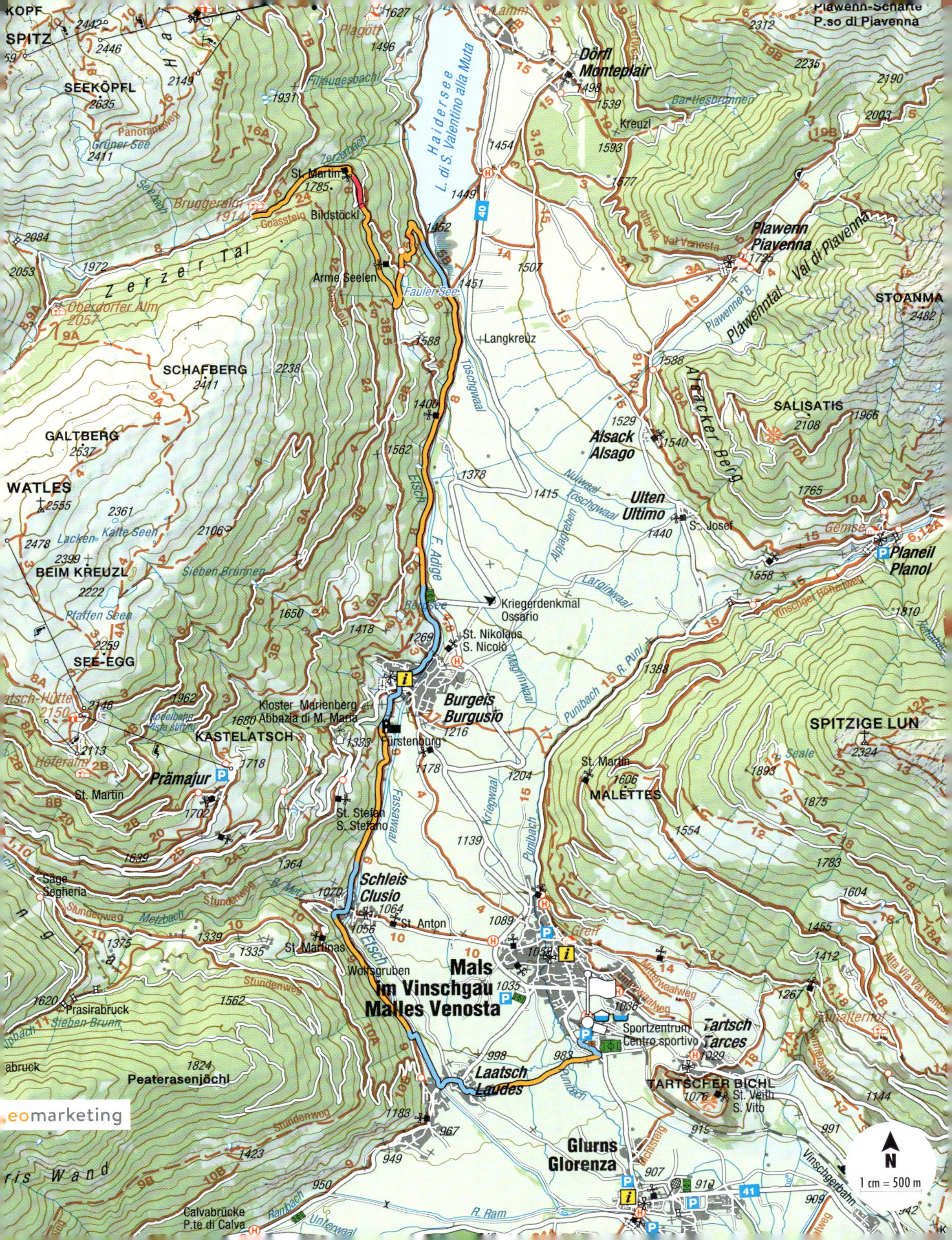

Haidersee
L. di S. Valentino alla Muta
Dörfl
Monteplair
Plawenn
Piavenna
Plawenntal · Val di Plavenna
STOANMA
SALISATIS
Alsack
Alsago
Ulten
Ultimo
Planeil
Planol
SEEKÖPFL
Zerzer Tal
Oberdorfer Alm
St. Martin
Bildstöckl
Arme Seelen
Fauler See
Langkreuz
SCHAFBERG
GALTBERG
WATLES
BEIM KREUZL
SEE-EGG
KASTELATSCH
Prämajur
Kloster Marienberg
Abbazia di M. Maria
Fürstenburg
Kriegerdenkmal
Ossario
St. Nikolaus
S. Nicolò
Burgeis
Burgusio
SPITZIGE LUN
MALETTES
St. Stefan
S. Stefano
Schleis
Clusio
St. Anton
St. Martinas
Wolfsgruben
Mals
im Vinschgau
Malles Venosta
Sportzentrum
Centro sportivo
Tartsch
Tarces
TARTSCHER BICHL
St. Veith
S. Vito
Laatsch
Laudes
Glurns
Glorenza
Peaterasenjöchl
Prasirabruck
Calvabrücke
P.te di Calva
Säge
Segheria
Etsch
F. Adige
Punibach
R. Puni
Alta Via Val Venosta
Vinschgerbahn
eomarketing
1 cm = 500 m
N

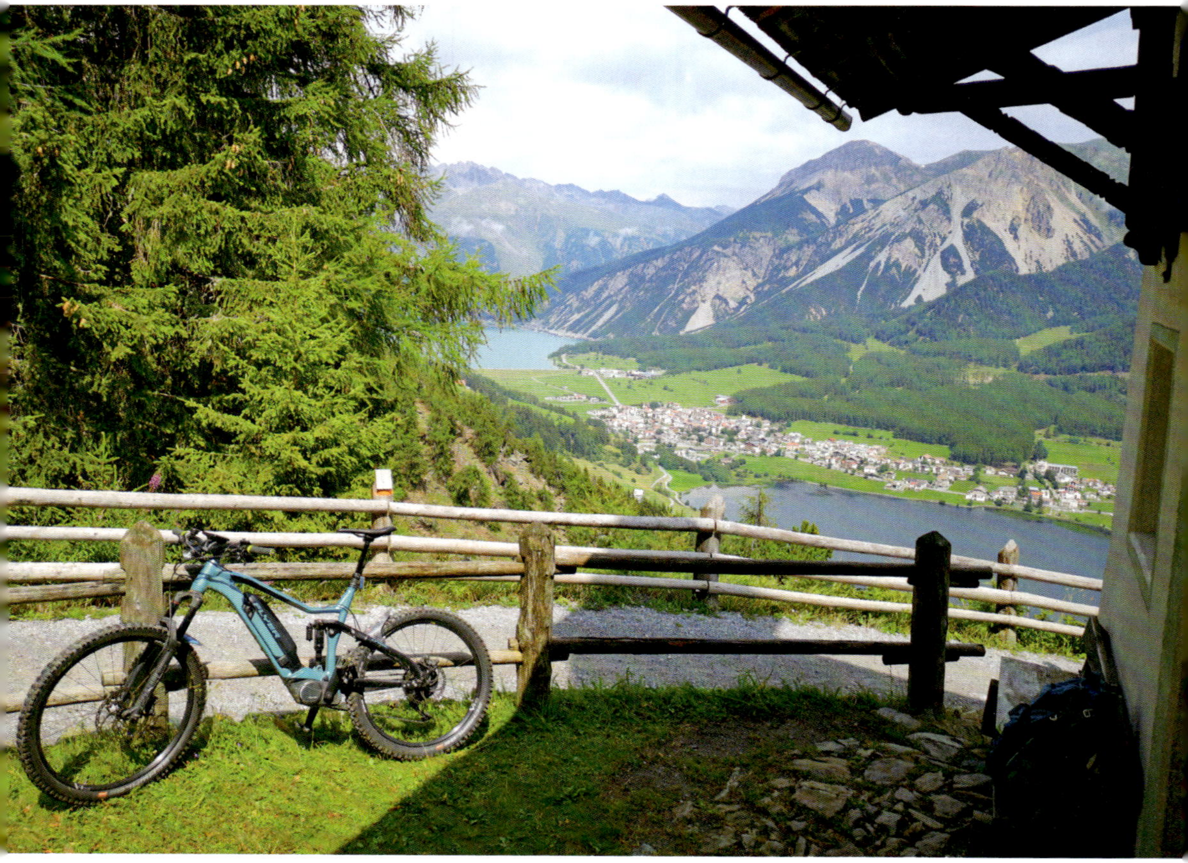

Das Panorama bei der kleinen Kirche St. Martin

noch Reserven hat, radelt die 250 Höhenmeter weiter hoch zur Haideralm und steigt dort in einen weiteren Trail ein. Oder man rollt direkt nach St. Valentin und steigt nach Belieben in einen Trail weiter unten ein.

INFO

Es gibt zwei Trail-Abfahrten ab der Haideralm, einen für Anfänger (S1) und einen für Fortgeschrittene (S3).

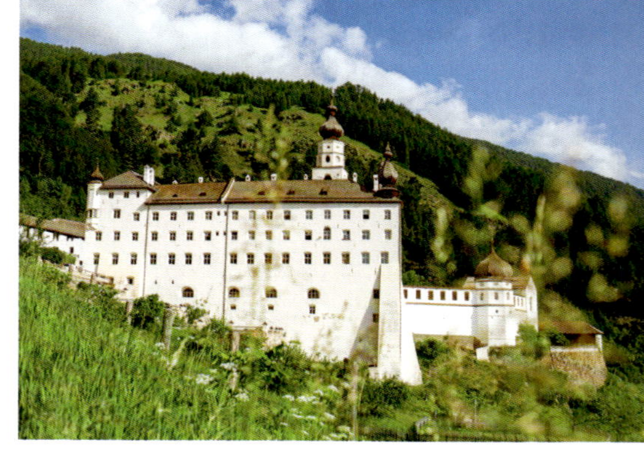

Das Kloster Marienberg

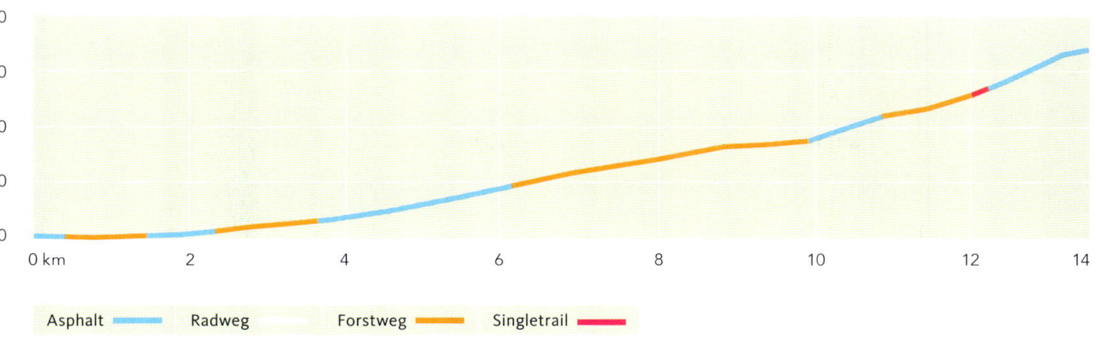

HIGHLIGHTS

Der Kirchturm von Altgraun

Von der Haideralm kann man wiederum das Wahrzeichen des Vinschgaus bewundern, den Kirchturm von Altgraun: den versunkenen Turm im See, den Turm eines romanischen Kirchleins aus dem 14. Jahrhundert als stummen Ankläger der rücksichtslosen Seestauung 1949/50 (mehr dazu siehe Seite 20).

Das Kloster Marienberg

Auf einem Berghang oberhalb des Dorfes Burgeis liegt auf 1340 m die höchstgelegene Benediktinerabtei Europas, Kloster Marienberg. Seit der Gründung im 12. Jahrhundert leben im imposanten, schneeweißen Gebäude Mönche nach den Ordensregeln des hl. Benedikt von Nursia. Schon früher geistiges und kulturelles Zentrum des oberen Vinschgaus, ist es auch heute noch ein wichtiger religiöser und kultureller Bezugspunkt der Region. Das Kloster ist auf jeden Fall einen Besuch wert, besonders zu erwähnen seien an dieser Stelle das Museum und die Krypta mit den wunderschönen Fresken aus der Romanik. Mit einem Film, verschiedenen Texten und Objekten wird Einblick in die 900-jährige Geschichte der Benediktinerabtei gewährt.

Im Kloster wurde zudem eine erlesene Köstlichkeit zum ersten Mal gebacken: das Vinschger Paarl, ein geschmackvolles Dunkelbrot, das vorwiegend aus Roggenmehl hergestellt wird und dessen charakteristischer Geschmack v. a. durch die Zugabe von Fenchel- und Kümmelsamen entsteht. In Südtirol gibt es auch einen sehr bekannten Käse, der den Namen „Marienberger" trägt. Allerdings wird dieser in einem der Werke der Milchgenossenschaft Mila in Bozen oder Bruneck hergestellt. Das Kloster hat dem Unternehmen gestattet, eines ihrer Käsesorten „Marienberger" zu nennen und bekommt als Gegenleistung dafür jedes Jahr einige Käselaibe.

CHURBURGTOUR

Start + Ziel Mals, Bahnhof, 1000 m
Höchster Punkt 1820 m
Strecke 31 km
Hm bergauf 1090
Hm bergab 1090
Zeit MTB 4 Std.
Zeit E-MTB 2 Std. 20 Min.
Schwierigkeit ●●○○○
E-Bike-Akkus 1
Anhängertauglich nein

Anfahrt

Mit dem Fahrrad der Claudia Augusta entlang und in Glurns in die Tour einsteigen.

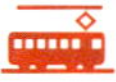
Mit dem Zug direkt zum Bahnhof Mals.

Mit dem Auto über die Vinschgauer Staatsstraße und in Mals die Abzweigung zum Bahnhof nehmen.

Die Churburg in Schluderns ist nicht nur während der Ritterspiele Ende August ein lohnendes Ziel. Sie beherbergt die größte private Rüstkammer und während der Führung ist so mancher Lacher garantiert. Die Tour führt an der Burg vorbei ins Matscher Tal.

Tourenbeschreibung

Vom Bahnhof in Mals nach Glurns, dort auf dem Radweg bis zum Wasserreservoir, dann links abzweigen und weiter nach Schluderns. Der Beschilderung zur Churburg folgen und diese auf der linken Seite liegen lassen. Die Straße weiter und direkt durch den Bauernhof „Kofel" hindurch berghoch bis zum Schlosshof. Wer möchte, lässt das Bike kurz stehen und wandert den steilen,

Der Radweg Claudia Augusta

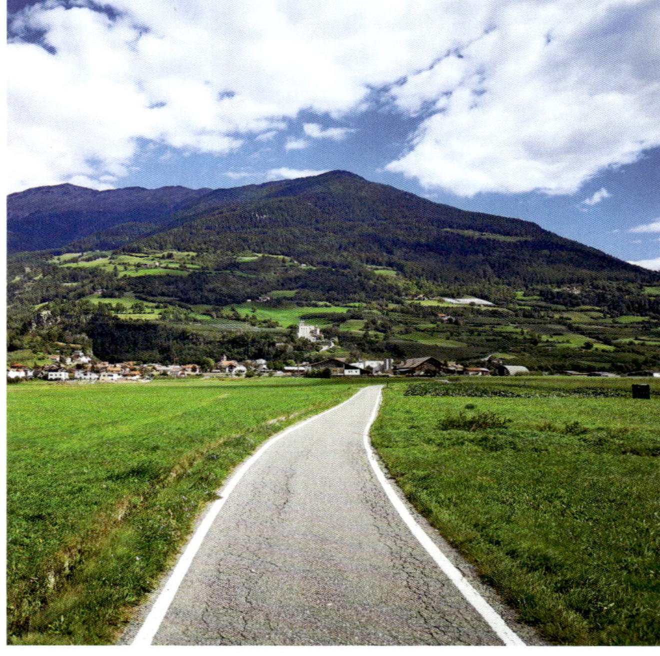

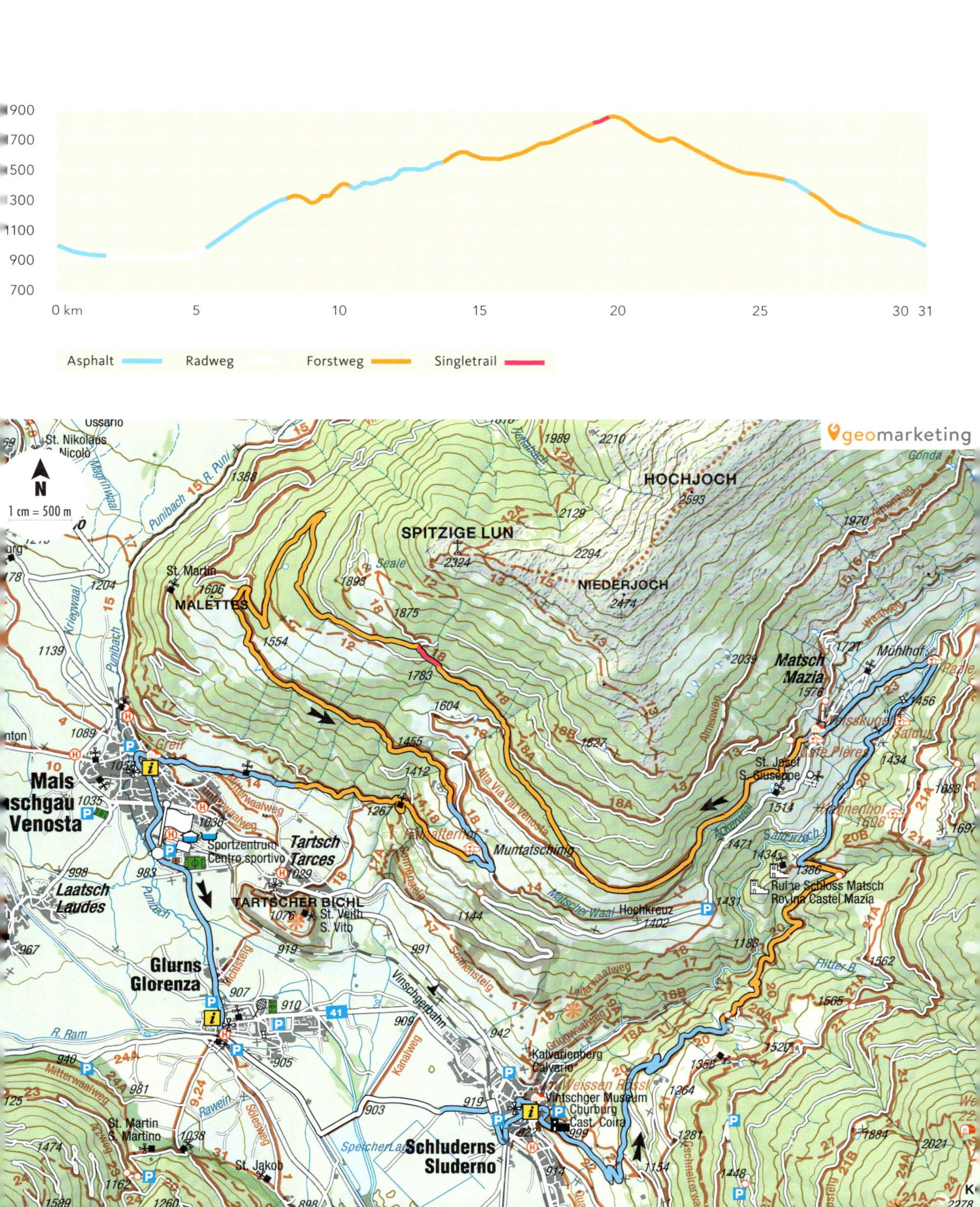

900
700
500
300
1100
900
700
0 km
5
10
15
20
25
30
31
Asphalt
Radweg
Forstweg
Singletrail
geomarketing
N
1 cm = 500 m
HOCHJOCH
2593
SPITZIGE LUN
2324
NIEDERJOCH
2474
St. Martin
1606
MALETTES
St. Nikolaus
S. Nicolò
Mals
Vinschgau
Venosta
Sportzentrum
Centro sportivo
Tartsch
Tarces
TARTSCHER BICHL
St. Veith
S. Vito
Laatsch
Laudes
Glurns
Glorenza
Schluderns
Sluderno
Kalvarienberg
Calvario
Vintschger Museum
Churburg
Cast. Coira
Matsch
Mazia
Mühlhof
St. Josef
S. Giuseppe
Ruine Schloss Matsch
Rovina Castel Mazia
Hochkreuz
Muntatsching
Alta Via Val Venosta
Matscher Waal
Punibach
Speicher Lacke
St. Jakob
St. Martin
S. Martino

Blick auf das schöne Dorf Mals im Obervinschgau

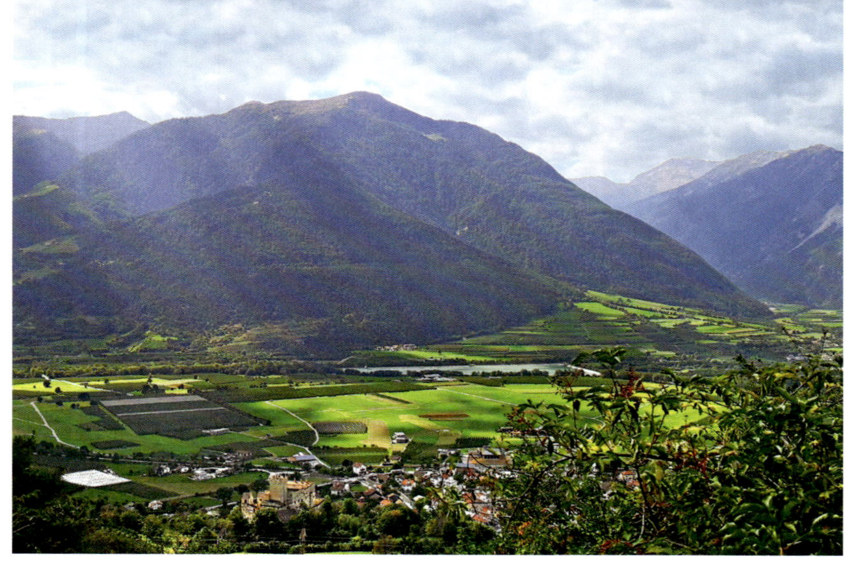

aber kurzen Weg zu den beiden Ruinen Ober- und Untermatsch. Ab dem Schlosshof rechts auf der Straße weiter bis zum Mühlhof. Hier scharf links und den Anstieg hinauf nach Matsch. Vom Zentrum noch zwei Kurven bergauf und dann die Einfahrt nach links nicht verpassen. Der Forstweg führt in angenehmer Steigung um das Niederjoch herum, in Richtung Spitzige Lun. Der Blick geht hier weit ins Matscher Tal und in der anderen Richtung ist die Churburg wieder in Sicht. Es folgen ein paar kurze Verbindungstrails, die nicht sonderlich schwierig sind, aber recht steil und schmal, weshalb die Tour mit einem Kinderanhänger nicht machbar ist. Bei der Kreuzung Malettes in Richtung Muntatschinig und von dort über den Matscher Weg zurück nach Mals.

TIPP

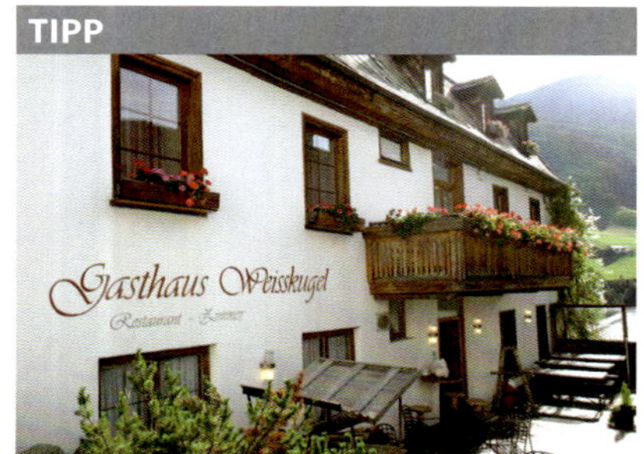

GASTHOF PIZZERIA RESTAURANT WEISSKUGEL, 1564 m

Neue Führung: Der Chef, ein Koch mit viel Erfahrung, hat sich auf die typische Tiroler Küche sowie Pizzas spezialisiert. Er bezieht die meisten Produkte aus der Umgebung und achtet auf die biologische Herkunft, das Fleisch kommt aus dem Matscher Tal. Die schönen Stuben und die 8 Zimmer und 2 Suiten heißen Sie willkommen. Das Bergsteigerdorf Matsch mit 15 Gipfeln über 3000 Meter – auch das Kleine Tibet genannt – ist auch für Skitourengeher ein Geheimtipp.

Bergsteigerdorf Matsch, 10
I-39024 Mals im Vinschgau (BZ)
T +39 329 4145387
gasthofweisskugel@gmail.com
www.gasthofweisskugel.eu

Ganzjährig geöffnet

   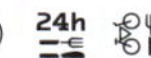

E-BIKE

HIGHLIGHTS

Die Churburg

Dem Churer Bischof Heinrich IV. wurde nach einem Sieg über die Vögte von Matsch im Jahr 1253 gestattet, eine Burg am Eingang des Matscher Tals zu bauen, die heutige Churburg. Allerdings wurde sie strategisch nicht besonders gut angelegt, sodass bereits 1257 die Vögte von Matsch die Burg eroberten. Ursprünglich im romanischen Stil erbaut, wechselte diese im frühen 16. Jahrhundert mit den Besitzern (mit dem Tod von Gaudenz 1504 starb das Matscher Geschlecht aus und die Burg ging an die Grafen von Trapp über) auch das äußere Erscheinungsbild und wurde in der zweiten Hälfte des 16. Jahrhunderts zum prächtigen Renaissanceschloss umgebaut.

Im Mittelpunkt der Churburg, dem Arkadengang, sind auf prächtigen Fresken künstlerisch die Stammbäume der Grafen von Matsch und von Trapp verewigt. Bereits im 16. Jahrhundert entstanden, wurden sie 100 Jahre später wegen der Pest mit Kalk übermalt und erst im 20. Jahrhundert wieder freigelegt. Dabei ist die Malerei, die sich bis ins Gewölbe des Arkadengangs erstreckt, wirklich sehenswert, schon allein wegen diverser Szenen aus den Fabeln von Äsop und weiterer Fantasiegestalten.

Im Ahnensaal wird einem bewusst, wie viele Herrschaften die Churburg schon bewohnt haben und wie lange diese nun schon im Besitz der Grafen von Trapp ist: Das „aktuellste" Gemälde zeigt Graf Gotthard, der Kämmerer am Hof von Kaiser Franz Joseph war. Er war der Großvater des heutigen Grafen Johannes. Ein weiteres Highlight bietet die überwältigend große private Rüstkammer mit allem, was das Herz von Ritterfans begehrt.

Noch heute, nach über 500 Jahren ist die Churburg im Besitz der Grafen von Trapp. Eine Besichtigung ist nur mit Führung (Dauer ca. 1 Stunde) möglich.

Die Churburg

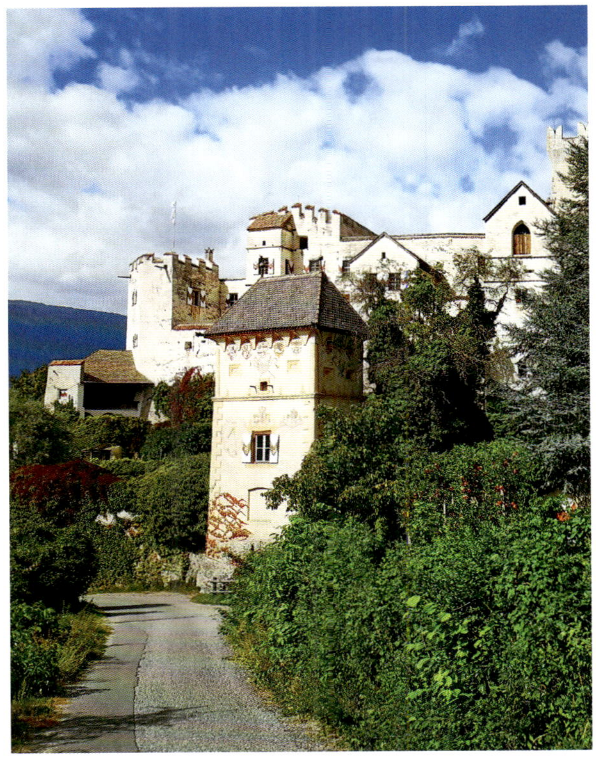

MATSCHER RAUBRITTERTOUR

Start + Ziel Mals, Bahnhof, 1000 m
Höchster Punkt 1840 m
Strecke 49 km
Hm bergauf 1480
Hm bergab 1480
Zeit MTB 5 Std. 30 Min.
Zeit E-MTB 3 Std. 30 Min.
Schwierigkeit ●●○○○
E-Bike-Akkus 2
Anhängertauglich nein

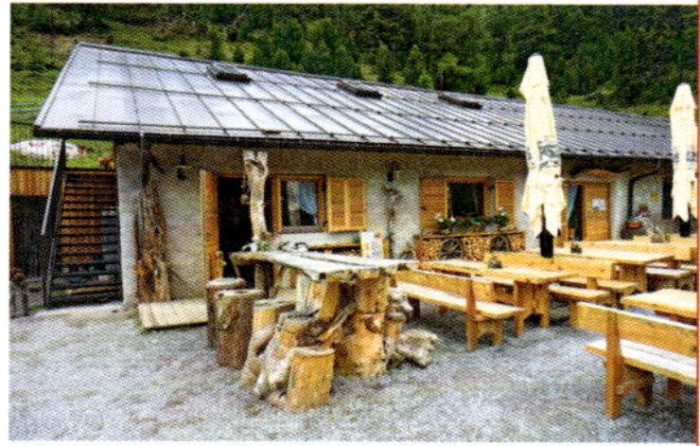

Die Matscher Alm

Anfahrt

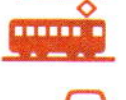 Mit dem Zug direkt zum Bahnhof Mals.

 Mit dem Auto über die Vinschgauer Staatsstraße und in Mals die Abzweigung zum Bahnhof nehmen.

Eine Highlight-Tour im oberen Vinschgau. Von der Malettes-Hochebene überblickt man weite Teile des Tales, im schönen Matscher Tal passiert man das Bergsteigerdorf Matsch und auf dem Rückweg geht es noch an der Churburg vorbei. Mehr Ritterfeeling geht nicht!

Tourenbeschreibung

Vom Bahnhof Mals durch das Zentrum bis zum nördlichen Ende. Dort die Straße rechts hoch bis zur Malettes-Hochebene. An der Riesenschaukel vorbei bergab, dann Richtung Gemassen scharf links. Bei der nächsten Kreuzung wieder rechts und entspannt um die Flanke des Niederjochs herum bis nach Matsch. Der Straße bis nach Außerglies folgen und in einer Schleife um das Gasthaus herum. Hier bietet sich eine Rast an. Talauswärts dann links dem Forstweg folgen, der in leichtem Auf und Ab unterhalb der Knöpflplatte entlangführt. Ab der Kreuzung mit dem Gschneier Waalweg – der selbst auch sehr schön zu

Das Bersteigerdorf Matsch im Matscher Tal

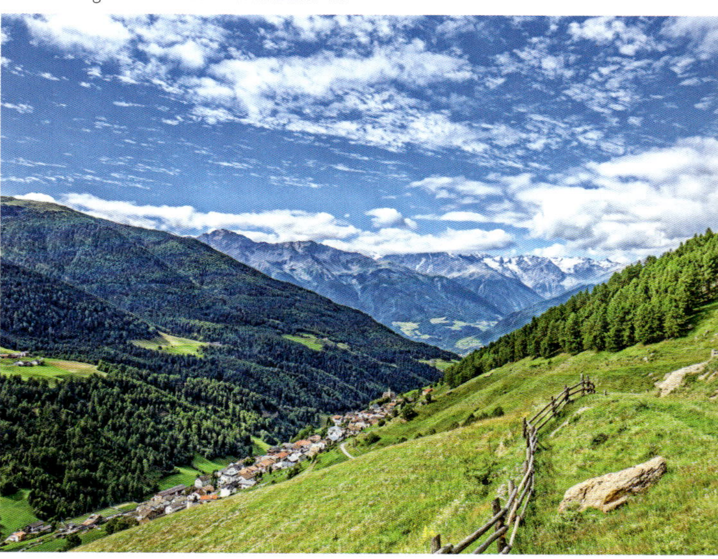

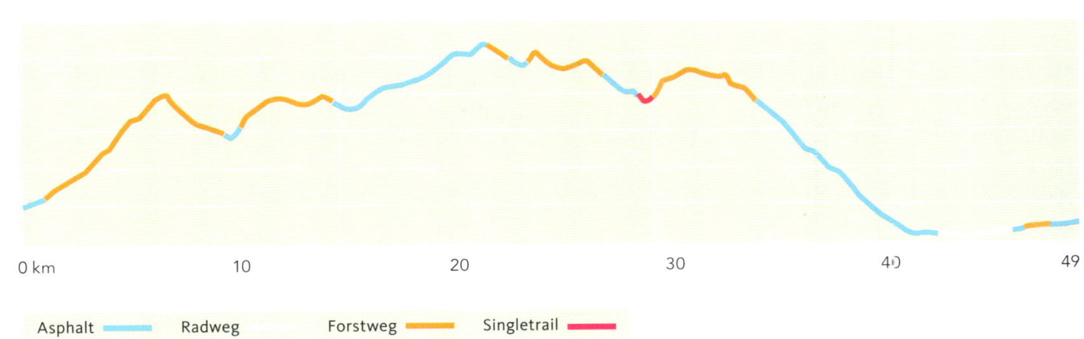

fahren ist – geht es im Zickzack an der Churburg vorbei ins Tal. In Schluderns die Verbindungsstrecke zur Claudia Augusta nehmen und nach dem Wasserreservoir rechts auf den Radweg einbiegen. An Glurns vorbei, durch das Dorf Laatsch und schließlich zurück nach Mals.

Die „Riesenschaukel" am Wegesrand

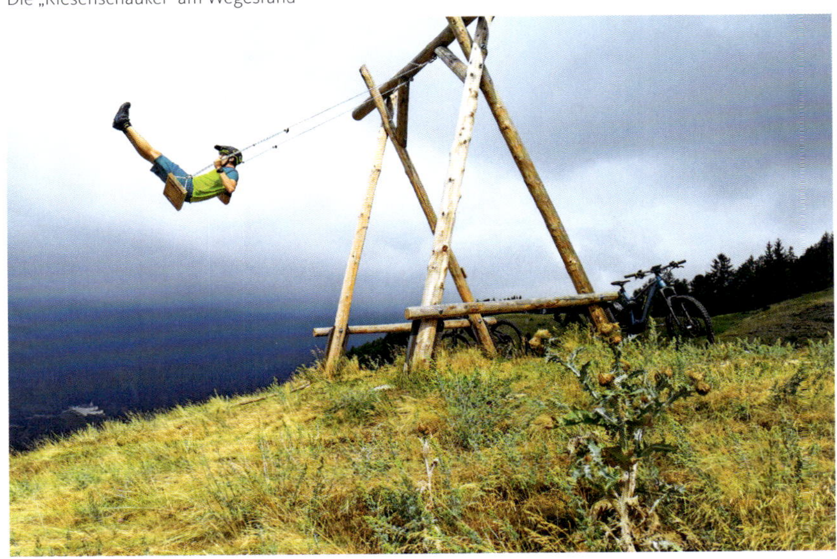

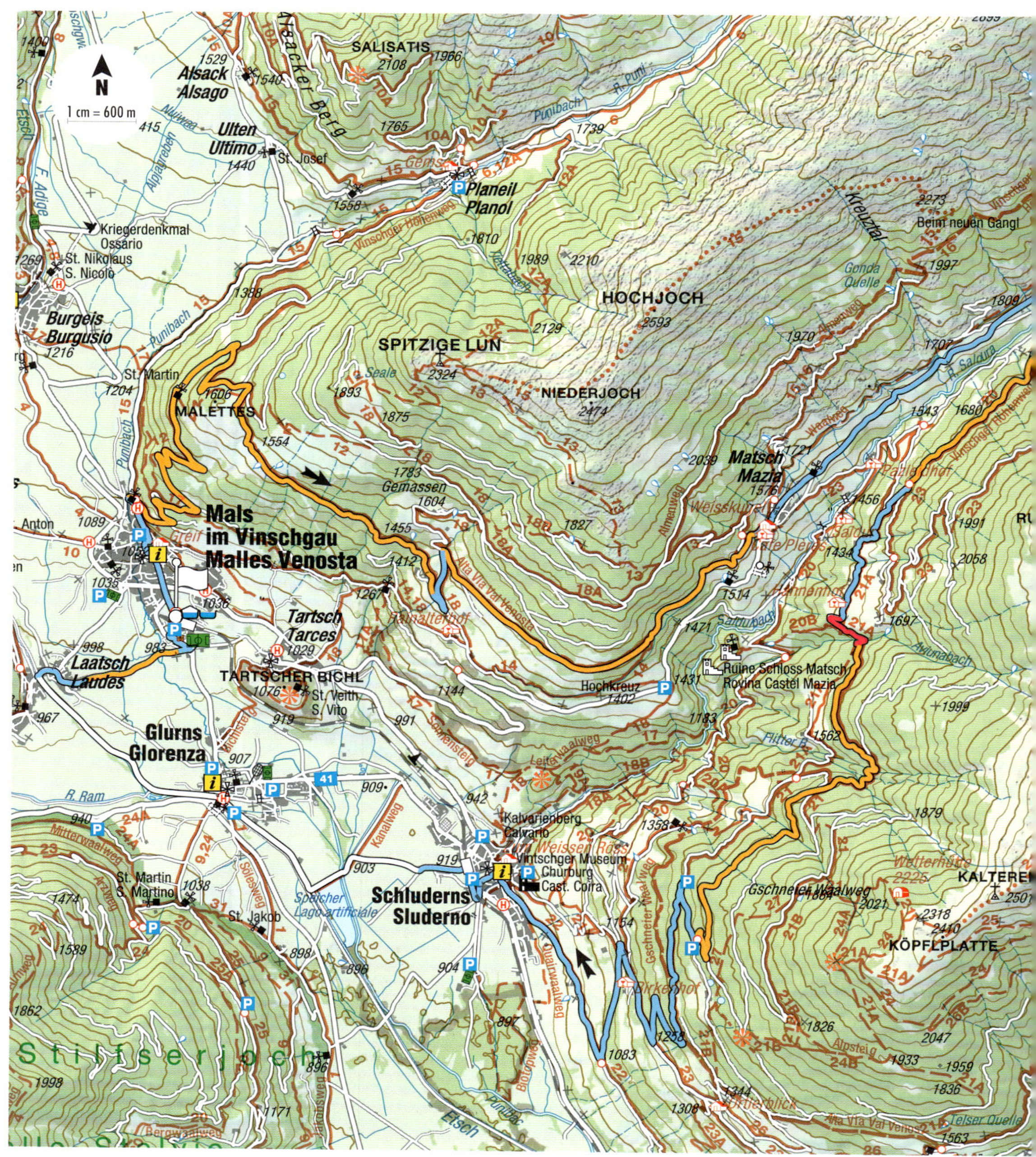
N
1 cm = 600 m
SALISATIS
Alsack
Alsago
Ulten
Ultimo
St. Josef
Planeil
Planol
Kriegerdenkmal
Ossario
St. Nikolaus
S. Nicolò
Burgeis
Burgusio
HOCHJOCH
SPITZIGE LUN
NIEDERJOCH
St. Martin
MALETTES
Gemassen
Mals
im Vinschgau
Malles Venosta
Matsch
Mazia
Tartsch
Tarces
Laatsch
Laudes
TARTSCHER BICHL
St. Veith
S. Vito
Hochkreuz
Ruine Schloss Matsch
Rovina Castel Mazia
Glurns
Glorenza
Kalvarienberg
Calvario
Vintschger Museum
Churburg
Cast. Coira
Schluderns
Sluderno
Speicher
Lago artificiale
St. Martin
S. Martino
St. Jakob
Gschneier Waalweg
KÖPFLPLATTE
KALTERER
Alta Via Val Venosta
Beim neuen Gangl
Stilfserjoch

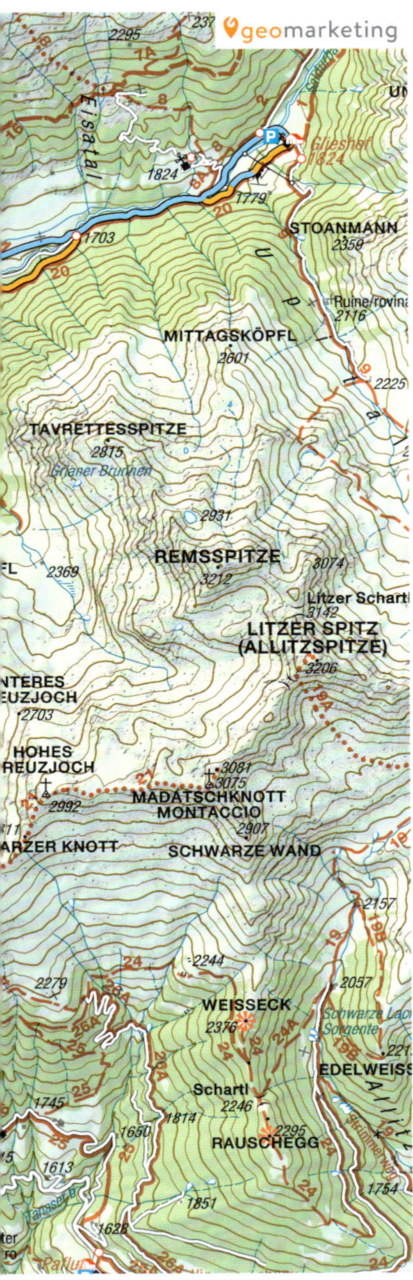

HIGHLIGHTS

Matsch

Das Bergsteigerdorf Matsch ist mit seinen knapp 500 Einwohnern und strengen Bauvorschriften eine besondere Perle im Vinschgau. Die Lage am Fuße mächtiger Berge, darunter die Weißkugel mit 3739 Metern der zweithöchste Gipfel der Ötztaler Alpen, verleiht dem Dörfchen den Zweitnamen „Klein Tibet".

Die Vögte von Matsch sind ein eigenes Kapitel in der Geschichte des Vinschgaus: Sie sorgten schon ab Anfang des 12. Jahrhunderts für Sicherheit und Unabhängigkeit. Durch blutige Familienfehden, die eigens errichtete Hinrichtungsstätte „Golgabichl" am Eingang des Tales und schließlich die Ermordung des Abtes von Kloster Marienberg waren sie weit über die Landesgrenzen hinweg bekannt und gefürchtet. Bedeutende Besitztümer, darunter die Churburg in Schluderns, spiegelten ihre Macht wider. Die beiden Burgen Ober- und Untermatsch wurden schon zu den Lebzeiten der Raubritter vernachlässigt und sind heute nur noch Ruinen. 1504 erlosch das Geschlecht mit dem Tod von Gaudenz. Die Matscher zählen aber nicht nur Raubritter zu ihren Urahnen, sondern es lässt sich auch ein Heiliger finden: Der hl. Florinus soll im 8. Jahrhundert genau in diesem Ort geboren worden sein und war zu Lebzeiten als Priester tätig. Knapp 1000 Jahre später soll er die Matscher während der Franzosenkriege gerettet haben, indem er zu den einfallenden Franzosen am Talausgang „Bis hier her und nicht weiter" sprach. Deshalb wird an seinem Todestag, dem 17. November, der Matscher Kirchtag begangen.

Das Scheibenschlagen

Ein weniger christlicher Brauch ist im Obervinschgau das Scheibenschlagen: Um den Winter auszutreiben, werden am ersten Fastensonntag farbenfroh bemalte Holzscheiben in eine Haselnussgerte gesteckt und angezündet. Die glühenden Scheiben werden dann hunderte Meter weit in den Nachthimmel geschleudert und von einem Spruchgesang mit Wünschen für das nahende Frühjahr begleitet.

12 AVIGNATAL

Start Taufers im Münstertal, 1235 m
Ziel Mitteralm, 2003 m
Höchster Punkt 2003 m
Strecke 6,3 km
Hm bergauf 770
Zeit MTB 1 Std. 40 Min.
Zeit E-MTB 1 Std.
Schwierigkeit ●○○○○
E-Bike-Akkus 1
Anhängertauglich ja

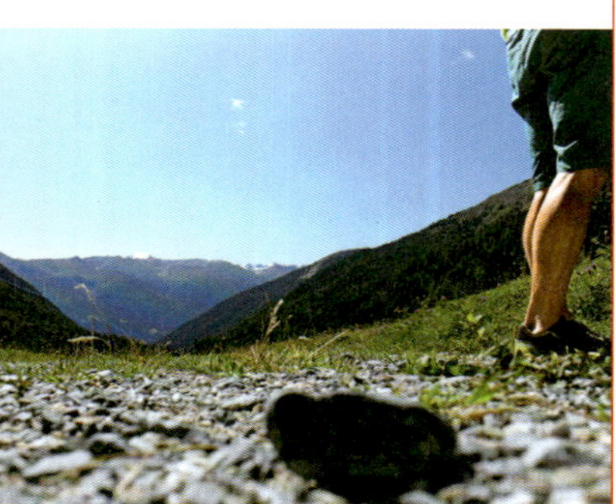

Das Avignatal ist ein recht einsames Seitental kurz vor der Schweizer Grenze. Atemberaubend ist die Landschaft. Zur Alm selbst geht es recht weitläufig und nicht steil, links und rechts aber türmen sich mit dem Piz Starlex, dem Lorenziberg und dem Piz Sesvenna die Dreitausender.

Tourenbeschreibung

Diese Tour ist super familientauglich. Sofort abseits der Straße kann man in aller Ruhe die Natur genießen. Auch die Streckenlänge kommt den Kindern entgegen. Wer die Tour etwas ausdehnen möchte, kann auch in Glurns oder Mals starten und den Radweg bis Taufers nehmen. Beim Startpunkt Taufers im Münstertal wechselt man am Parkplatz die Straßenseite und fährt dem Mühlweg nach bis zum Avignaweg. Diesem immer folgen, bis man über eine Brücke kommt, hier sich dann rechts halten. Die erste Alm ist auch schon das Ziel, leider ist die Mitteralm aber nicht immer bewirtschaftet. Entweder auf dem gleichen Weg zurück oder als längere Tour weiter über das Jöchl und sich dann links halten immer in Richtung Tschierv. Durch das Müstairtal kommt man wieder zum Startpunkt Taufers im Münstertal.

Die nicht steile Forststraße führt durch unberührte Natur.

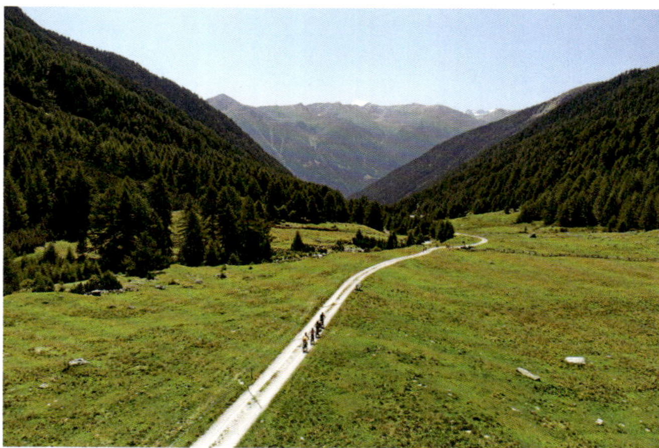

Anfahrt

 Mit dem Auto über die Vinschgauer Staatsstraße und in Spondinig die Abzweigung Richtung Schweiz nehmen. Glurns rechts liegen lassen und bis Taufers im Münstertal. Dort am Ortsbeginn den Parkplatz auf der linken Seite nehmen.

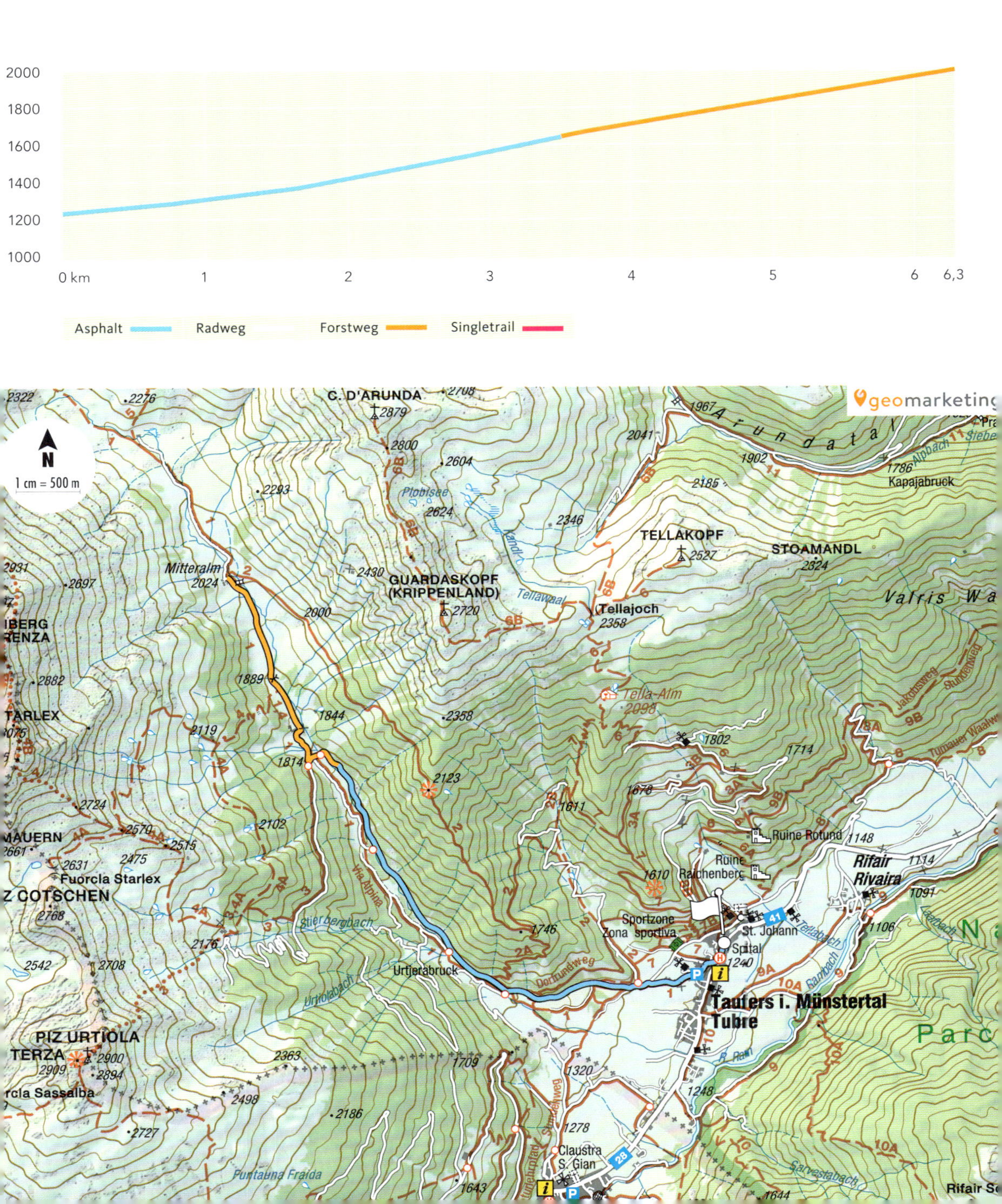

2000
1800
1600
1400
1200
1000
0 km
1
2
3
4
5
6
6,3
Asphalt
Radweg
Forstweg
Singletrail
geomarketing
N
1 cm = 500 m
C. D'ARUNDA
2879
2800
2604
Plobisee
2624
Arundatal
TELLAKOPF
2527
STOAMANDL
2324
Mitteralm
2024
GUARDASKOPF
(KRIPPENLAND)
2720
Tellajoch
2358
Valris Wa
Tella-Alm
2098
1889
1844
1814
2358
2123
1802
1714
1611
1678
Ruine Rotund
1148
Rifair
Rivaira
1114
1091
Ruine
Raichenberg
1610
Sportzone
Zona sportiva
St. Johann
Spital
1240
1106
Urtjerabruck
1746
Dorfrundweg
Taufers i. Münstertal
Tubre
Parc
1248
1320
1278
Claustra
S. Gian
1709
2363
2186
2498
Puntauna Fraida
1643
1644
Rifair
Fuorcla Starlex
Z COTSCHEN
PIZ URTIOLA
TERZA
2900
2909
2894
2727
2768
2542
2708
2176
2102
2119
2724
2570
2515
2475
2631
2882
2697
2931
2293
2276
2322
2430
2000
1967
2041
1902
2185
2346
1786
Kapajabruck
TARLEX
MAUERN
Stierbergbach
Via Alpina
Urtiolabach

HIGHLIGHTS

Avignatal

Der Eingang des Avignatales befindet sich südwestlich von Taufers, knapp vor der Grenze zur Schweiz. Die idyllischen Lärchenwälder sind umgeben von Gipfeln, die zwischen 2400 und 3000 Metern hoch sind. Die bekannteste und gleichzeitig höchste Erhebung in der Umgebung ist der Piz Sesvenna mit 3205 m, König der gleichnamigen Berggruppe. Er gehört bereits zum Schweizer Staatsgebiet, wie auch ein Drittel des Tauferer Tales. In jenem Teil der Schweiz wird rätoromanisch gesprochen, weswegen die Dorfnamen (Tschierv bedeutet Hirsch) oder Bergnamen (S-Charl-Jöchl) eigen klingen. Das Grenzdorf zur rätoromanischen Schweiz ist das historische Taufers im Münstertal auf 1250 Metern; das im romanischen Stil erbaute Dörfchen war Schauplatz der berühmten Calvenschlacht am 22. Mai 1499, bei der die Drei Bünde dem habsburgischen Heer entgegentraten. Der Sieg der Bündner an der Calven war entscheidend und somit die Ausbreitung Habsburgs endgültig gestoppt.

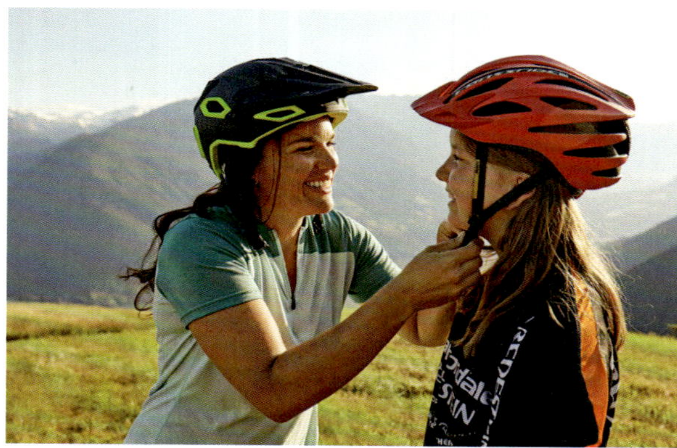

Die Mitteralm

Die Mitteralm gehört zu den größten und schönsten Milchviehalmen Südtirols. Seit über 100 Jahren, nämlich seit 1913, produzieren die Senner auf der auf 2011 Meter hoch gelegenen Alm Käse höchster Qualität, der schon unzählige Male prämiert wurde. Nicht erst seit dem Dokumentarfilm des Südtiroler Regisseurs Andreas Pichler „Das System Milch", der in den DACH-Ländern (Deutschland, Österreich, Schweiz) bekannt ist, macht man sich Gedanken über Milchprodukte und damit auch über die Herkunft des beliebten weißen Rohstoffes. Hier auf der Mitteralm, wie auf den meisten Milchviehalmen in Südtirol, fernab billiger Massenproduktion, kann man guten Gewissens die leckeren Produkte genießen und sich ein Stück prämierten Käse vielleicht sogar mit nach Hause nehmen.

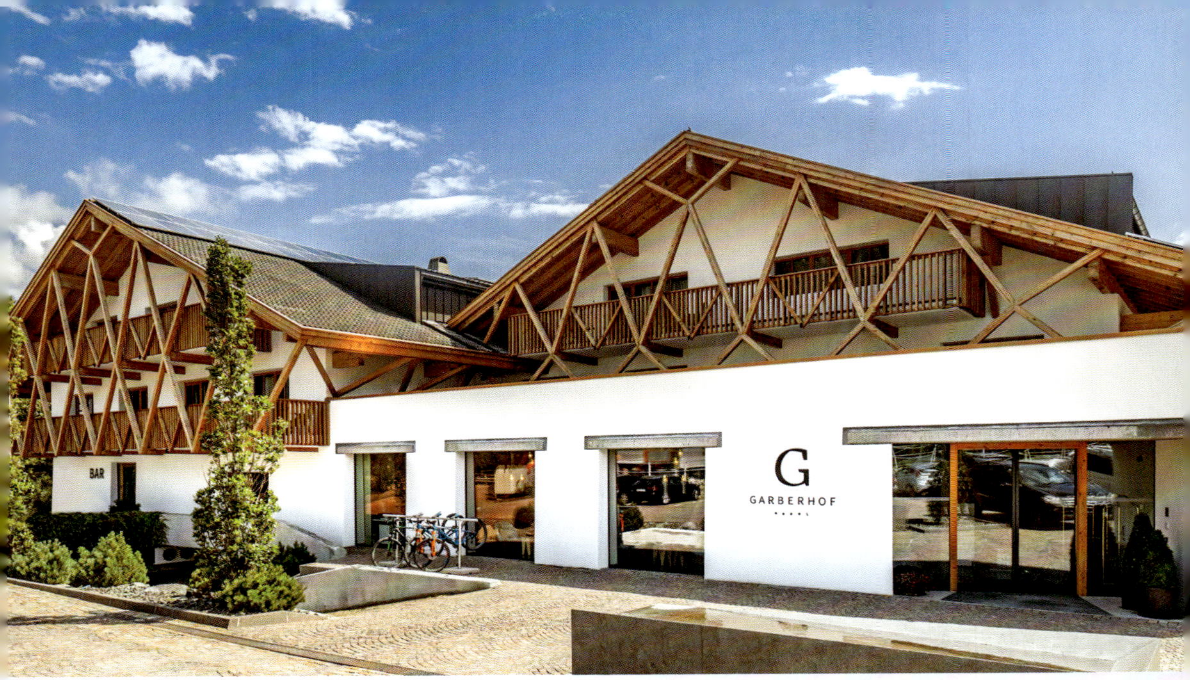

GARBERHOF****S, 950 m

Dort, wo schneebedeckte Berge in Kontrast stehen mit den lebendigen Farben des Tals, fügt sich der Garberhof mühelos in die Landschaft des Oberen Vinschgaus ein. Hier spielt die Zeit keine Rolle; nur der Augenblick.

Kulinarik: Im Garberhof gehen Geschmack und Ästhetik Hand in Hand. Klassische, zeitlose Räume und gemütliche Stuben spiegeln die Offenheit der heimischen Kochkultur wider. Traditionelle Südtiroler Gerichte, gepaart mit mediterranen und internationalen Spezialitäten verwöhnen den Gaumen. Das Ergebnis ist „très bon" – sowohl im Restaurant Pobitzer als auch in der Lounge Bar 1981, wo Sie Gastgeber Klaus Pobitzer mit Gin-Kreationen aus aller Welt überrascht. Auch Weinliebhaber dürfen sich freuen: Im begehbaren Weinschrank des Garberhofs befinden sich über 350 namhafte lokale, nationale und internationale Weine, die Flügel für den Geist und Samt für die Seele sind.

Wellness: Tun Sie sich und Ihrem Körper nach einer ausgiebigen E-MTB-Tour etwas Gutes und betreten Sie die 2200 m² große Wohlfühloase, bestehend aus Sauna- und Wasserwelt, Mii:amo Spa, Fitnessstudio und – besonders nennenswert – dem größten Hotel-Hamam Italiens.

Zimmer: Zeitlose Räume mit Mobiliar aus Holz zeugen von einem durchdachten Wohnkonzept, das Ihr Wohlbefinden in den Mittelpunkt stellt. Sämtliche Zimmer, Suiten und Chalets sind eine Hommage an die Gemütlichkeit und spiegeln auf stilvolle Art und Weise die Schönheit der Natur im Vinschgau wider.

E-Bikes: Wenn Sie auf umweltfreundliche Mobilität setzen, sind Sie im Garberhof genau richtig. Das Hotel ist nämlich bestens dafür gerüstet und stellt Ihnen topmoderne E-Bikes zur Verfügung. Gehen Sie auf Entdeckungsreise, radeln Sie gemütlich durch den Vinschgau oder nutzen Sie Ihr Bike, um bequem den Ausgangspunkt Ihrer Wanderung zu erreichen ...

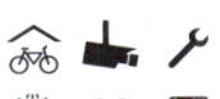
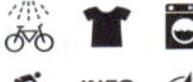

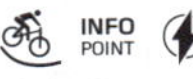

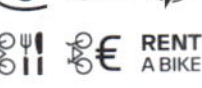

I-39024 Mals im Vinschgau (BZ)
T +39 0473 831399
F +39 0473 831950
info@garberhof.com
www.garberhof.com

Öffnungszeiten:
Geöffnet bis Allerheiligen
und ab 25. Dezember

13 GUNGADRIA

Start + Ziel Prad am Stilfser Joch, 915 m
Höchster Punkt 1470 m
Strecke 17 km
Hm bergauf 580
Hm bergab 580
Zeit MTB 2 Std.
Zeit E-MTB 1 Std. 20 Min.
Schwierigkeit ●○○○○
E-Bike-Akkus 1
Anhängertauglich ja

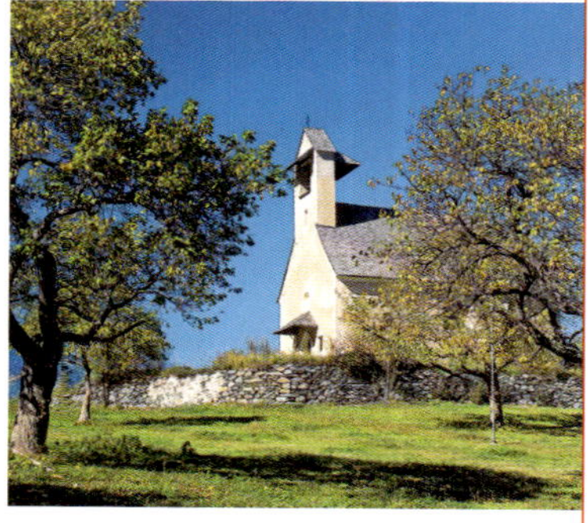

Kirchlein bei Tschengls

Anfahrt

 Mit dem Fahrrad der Claudia Augusta folgen bis zum Biotop Prader Sand und weiter nach Prad.

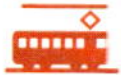 Mit dem Zug bis zur Haltestelle Spondinig. Dort mit dem Rad durch das Biotop Prader Sand und weiter nach Prad.

 Mit dem Auto über die Vinschgauer Staatsstraße und bei Spondinig im Kreisverkehr nach Prad.

Die Bezeichnung Gungadria enthält das romanische Wort „concha", das Muschel bedeutet. Es deutet auf die ovale Geländeeintiefung hin. Mit Kultur gespickt ist die Tour durch die Kirche St. Johann und die Tschenglsburg.

Tourenbeschreibung

Von Prad am Stilfser Joch an der Kirche St. Johann vorbei und hinauf zu den Prader Bergbauernhöfen. Nach Bastlwies die Abzweigung zum Wittenbergerhof nehmen, ab hier ist man ein Stück auf Schotter unterwegs. Anschließend erreicht man im Bachbett auf 1470 m den höchsten Punkt der Tour. Während der Abfahrt auf Schotter und auf Asphalt weitet sich der Blick und man erkennt die Tschenglser Burgruine. Weiter bergab nach Tschengls, hier empfiehlt sich die Einkehr in die Tschenglsburg des Burgherrn Karl Perfler. Im Anschluss geht es an Apfelplantagen vorbei nach Prad.

Blick von der gegenüberliegenden Seite der Gungadria-Tour

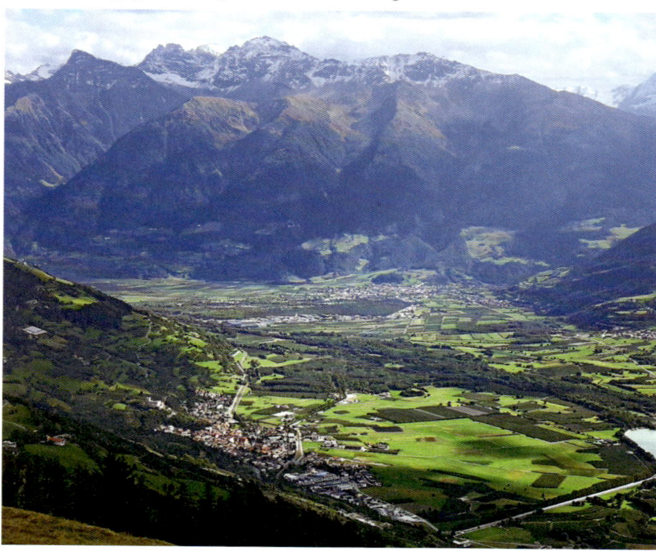

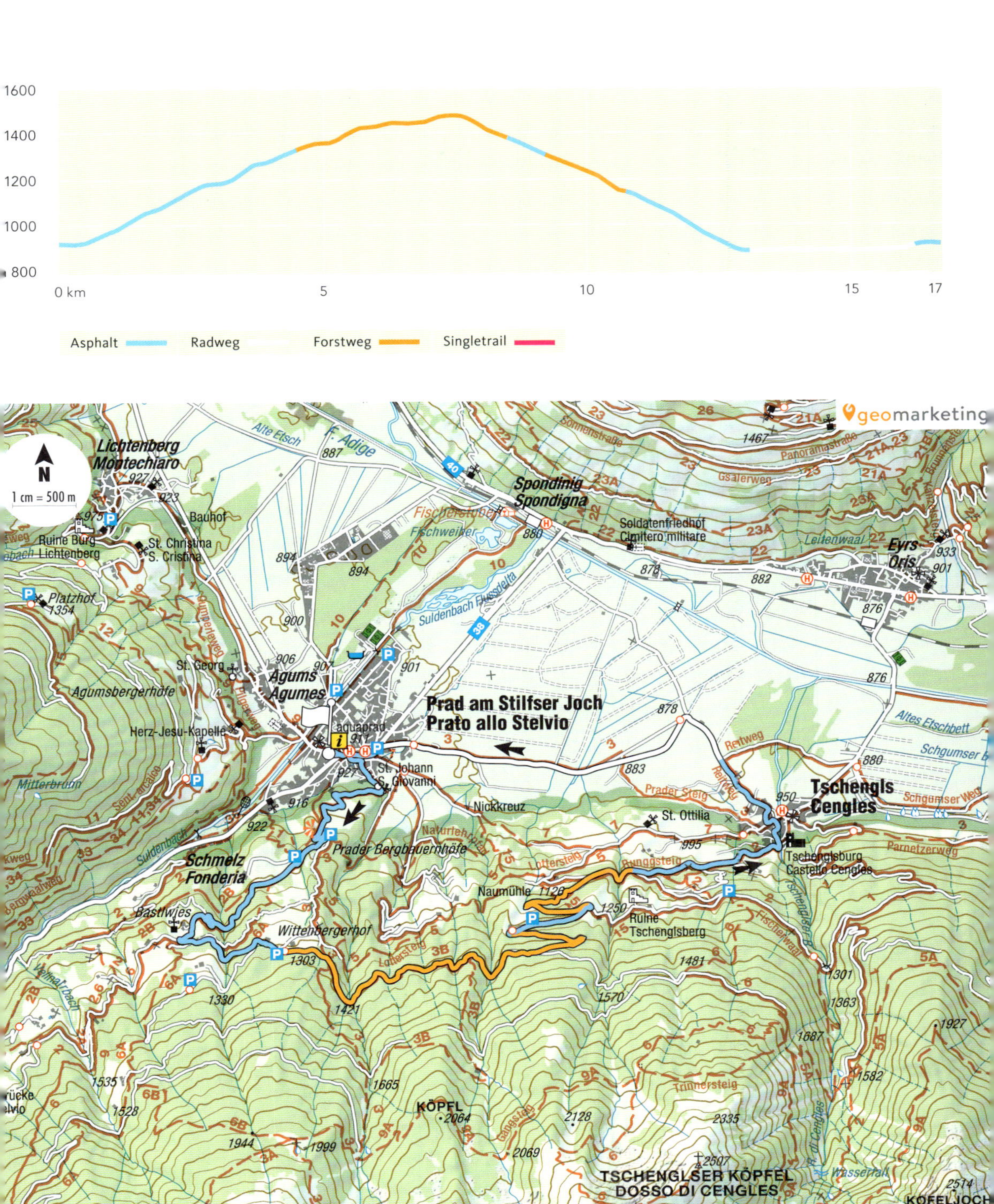

1600
1400
1200
1000
800
0 km
5
10
15
17
Asphalt
Radweg
Forstweg
Singletrail
geomarketing
N
1 cm = 500 m
Lichtenberg
Montechiaro
Spondinig
Spondigna
Eyrs
Oris
Agums
Agumes
Prad am Stilfser Joch
Prato allo Stelvio
St. Johann
S. Giovanni
Tschengls
Cengles
Tschenglsburg
Castello Cengles
Schmelz
Fonderia
Wittenbergerhof
Naumühle
Ruine
Tschenglsberg
Prader Bergbauernhöfe
St. Ottilia
Nickkreuz
Soldatenfriedhof
Cimitero militare
Ruine Burg
Lichtenberg
St. Christina
S. Cristina
Platzhof
Agumsbergerhöfe
Herz-Jesu-Kapelle
St. Georg
Bastlwjes
aquaprad
KÖPFL
TSCHENGLSER KÖPFEL
DOSSO DI CENGLES
KOFELJOCH

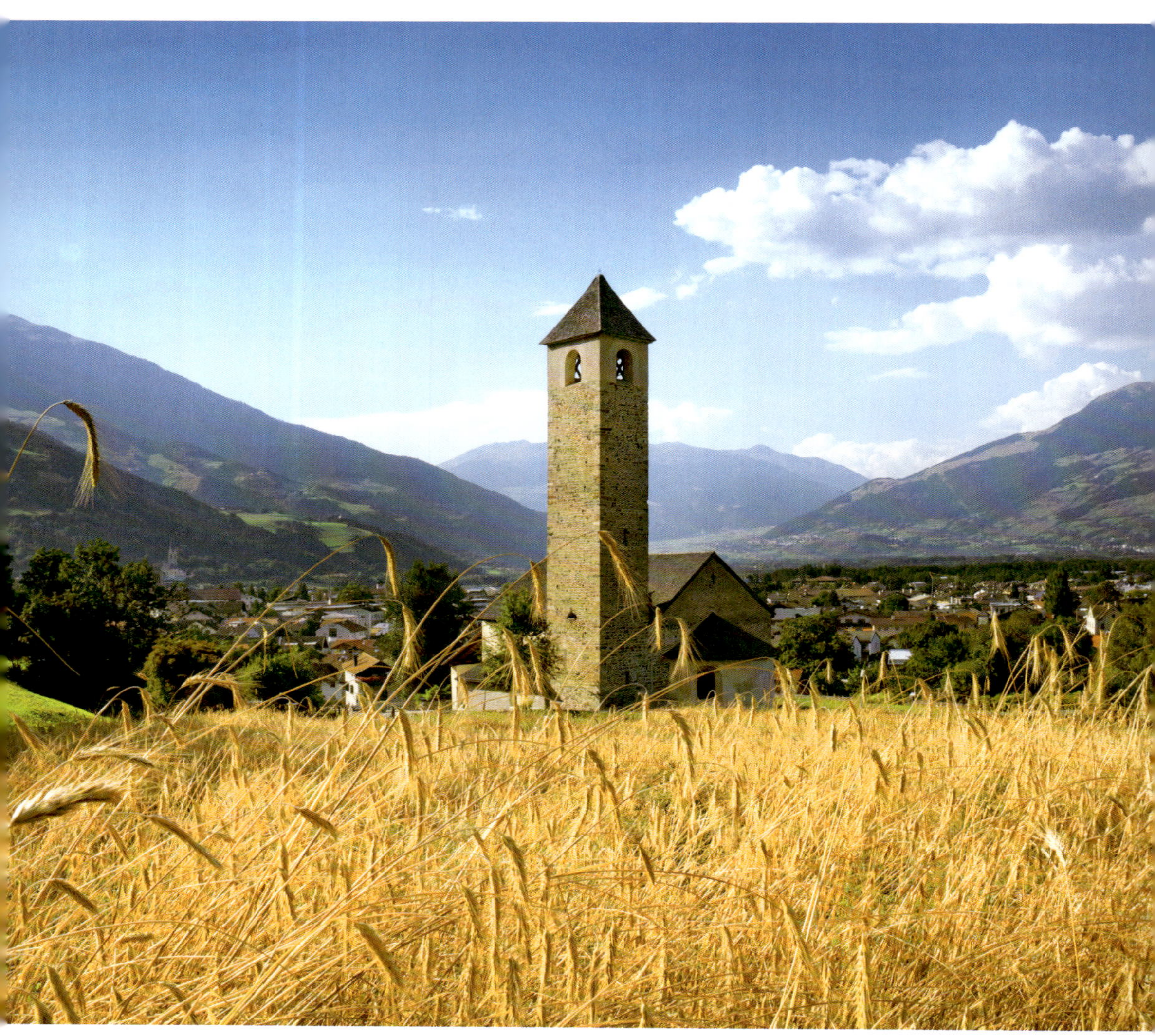

Die Kirche St. Johann in Prad

HIGHLIGHTS

Nationalparkhäuser

Im Naturschutzgebiet des Nationalparks Stilfserjoch gibt es insgesamt neun Nationalparkhäuser, wovon wir zwei auf unseren Vinschger Touren begegnen: Dem Nationalparkhaus Culturamartell, das sich vorwiegend dem harten Leben der Bergbauern damals und heute widmet, und in Prad am Stilfser Joch einem weiteren solchen Bildungshaus – Aquaprad getauft –, das einen Einblick in die einheimische Fischfauna durch große Panoramafenster gewährt. 30 verschiedene autochthone Fischarten lassen sich hier in naturnah gestalteten Aquarien beobachten. Diese simulieren den alpinen Lebensraum der ursprünglich in Südtirol beheimateten Arten; nicht nur Fische gilt es hier zu entdecken, sondern auch Reptilien und Amphibien tummeln sich im Bach, Fluss, See, Moor oder Teich.

Die Kirche St. Johann

Kultur der sakralen Art kann man in Prad in der romanischen Kirche St. Johann erleben. Sie ist den beiden Schutzpatronen Johannes Evangelist und Johannes Täufer gewidmet; sie wurde Ende des 13. Jahrhunderts als Eigenkirche von den Grafen von Tschenglsberg erbaut. In dem Kirchlein gibt es nicht nur romanische, sondern auch gotische Fresken zu betrachten sowie eine barocke Holzdecke. Auffallend ist ein einsames gusseisernes Grab im Kirchhof: Es handelt sich hierbei um das Ehrengrab des deutschen Botanikers Hermann Müller, der Ende des 19. Jahrhunderts auf seiner blütenbiologischen Forschungsreise im Ortlergebiet plötzlich an einem Lungenemphysem verstarb und vor Ort in Prad begraben wurde. Nach seinem Tod wurde eine Orchideenart nach ihm benannt: Müllers Stendelwurz.

Die Burg Tschenglsberg

Der letzte Tschenglsberger starb bereits 1421. Dieses Rittergeschlecht errichtete im 12. Jahrhundert die romanische Burg Tschenglsberg als deren Stammsitz; später diente diese nur noch als Bergfeste und wurde durch den luxuriöseren Ansitz Tschenglsburg ersetzt. Tschengelsberg verkam zusehends und ist nunmehr eine beeindruckende Ruine. Die Tschengelsburg hingegen ist heute Dorf- und Kulturgasthaus.

Das Nationalparkhaus Aquaprad

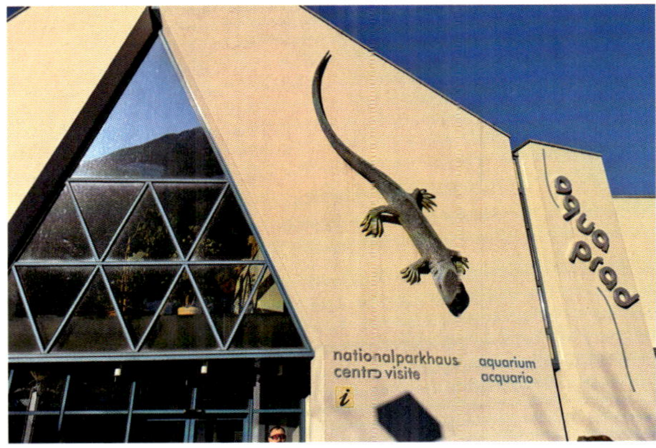

PLANKAMODUI

Start + Ziel Prad am Stilfser Joch, 915 m
Höchster Punkt 1400 m
Strecke 11 km
Hm bergauf 510
Hm bergab 510
Zeit MTB 1 Std. 40 Min.
Zeit E-MTB 1 Std.
Schwierigkeit ●●●○○
E-Bike-Akkus 1
Anhängertauglich nein

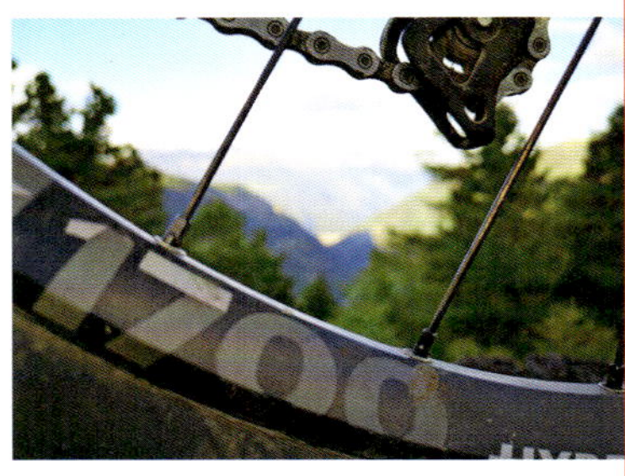

Diese kurze knackige Trailrunde findet im Kurvenäußeren statt, da wo sich der Vinschgau nach rechts zum Reschenpass windet, weswegen sie weite Ausblicke bis Richtung Meran bietet. Sie führt direkt an der sehenswerten Burgruine Lichtenberg vorbei.

Tourenbeschreibung

Vom Start in Prad geht es über den Suldenbach nach Agums und über einen Wiesenweg weiter recht flach bis nach Lichtenberg. Die Auffahrt beginnt auf Asphalt und führt hinauf zur Ruine Lichtenberg, dann auf Schotter bis zum Platzhof. Nach diesem startet der flowige Downhill, der mit einigen Spitzkehren aufwartet. Ab den Agumsbergerhöfen rollt man die letzten paar Höhenmeter zurück zur Brücke über den Suldenbach nach Prad am Stilfser Joch.

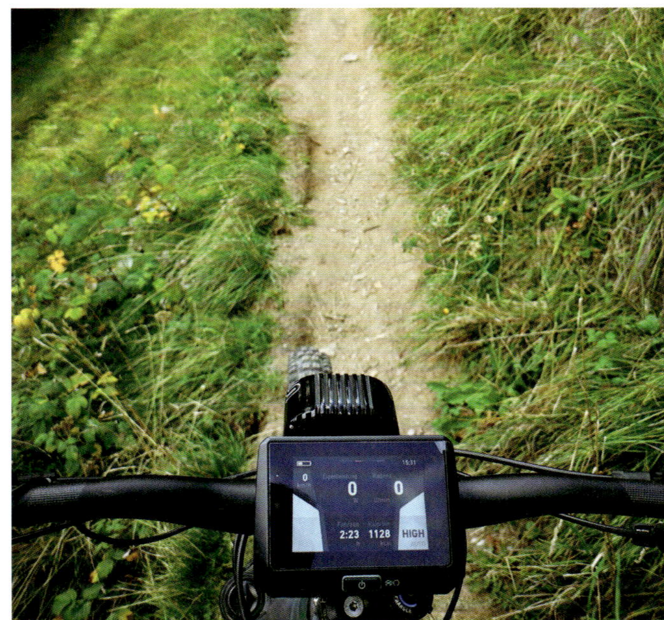

Anfahrt

 Mit dem Fahrrad der Claudia Augusta folgen bis zum Biotop Prader Sand und weiter nach Prad.

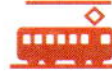 Mit dem Zug bis nach Spondinig. Dort mit dem Rad durch das Biotop Prader Sand (Claudia Augusta) nach Prad.

 Mit dem Auto über die Vinschgauer Staatsstraße und bei Spondinig im Kreisverkehr nach Prad.

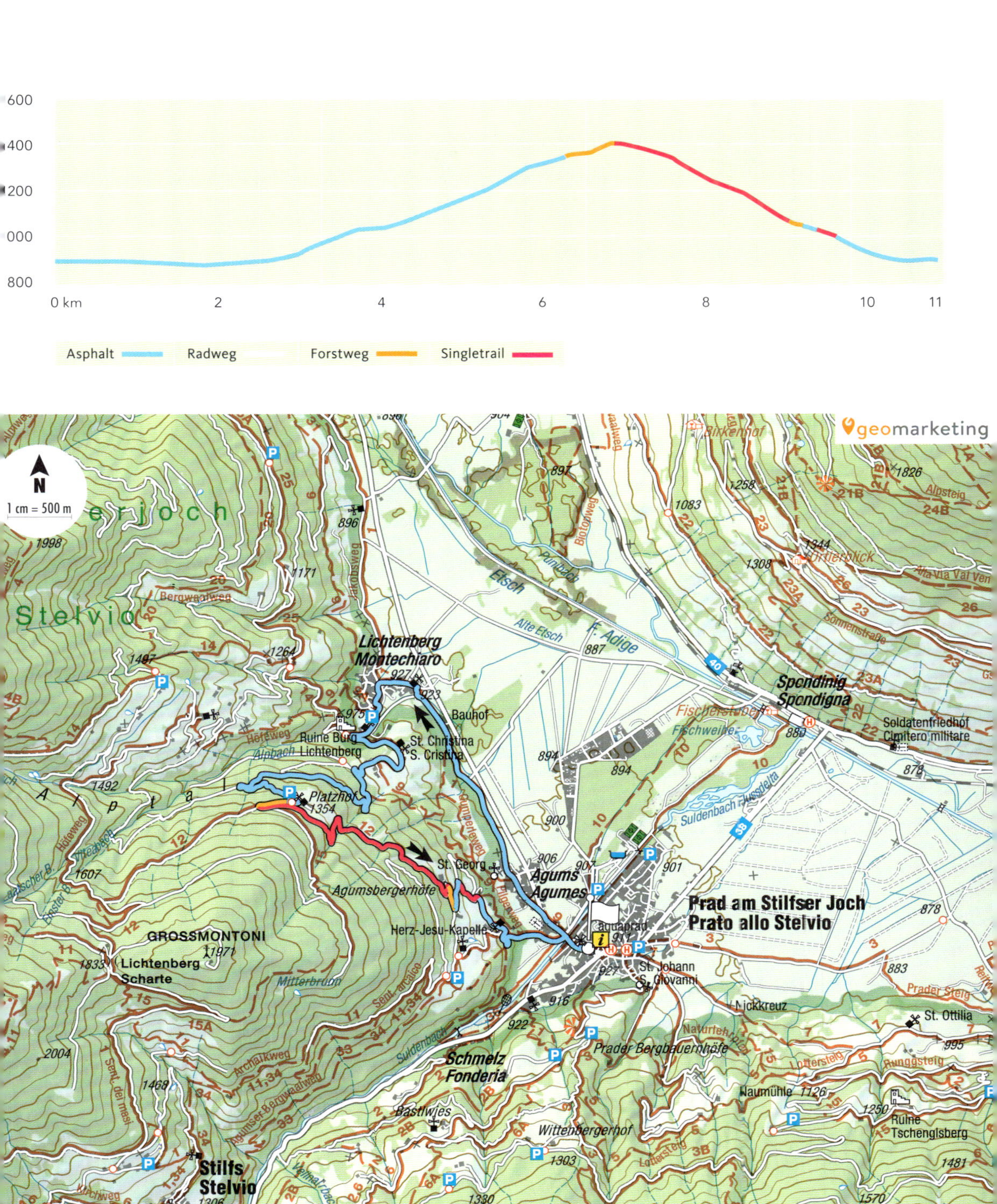

600
400
200
000
800
0 km
2
4
6
8
10
11
Asphalt
Radweg
Forstweg
Singletrail
geomarketing
N
1 cm = 500 m
Stelvio
Lichtenberg
Montechiaro
Ruine Burg
Lichtenberg
St. Christina
S. Cristina
Bauhof
Platzhof
1354
St. Georg
Agumsbergerhöfe
Herz-Jesu-Kapelle
Agums
Agumes
Prad am Stilfser Joch
Prato allo Stelvio
aquaprad
St. Johann
S. Giovanni
Spondinig
Spondigna
Soldatenfriedhof
Cimitero militare
Fischerstube
Fischweiher
Suldenbach
Etsch
F. Adige
Alte Etsch
GROSSMONTONI
1971
Lichtenberg
Scharte
Schmelz
Fonderia
Prader Bergbauernhöfe
St. Ottilia
Ruine
Tschenglsberg
Wittenbergerhof
Bastlwies
Stilfs
Stelvio
Ortlerblick
Birkenhof

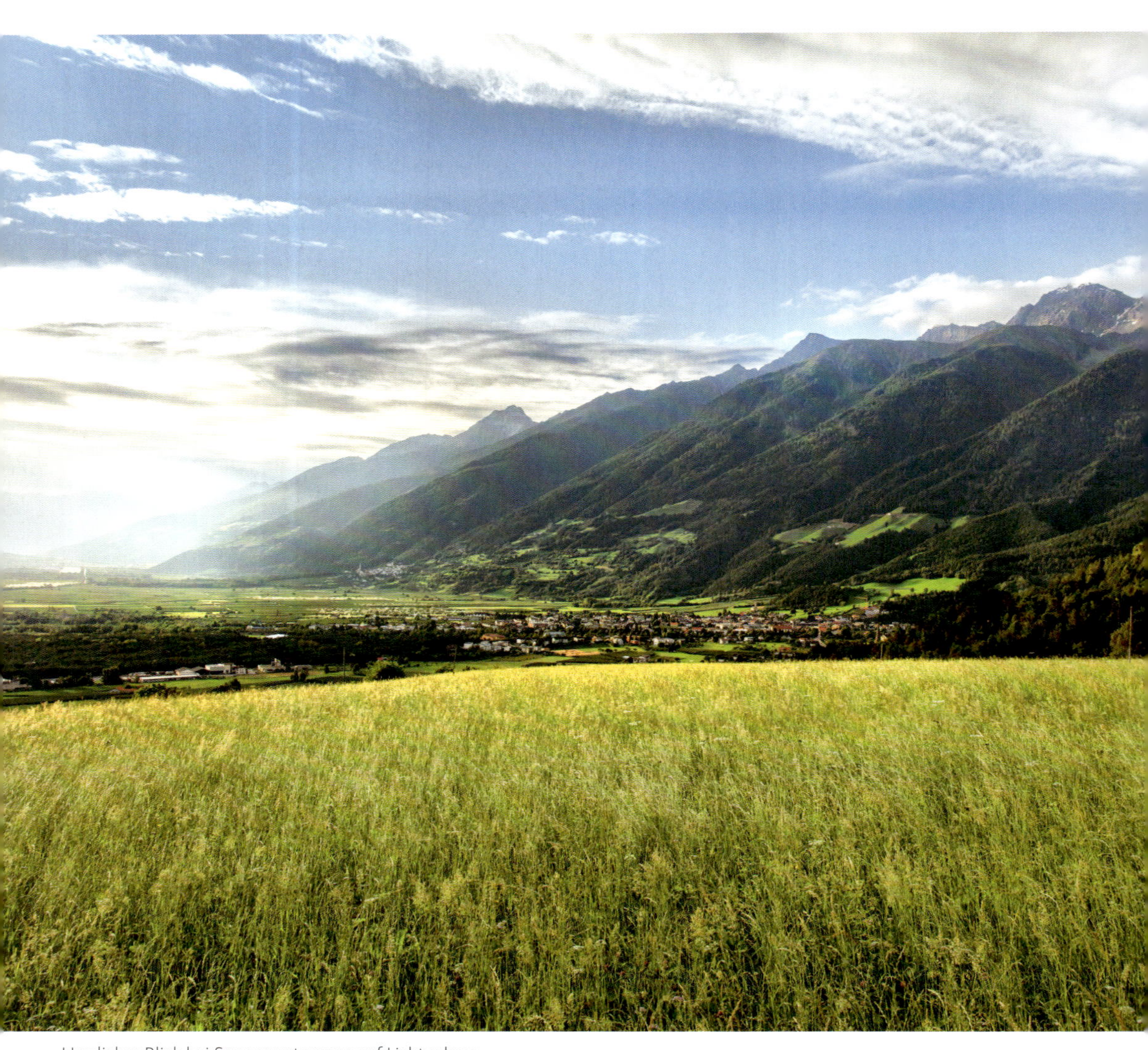

Herrlicher Blick bei Sonnenuntergang auf Lichtenberg

HIGHLIGHTS

Die Burgruine Lichtenberg

Die Burgruine Lichtenberg oberhalb von Prad zählt 14 Dreitausender zu ihrem Panorama. Sie wurde im 13. Jahrhundert errichtet, zur Hochzeit des Minnesangs, wovon noch ein wunderschöner Freskenzyklus zeugt. Dieser ist allerdings nicht mehr in der Burgruine zu finden, sondern wurde größtenteils abgelöst und ins Tiroler Landesmuseum Ferdinandeum in Innsbruck gebracht. Lichtenberg gehörte bis 1513 den Grafen von Tirol und ging anschließend in den Besitz der Grafen Khuen-Belasi über, die noch heute Eigentümer des beeindruckend großen Monumentes sind. Die Ruine ist frei zugänglich, man hat von oben einen sehr guten Blick zur Churburg im benachbarten Schluderns.

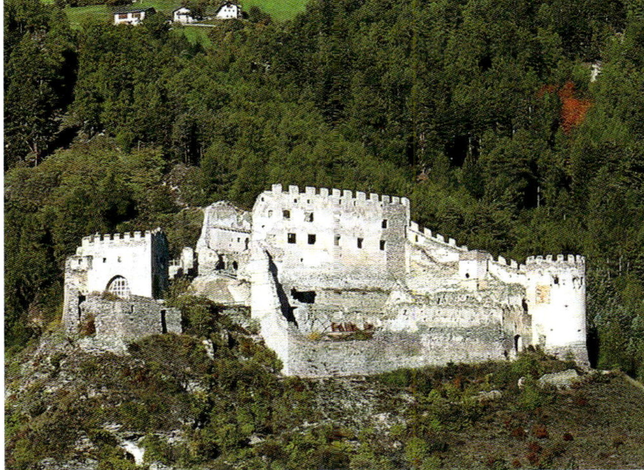

Die Burgruine Lichtenberg

Die Südtiroler Ritterspiele

Dort am Fuße der Churburg finden jedes Jahr im August die Ritterspiele statt. Über 2000 Darsteller aus 13 Ländern sorgen für die Unterhaltung der Besucher. Ein großer historischer Umzug, Ritterturniere mit Stuntszenen, Vollkontakt-Schwertkämpfe, Konzerte, Workshops, Feuer- und Greifvogelshows gehören zum umfangreichen Programm der dreitägigen mittelalterlichen Veranstaltung. Den Höhepunkt bietet sicherlich die Nachstellung der berühmten Calvenschlacht: Nach dem Überfall von Kaiser Maximilians Landsknechten auf das Engadin und Müstair im März 1499 rächten sich die Bündner im Mai desselben Jahres und fielen in den Vinschgau ein. Es kam zur sogenannten Calvenschlacht, die als Unglücksschlacht der Tiroler in die Geschichte einging und in der Kaiser Maximilian eine große Niederlage erlitt; diese war entscheidend für den Sieg der Bündner im Schwabenkrieg.

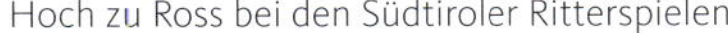

Hoch zu Ross bei den Südtiroler Ritterspielen

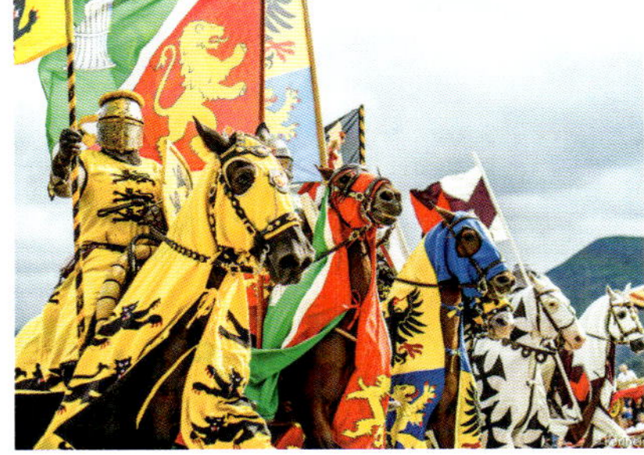

15 VINSCHGER PANORAMATOUR

Start + Ziel Laas, 860 m
Höchster Punkt 1590 m
Strecke 40 km
Hm bergauf 840
Hm bergab 840
Zeit MTB 3 Std. 20 Min.
Zeit E-MTB 2 Std. 20 Min.
Schwierigkeit ●○○○○
E-Bike-Akkus 1
Anhängertauglich ja

Die Panoramatour hat ihren Namen nicht von ungefähr. Die Straße von Allitz über Tanas bis nach Schluderns auf der sonnenverwöhnten Seite des Vinschgaus ist ein absolutes Highlight und auch von Rennradfahrern überaus geschätzt. Die Churburg und das Biotop Prader Sand setzen der Tour noch das Sahnehäubchen auf.

Tourenbeschreibung

Vom idyllischen Dörfchen Laas, bekannt für seinen Marmor und die Marillen, fährt man bis nach Allitz. Von dort immer dem Großfeldweg folgen; rechts an Tanas vorbei bis zum Gasthof Paflur (Einkehr), weiter zur Churburg und nach Schluderns. Durch das Dorf hindurch und über den Verbindungsweg die Talseite wechseln. Nach dem Wasserreservoir talauswärts, erst durch das Biotop Schludernser Au und dann nach den Fischweihern rechts durch das Biotop Prader Sand bis nach Prad. Über die Claudia Augusta oder mit kleinem Schlenker über Tschengls zurück nach Laas.

Die Fischerseen bei Prad am Stilfser Joch

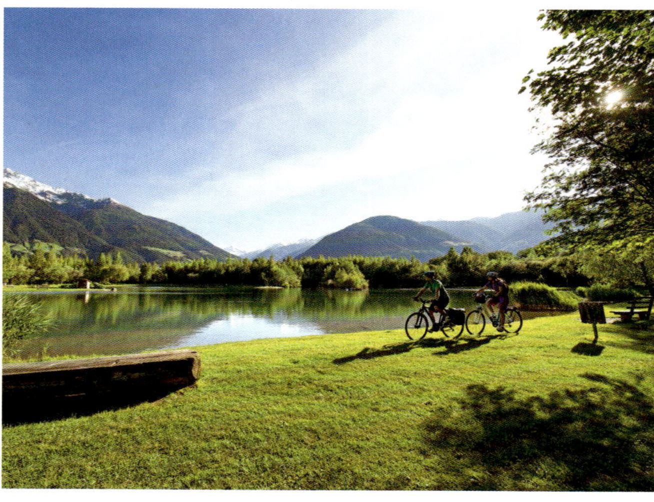

Anfahrt

 Mit dem Fahrrad über die Claudia Augusta nach Laas.

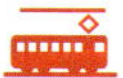 Mit dem Zug bis zum Bahnhof Laas.

 Mit dem Auto über die Vinschgauer Staatsstraße bis nach Laas und dort zum Bahnhof.

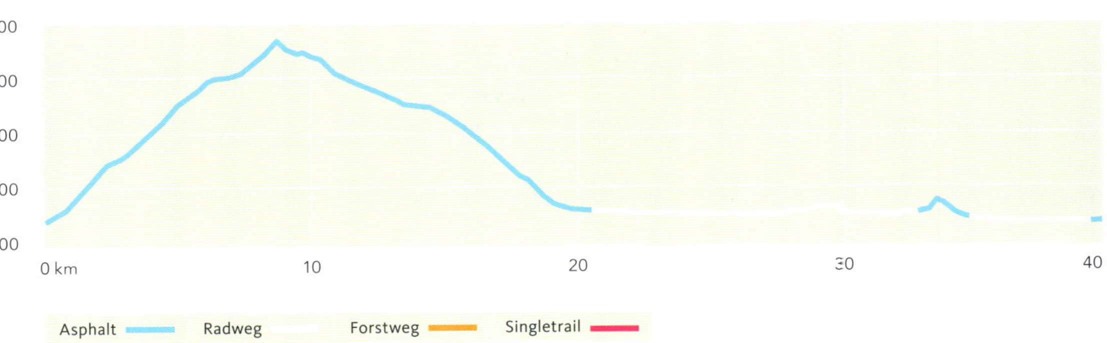

Das wunderschöne Biotop Prader Sand

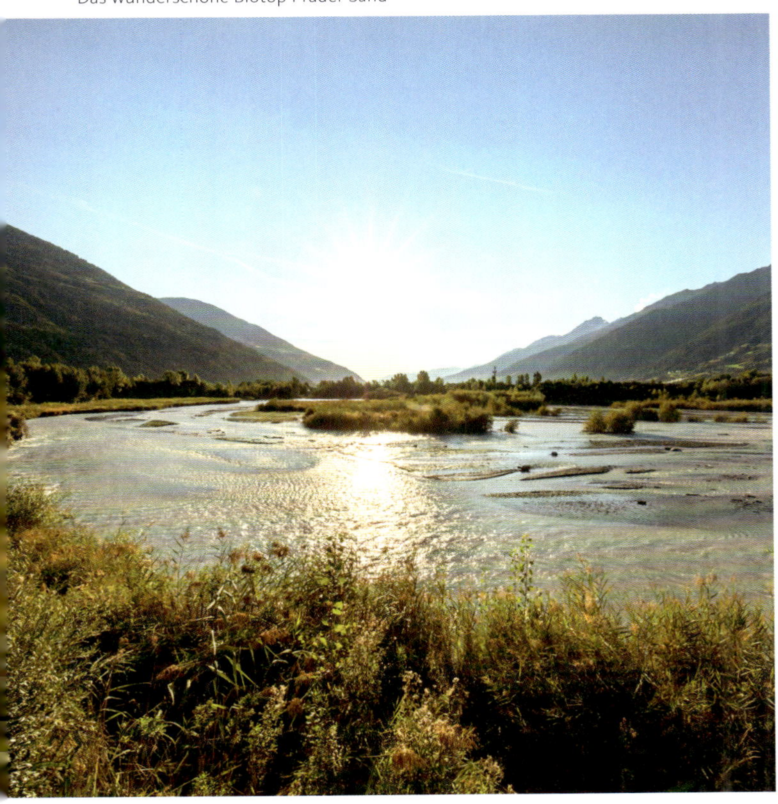

TIPP

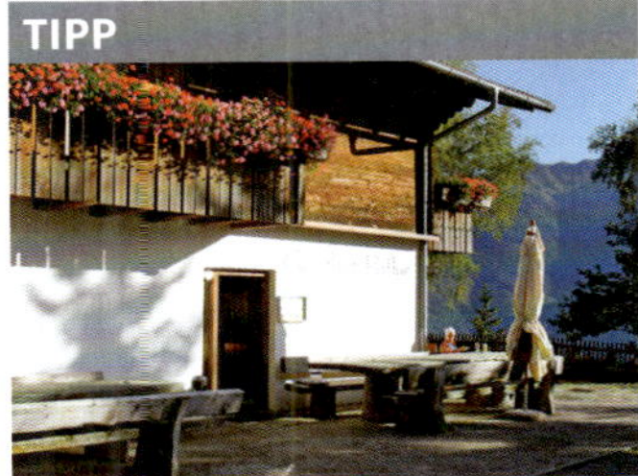

GASTHOF PAFLUR, 1520 m

Das Restaurant bietet gutbürgerliche Küche, welche von Omas gut gehüteten Rezepten bis zum 3-Gänge-Menü reicht. Die Pension bietet 8 Doppelzimmer mit Dusche/WC und Balkon, welche bei Bedarf auch mit einem Zusatzbett ausgestattet werden können. Die Zimmer sind rustikal und gemütlich ausgestattet. Gerne werden bei Anmeldung auch kleinere Gruppen bewirtet. Haustiere auf Anfrage.

Tanas, 31
I-39023 Laas im Vinschgau (BZ)
T +39 0473 739977
info@paflur.com
www.paflur.com

Öffnungszeiten:
Mitte April bis Ende Oktober

   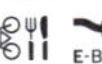

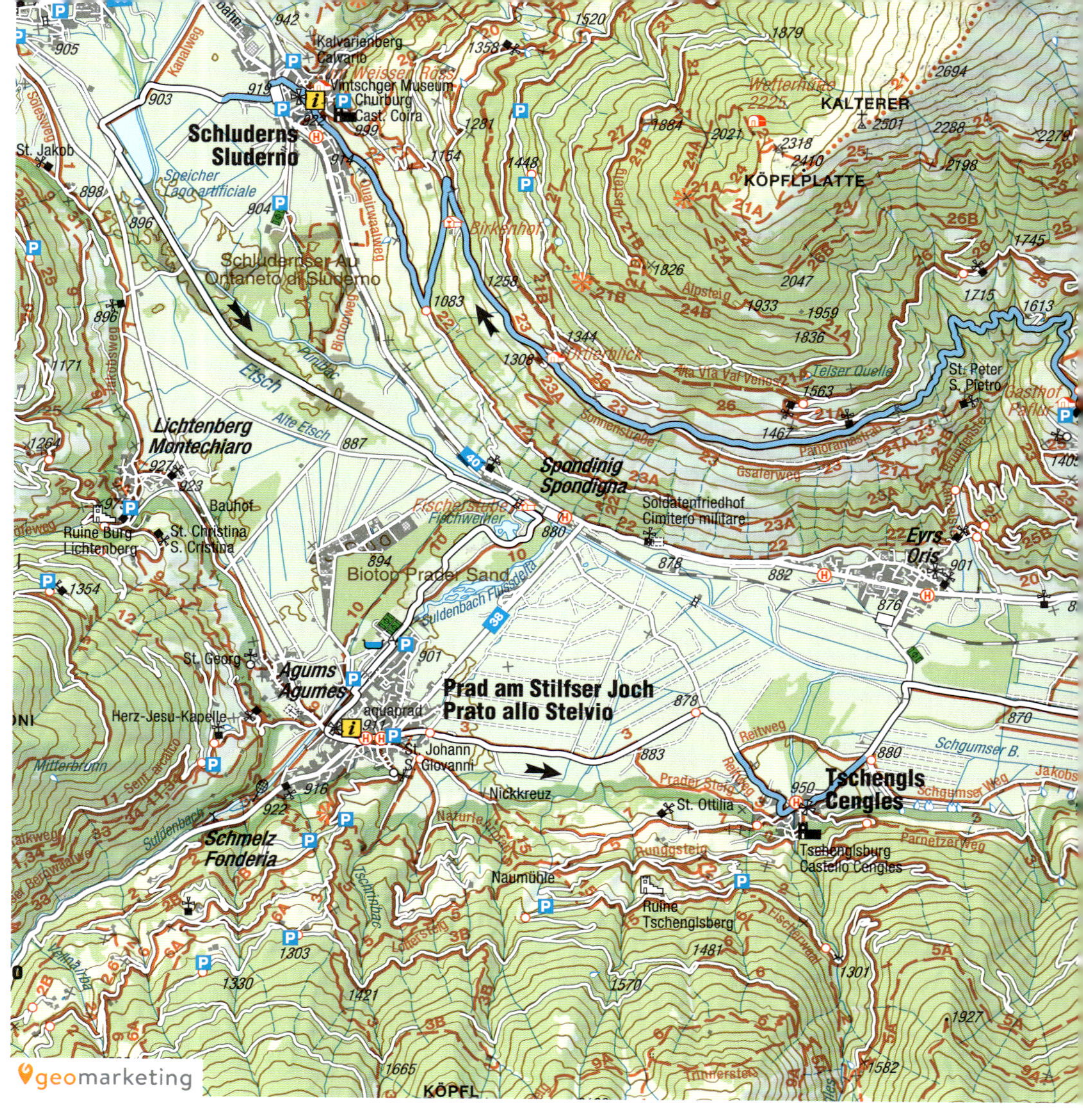

HIGHLIGHTS

Biotop Prader Sand

Am Fuße des Stilfser Jochs befindet sich im sandigen Flussdelta des Suldenbachs und in unmittelbarer Nähe der Fischerteiche das Biotop Prader Sand. In seiner wilden Schönheit ist das größte Flussdelta Südtirols absolut schützenswert und gilt als Naherholungszone. In diesem Auenlandstrich kann man auf drei Rundwegen und 19 Erlebnis- und Infostationen mehr über die einzigartige Wildflusslandschaft des Schwemmlandes erfahren.

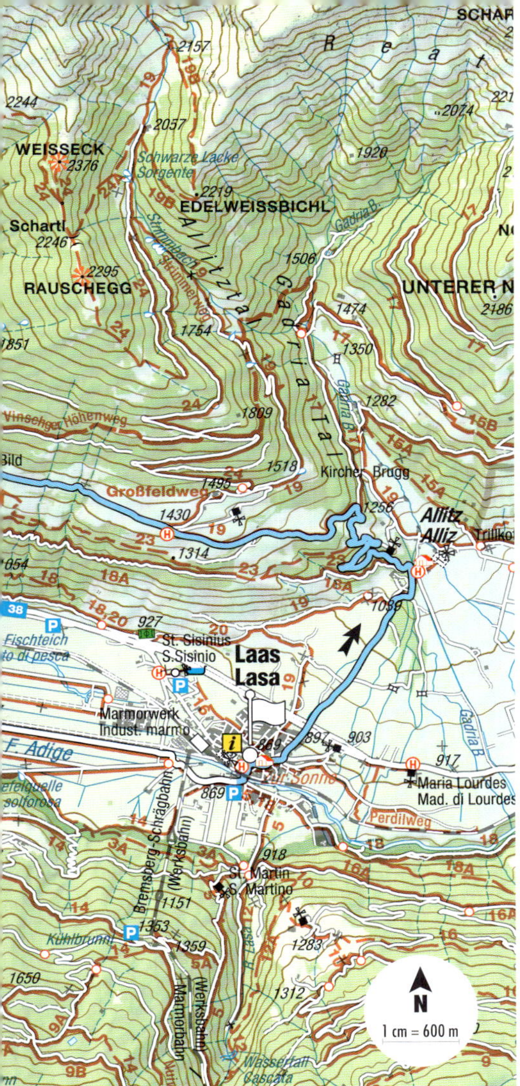

Hl. Georg in Agums

In Prad, genauer Agums, steht ein gotisches Gotteshaus: die Wallfahrtskirche zum hl. Georg in Agums. Sie besteht bereits seit 1305 und war bis 1958 Pfarrkirche von Prad-Agums. Sie ersparte den Kirchgängern den beschwerlichen Weg nach Schluderns zur Mutterkirche. Aus dem 14. Jahrhundert stammt auch das vier Meter hohe Kruzifix im Inneren der Kirche, im Volksmund „der Große Herrgott" genannt – inmitten ein von Wunden bedeckter Gekreuzigter, den ein Hirte erst später, um 1600, geschnitzt haben soll. Als dieser Gekreuzigte 1702 angeblich zu schwitzen begann, erlangte der damalige Pfarrer vom Churer Bischof die Genehmigung, St. Georg zu einer Wallfahrtskirche zu ernennen.

Die Glurnser Mäuse

Ein weiteres interessantes Detail aus dem Vinschgau, welches dieses Mal nicht Prad, sondern die Stadt Glurns betrifft, ergibt sich aus etwas eigenartig anmutenden Prozessprotokollen aus dem Jahr 1519: In jener Zeit wurde den Feldmäusen, die großen Schaden in der Stadt angerichtet hatten, der Prozess gemacht. Die Nager bekamen einen Verteidiger, Zeugen wurden vernommen und Fakten gesammelt. Sehr wahrscheinlich wurde dieser Prozess angestoßen, da man noch unter den Folgen der Calvenschlacht leidend, die Steuer (den sogenannten Zehent) nicht bezahlen konnte. Schlussendlich lautete der Richterspruch, dass die Tierchen unter freiem Geleit die Stadt verlassen müssen … Von diesen Glurnser Mäuseprozessen zeugen heute noch die „Glurnser Mäuse" aus Schokolade.

16 STALLWIESHOF

Start + Ziel Sport- und Freizeitzentrum Trattla, 1100 m
Höchster Punkt 2000 m
Strecke 23 km
Hm bergauf 860
Hm bergab 860
Zeit MTB 2 Std. 30 Min.
Zeit E-MTB 1 Std. 30 Min.
Schwierigkeit ●○○○○
E-Bike-Akkus 1
Anhängertauglich ja

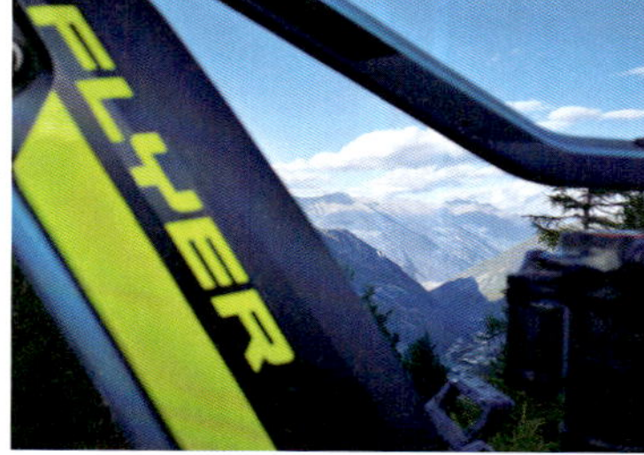

Da die meisten wohl mit dem Auto bis zum Talschluss von Martell fahren, ist diese Tour im mittleren Martelltal ziemlich unbekannt; zu Unrecht: Diese Tour bietet alles, wofür das Martelltal steht. Sogar das Leben der Bergbauern kann man im Nationalparkhaus Culturamartell entdecken.

Tourenbeschreibung

Vom Freizeitzentrum Trattla kurz der Straße taleinwärts folgen und bei der ersten Möglichkeit nach rechts. Den Marteller Talweg bis nach Martell-Dorf nehmen. Auf der Straße links halten bis zum Premstlhof. Ab hier fährt man eine Schleife zum Stallwieshof und retour, deswegen kann man hier gut eine Pause einplanen. Die empfohlene Richtung der Schleife führt rechts bergauf zur Bärenplattmahd. Hier erreicht man auf 2000 Metern den höchsten Punkt der Tour. Unbedingt das Rad kurz abstellen, um zum Aussichtspunkt zu wandern; auf einem großen Metallring sind die Berge ringsum benannt. Auf der Forststraße, am „Kaandlwool" vorbei, bis zur Stallwiesalm rollen. Nach einer Pause bergab und in Richtung Premstl. Entweder über den Hinweg zurück oder wer möchte, kann von Oberdorf ausgehend die Tour zum Steinwandhof fortsetzen.

Im Verlauf dieser Tour finden sich mehrere lohnende Aussichtspunkte.

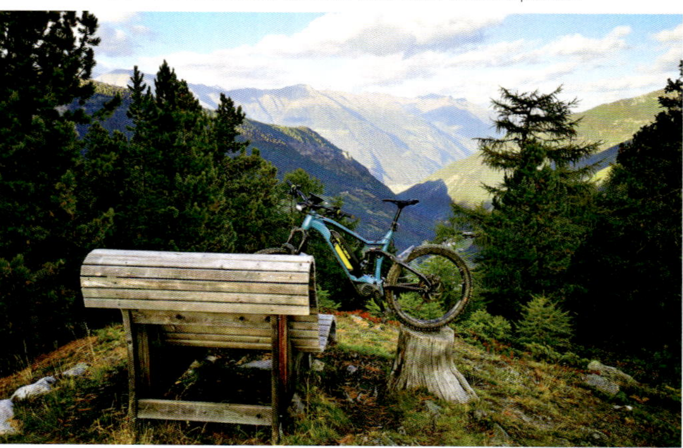

Anfahrt

 Mit dem Auto über die Vinschgauer Staatsstraße und in Goldrain die Abzweigung ins Martelltal nehmen. Beim Sport- und Freizeitzentrum Trattla parken.

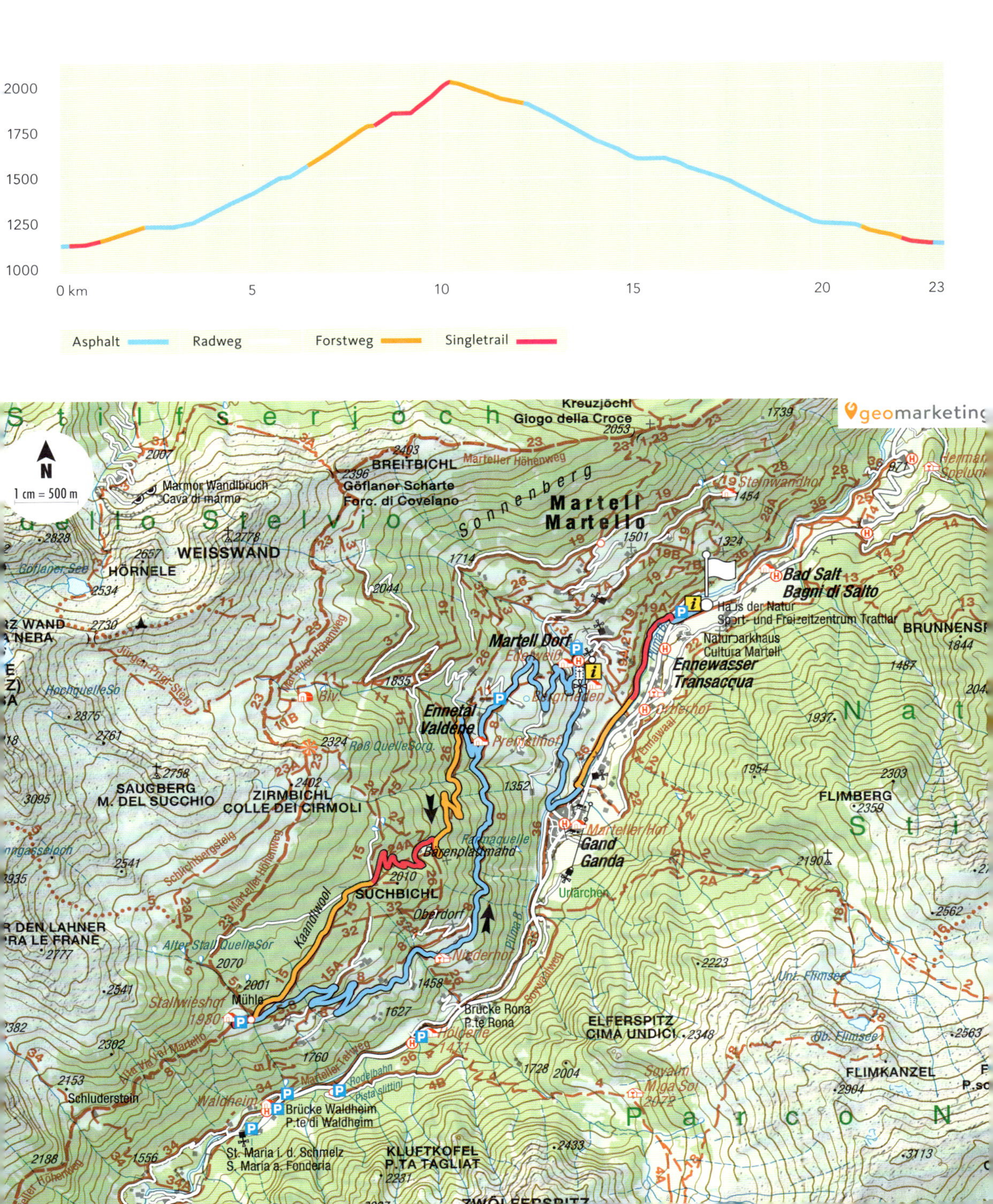

2000
1750
1500
1250
1000
0 km
5
10
15
20
23
Asphalt
Radweg
Forstweg
Singletrail
geomarketing
1 cm = 500 m
N
Stilfserjoch
Parco Nazionale dello Stelvio
Kreuzjöchl
Giogo della Croce
2053
1739
BREITBICHL
2403
2396
Göflaner Scharte
Forc. di Covelano
Marteller Höhenweg
Sonnenberg
Martell
Martello
Steinwandhof
1454
Marmor Wandlbruch
Cava di marmo
2007
2828
2778
WEISSWAND
HÖRNELE
2657
Göflaner See
2534
2730
1714
2044
1501
1324
Bad Salt
Bagni di Salto
Haus der Natur
Sport- und Freizeitzentrum Trattlar
Naturparkhaus
Cultura Martell
Martell Dorf
Edelweiß
Bergfrieden
Ennewasser
Transacqua
Unterhof
BRUNNENSPITZ
1844
1487
Hochquelle
2875
2761
1835
Biv.
Ennetal
Valdene
Premstlhof
2324
Roß Quelle
2758
SAUGBERG
M. DEL SUCCHIO
3095
2402
ZIRMBICHL
COLLE DEI CIRMOLI
1352
1954
1937
2303
FLIMBERG
2359
Marteller Hof
Gand
Ganda
Urlärchen
Bärenplattmahd
2010
SUCHBICHL
2541
Oberdorf
Kaandlwool
2190
Alter Stall Quelle
2777
2070
2001
Mühle
Stallwieshof
1930
Niederhof
1458
1627
Brücke Rona
P.te Rona
ELFERSPITZ
CIMA UNDICI
2348
2223
Unt. Flimsee
Ob. Flimsee
2562
2563
Hölderle
1471
1760
2302
2153
Schluderstein
Marteller Talweg
Rodelbahn
Pista slittini
Waldheim
Brücke Waldheim
P.te di Waldheim
1728
2004
Soyalm
M.ga Soy
2072
FLIMKANZEL
2904
St. Maria i. d. Schmelz
S. Maria a. Fonderia
1556
2188
KLUFTKOFEL
P.TA TAGLIAT
2231
2433
3113
ZWÖLFERSPITZ

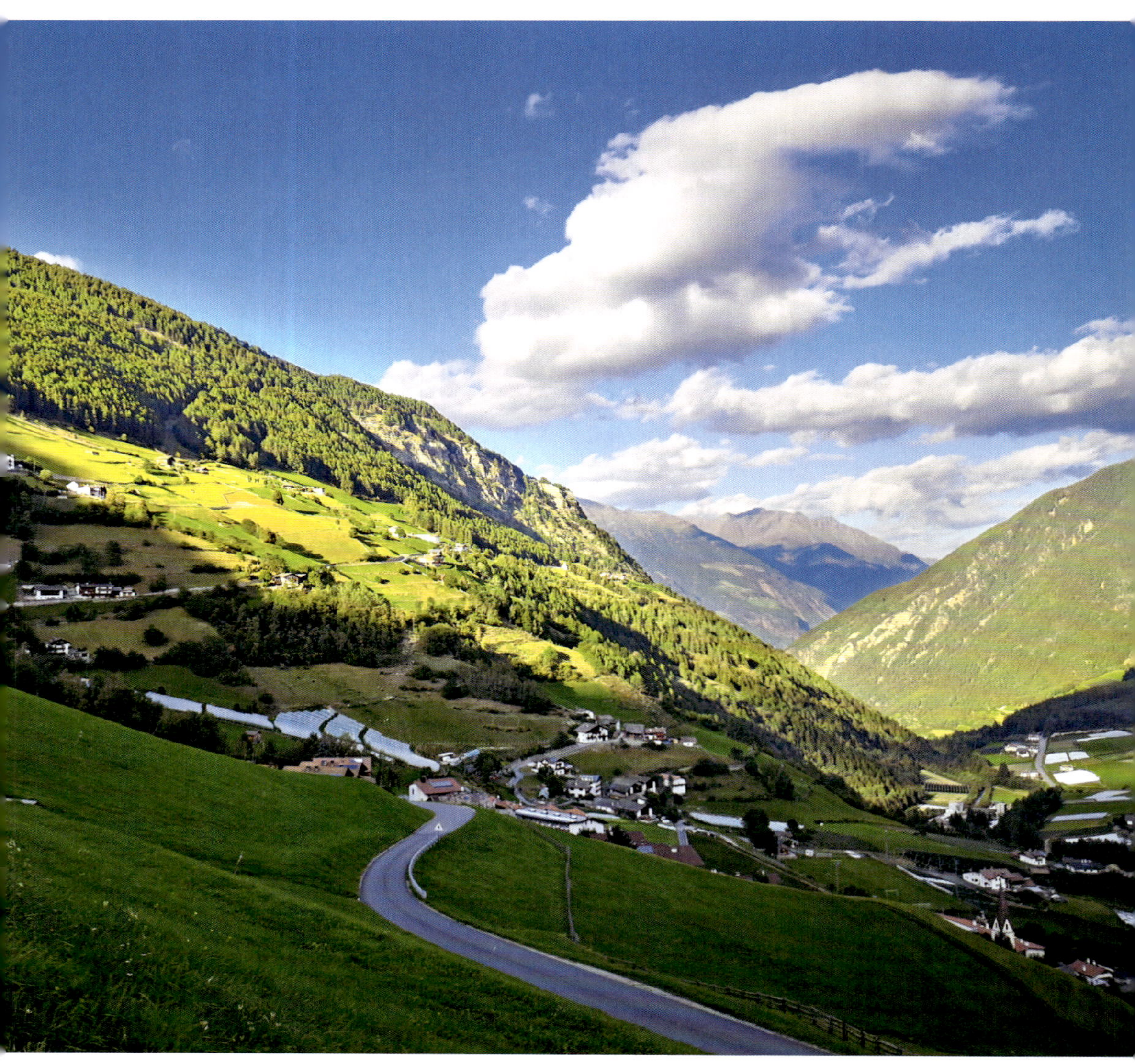

Die Straße durch das Martelltal

HIGHLIGHTS

Das Martelltal

Das Martelltal mit seinen steilen Talhängen ist in den Nationalpark Stilfserjoch, eines der größten Naturschutzgebiete Europas, eingebettet. Hier findet man eine einzigartige Flora und Fauna, deren Quell des Lebens das Gletscherwasser rund um die Ortler-Cevedale-Gruppe ist. Um diesen wunderbaren Naturschatz zu erhalten, wird bei den Einwohnern Umweltschutz und Nachhaltigkeit großgeschrieben, leben sie doch seit jeher eng mit der Natur zusammen, ja, sind sogar auf deren Macht angewiesen; das Martelltal ist stark von der Berglandwirtschaft geprägt.

Culturamartell

Im Besucherzentrum Culturamartell in Martell dreht sich alles um das oftmals harte Bergbauernleben damals und heute. Eindrucksvoll erzählen Audio- und Videoinstallationen von der mühevollen Arbeit am Berg und von teils obskuren Bräuchen, aber auch lustige Anekdoten finden ihren Platz. Abgerundet wird die Ausstellung im „modernen Heimatmuseum“ von verschiedensten interessanten Gegenständen, die Zeichen der mühevollen Arbeit und der damit verbundenen Entbehrungen sind. Auch das Abwandern der jungen Leute in die Städte wird thematisiert, womit viele Bergbauern in unserem Land zu kämpfen haben.

Martell

Der Hauptort des Tales, Martell (von lat. martellum, „Hammer“ der Bergknappen), ist laut der letzten Volkszählung die einzige Gemeinde in Italien, die zu 100 % von deutschsprachigen Einwohnern belebt wird; allerdings sind es auch nur 853.

Durch das gesamte Tal fließt der Plimabach, der früher durch die Schneeschmelze im Frühjahr Teile des Tales überflutete; deshalb wurde die Plima am Oberlauf in Hintermartell im Zufrittsee gestaut und zur Stromgewinnung genutzt.

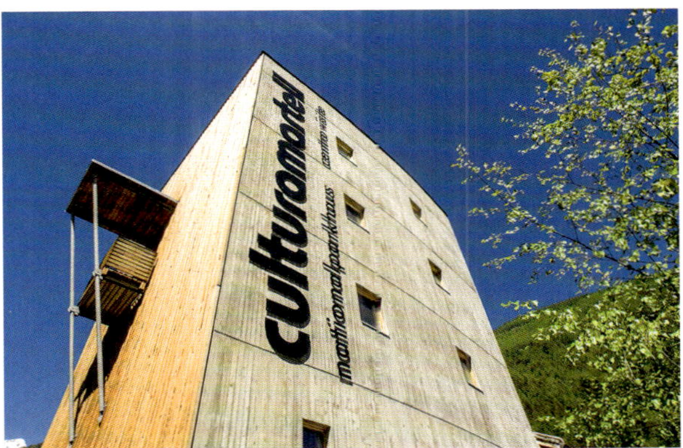

Das Besucherzentrum Culturamartell

STEINWANDHOF

Start + Ziel Sport- und Freizeitzentrum Trattla, 1100 m
Höchster Punkt 1452 m
Strecke 14 km
Hm bergauf 330
Hm bergab 330
Zeit MTB 1 Std. 10 Min.
Zeit E-MTB 40 Min.
Schwierigkeit ●○○○○
E-Bike-Akkus 1
Anhängertauglich ja

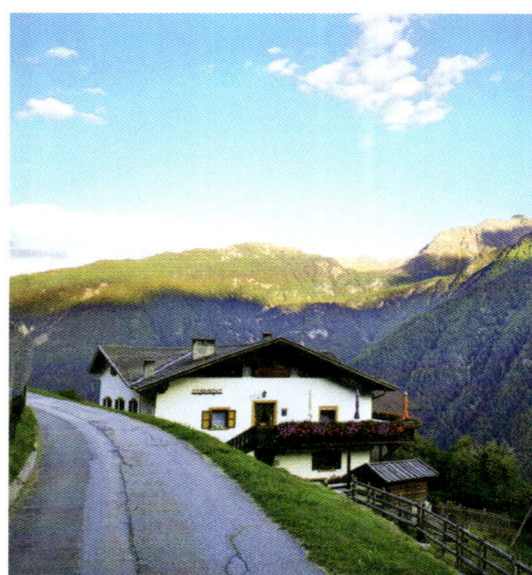

Anfahrt

 Mit dem Auto über die Vinschgauer Staatsstraße und in Goldrain die Abzweigung ins Martelltal nehmen. Beim Sport- und Freizeitzentrum Trattla parken.

Diese Tour ist ideal für Familien mit kleineren Kindern oder an Tagen, an denen das Wetter nicht ganz stabil ist. Die ersten Kilometer bis nach Martell-Dorf teilt sich diese Strecke mit der Tour Stallwieshof (Seite 74). Immer im Blick: der Zufrittstausee.

Tourenbeschreibung

Vom Freizeitzentrum Trattla kurz der Straße taleinwärts folgen und bei der ersten Abzweigung nach rechts; den Marteller Talweg entlang bis nach Martell-Dorf. Nach dem Dorfende rechts abbiegen und der Beschilderung zum Steinwandhof folgen. Es empfiehlt sich derselbe Weg für die Rückfahrt. Wer Lust hat, kann von Martell-Dorf noch bis zum Premstl- oder Stallwieshof verlängern.

Blick aus dem Martelltal

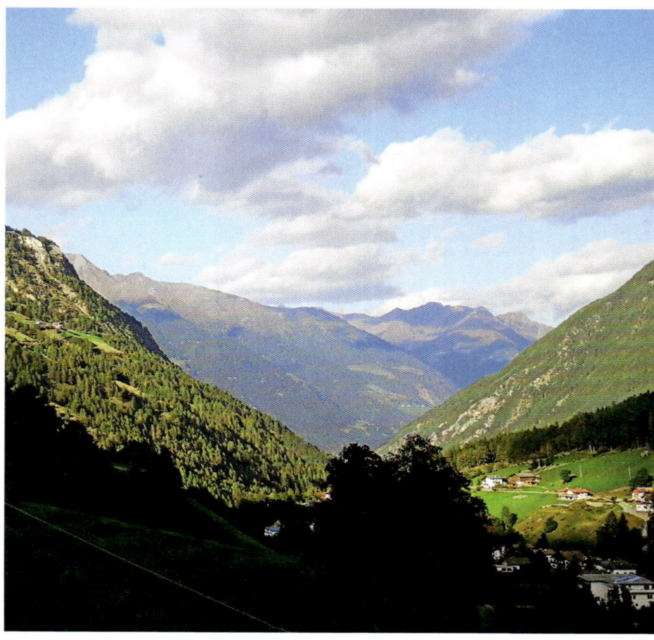

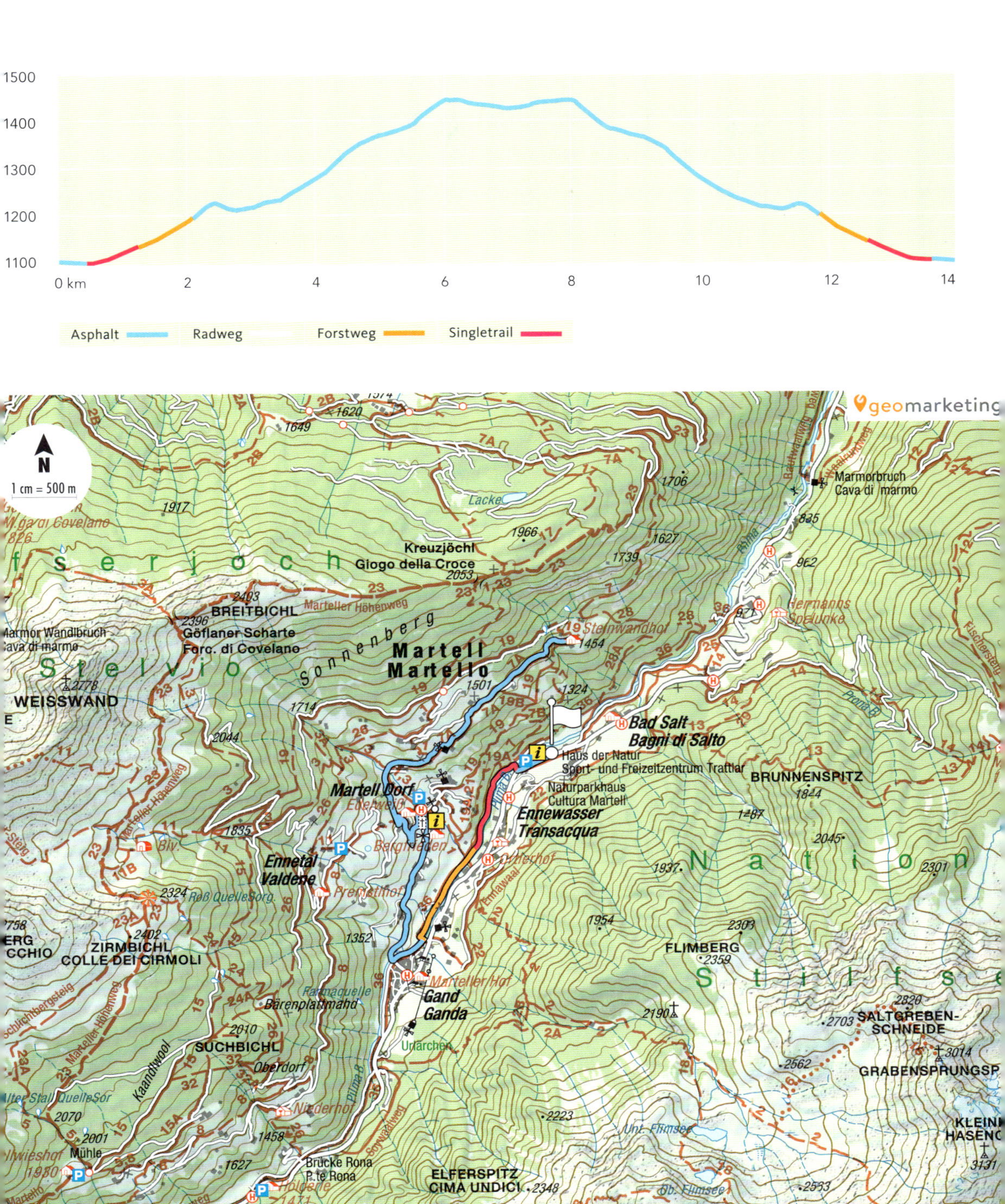

1500
1400
1300
1200
1100
0 km
2
4
6
8
10
12
14
Asphalt
Radweg
Forstweg
Singletrail
geomarketing
N
1 cm = 500 m
Kreuzjöchl
Giogo della Croce
BREITBICHL
Göflaner Scharte
Forc. di Covelano
Marteller Höhenweg
Sonnenberg
Martell
Martello
WEISSWAND
Steinwandhof
Bad Salt
Bagni di Salto
Haus der Natur
Sport- und Freizeitzentrum Trattlar
Naturparkhaus
Cultura Martell
Ennewasser
Transacqua
BRUNNENSPITZ
Martell Dorf
Ennetal
Valdene
ZIRMBICHL
COLLE DEI CIRMOLI
Gand
Ganda
Marteller Hof
FLIMBERG
SALTGREBEN-
SCHNEIDE
SUCHBICHL
Oberdorf
Niederhof
Brücke Rona
P.te Rona
ELFERSPITZ
CIMA UNDICI
Marmorbruch
Cava di marmo
Lacke
Urlärchen

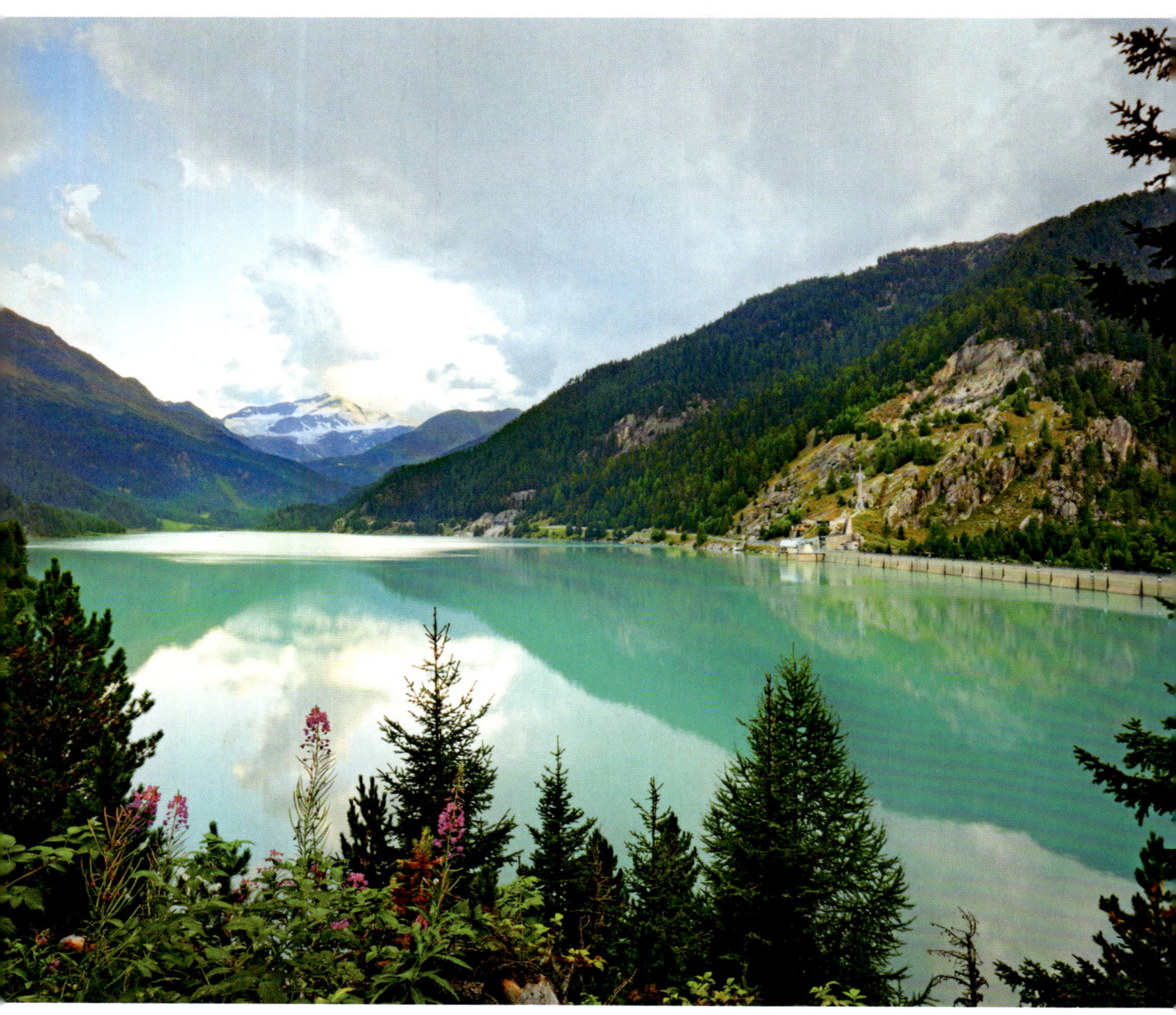
Der Zufrittstausee im Martelltal

INFO

Der Trail hinter dem Steinwandhof ist schwierig (auf keinen Fall mit Radanhänger!)

HIGHLIGHTS

Der Zufrittstausee im Martelltal

Viele Seen in Südtirol sind Stauseen, die zum einen für die Stromgewinnung genutzt werden und zum anderen auch Schutz vor drohenden Überschwemmungen durch die Bildung von Schmelzwasser, v.a. im Frühjahr sein sollen; so auch der Zufrittsee auf 1850 m. Dem einen oder anderen aufmerksamen Biker wird im Martelltal eine Gedenktafel zur Stauseekatastrophe vom 24. August 1987 auffallen: „Der Mensch wollt die Natur bezwingen und ihr mit Gier Profit abringen. Sie forderte dann grausam zurück, jedoch kein Menschenleben zum Glück. Drum wurde geschaffen dieser Ort, als Dank und Ermahnung immerfort."

An jenem Tag Ende August fielen im Martelltal große Regenmengen. Der Zufrittstausee war zu dieser Zeit bereits randvoll, um besonders große Mengen an Strom zu produzieren und damit den Gewinn des Elektrizitätsunternehmens zu steigern. Auf Befehl der Obrigkeiten des Kraftwerkes öffnete der Schleusenwärter die Grundschleusen des Stausees, deren Öffnung eigentlich nur für Ausnahmesituationen wie Bombardierungen gedacht ist. Leider ließen sie sich aufgrund technischer Probleme eine Stunde lang nicht mehr schließen und so zog die menschengemachte Flutwelle eine Spur der Verwüstung bis in die Latscher Industriezone nach sich. Die entstandenen Schäden waren gewaltig, aber zum Glück gab es weder Verletzte noch Tote.

Mit einem Stauvolumen von 19,6 Kubikmeter ist der Zufrittsee einer der größten Stauseen Südtirols, dessen Ressourcen laut dem Betreiber des Wasserkraftwerkes in Laas nur bei starker Nachfrage verwendet werden. Am beeindruckend hohen Damm wurde im August 2015 der erste Klettergarten Südtirols an einer Staumauer eröffnet. Das Klettererlebnis der besonderen Art bietet über 30 Kletterrouten, von denen zwei sogar 80 m lang sind, also 4 Seillängen umfassen!

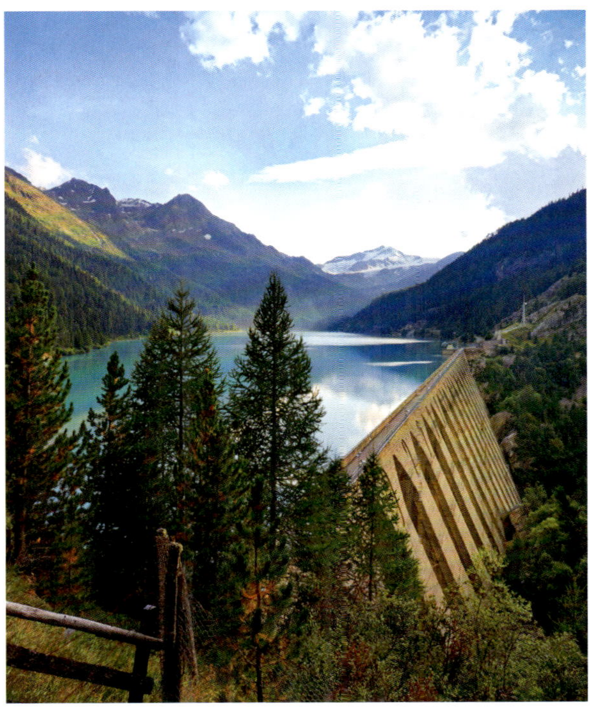

18 LYFIALM

Start + Ziel Sport- und Freizeitzentrum Trattla, 1100 m
Höchster Punkt 2150 m
Strecke 19,2 km
Hm bergauf 1040
Hm bergab 1040
Zeit MTB 4 Std.
Zeit E-MTB 2 Std. 30 Min.
Schwierigkeit ●○○○○
E-Bike-Akkus 1
Anhängertauglich nein

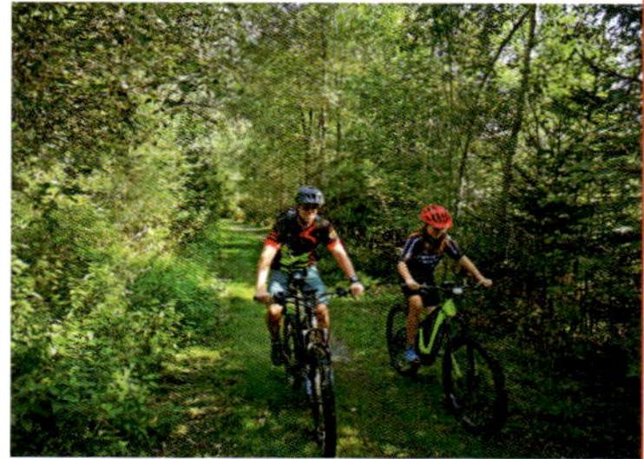

Eine Tour der Extraklasse, die viel Abwechslung zu bieten hat: Anfangs über Wald- und Wiesenwege, dann entlang an Erdbeerplantagen und schließlich umrundet man den imposanten Zufrittstausee. Wer dann noch nicht genug hat, kann das Bike abstellen und den Plima-Schluchtenweg begehen.

Tourenbeschreibung

Vom Freizeitzentrum Trattla aus kurz der Hauptstraße folgen und bei der ersten Möglichkeit nach rechts. Den Marteller Talweg entlang bis man kurz vor dem Langlaufzentrum Martell auf die Straße trifft. Hinter der Langlaufanlage geht es in markanten Kehren bergauf bis zum Zufritt-Stausee. Dieser wird auf der hinteren Seite umfahren. Auf der wasserabgewandten Seite der Staumauer kann man bunte Klettergriffe und -tritte begutachten, hier also einen kurzen Blick nach unten riskieren. Nach dem Stausee wieder der Straße folgen und kurz vor der Enzianhütte rechts auf die Forststraße wechseln. Die letzten 200 Höhenmeter der Forststraße bis zur Lyfialm folgen. Zurück am besten auf demselben Weg oder die Trailvariante hinunter zum See. Wer bei der Enzianhütte nicht direkt die Auffahrt zur Lyfialm nimmt, kann mit 5 Minuten Umweg noch das ehemalige

Die Kehren hinauf zum Talschluss von Martell

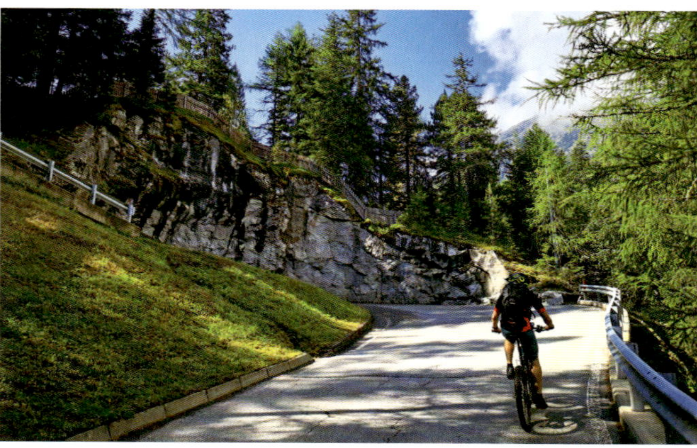

Anfahrt

 Mit dem Auto über die Vinschgauer Staatsstraße und in Goldrain die Abzweigung ins Martelltal nehmen. Beim Sport- und Freizeitzentrum Trattla parken.

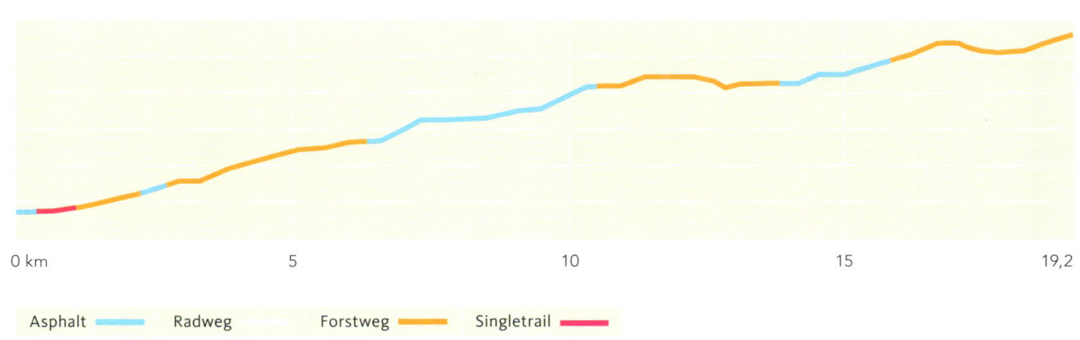

Hotel Paradiso bewundern. Das 250-Betten-Haus auf knapp 2200 m Meereshöhe hatte nur eine kurze Blütezeit; übriggeblieben ist eine Ruine.
Vorsicht: Der Höhenweg zum Stallwieshof sieht nur auf dem Papier einfach aus (ohne viel Höhenmeter), hat es aber in sich.

Die Ruine Hotel Paradiso

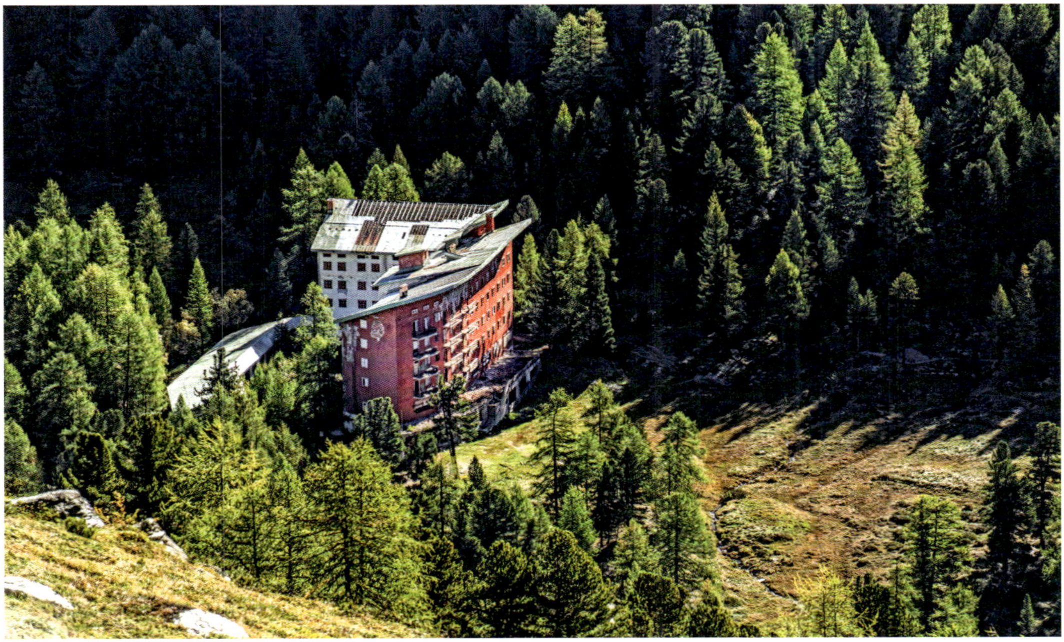

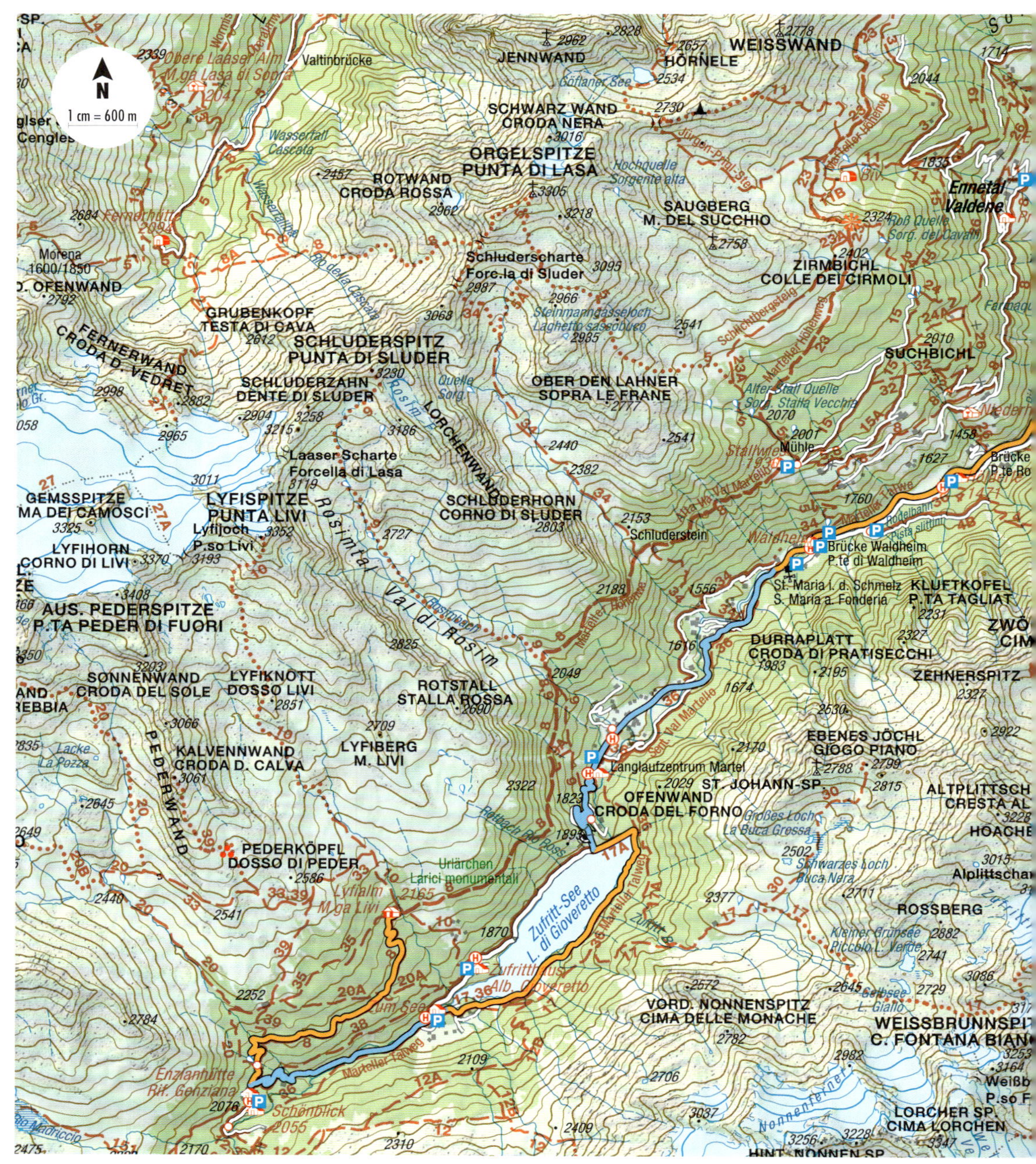

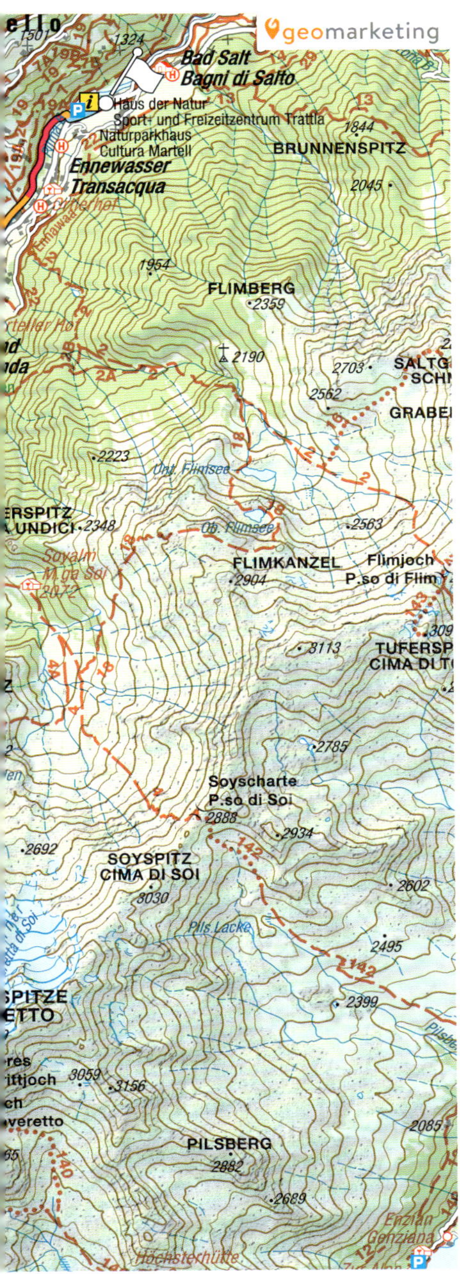

HIGHLIGHTS

Höchster Weihnachtsmarkt in Martell

Die Lyfialm auf 2165 m Meereshöhe liegt hoch über dem hinteren Martelltal, inmitten der unberührten Natur des Nationalparks Stilfserjoch. Ein paar Höhenmeter weiter unten, beim Alpengasthof Enzian auf 2061 m, findet in der Adventszeit der höchste Weihnachtsmarkt der Alpen statt, wovon in der Sommerzeit die entsprechenden Holzschilder zeugen.

Die Kapelle St. Maria in der Schmelz

Die kleine Kapelle St. Maria in der Schmelz wurde 1711 vom Grafen Hendl für seine Knappen, die teilweise im nahe gelegenen Bergwerk arbeiteten, erbaut. Die ersten Glocken der Kapelle sollen von ihnen aus Silber gegossen worden sein. Das kleine sakrale Bauwerk musste im Hungerjahr 1816 verkauft werden. Gut 20 Jahre später stiftete die Gemeinde zwei neue Glocken. Bis nach dem Zweiten Weltkrieg zog die Marteller Bevölkerung am Tag der Schutzpatronin (Maria Heimsuchung am 2. Juli) im Kreuzgang vom Dorf bis zur Kapelle. Heute wird am ersten Sonntag im Juli ein feierlicher Gottesdienst zu Ehren der Gottesmutter Maria im Schmelzer Kirchlein begangen.

Der Plima-Schluchtenweg

Vom Parkplatz am Talschluss startet auch der Erlebnisweg Plimaschlucht, der bis zur Zufallhütte auf 2256 m führt. Der Weitblick zu den Gipfeln des Ortler- und Cevedalemassivs ist berührend schön. Beeindruckend der Bergriese Cevedale mit seinen 3778 m. Der Plima-Schluchtenweg ist ein interessanter Lehrpfad mit wirklich lohnenden Aussichtspunkten und insgesamt acht Infopoints, die über die Fauna und Flora am Plimabach im Nationalpark Stilfserjoch erzählen. Der Höhenunterschied ist gering (250 Meter), jedoch ist der Weg nicht mit dem Mountainbike oder Kinderwagen befahrbar.

MORTERER ALM

Start + Ziel Sport- und Freizeitzentrum Trattla, 1100 m
Höchster Punkt 1900 m
Strecke 16 km
Hm bergauf 830
Hm bergab 830
Zeit MTB 3 Std. 30 Min.
Zeit E-MTB 2 Std. 30 Min.
Schwierigkeit ●●○○○
E-Bike-Akkus 1
Anhängertauglich nein

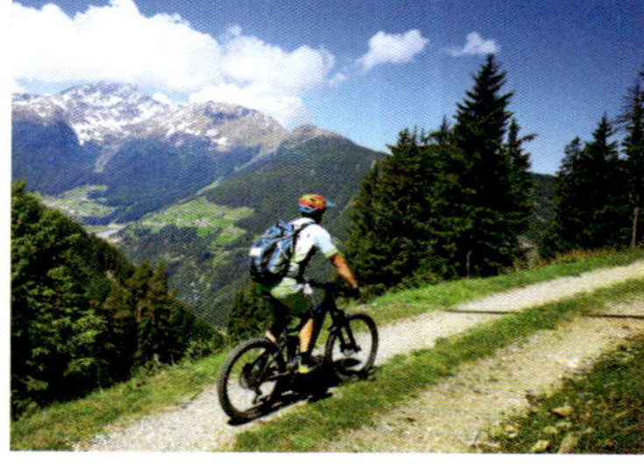

Diese nicht anspruchslose Tour auf teils losem Schotter erfordert etwas Übung. Als Belohnung wartet eine gemütliche Alm mit einer „guatn Marend". Unbedingt beim Freizeitzentrum Trattla in der „Erdbeerwelt" die frischen Beeren probieren! Das Martelltal ist für die kleine rote Köstlichkeit sehr bekannt!

Tourenbeschreibung

Von Trattla auf der Hauptstraße talauswärts bis kurz vor dem Burgaunerhof. Hier rechts auf die Asphaltstraße mit der Beschilderung zur Morterer Alm. Der Straße bis zur Brücke folgen, ab hier wird der Weg zur Forststraße mit teils recht losem Schotter anspruchsvoller. Ein heftiges Unwetter hat Teile des Weges abrutschen lassen, beim Befahren dieser Tour wurde der Weg gerade wieder neu aufgebaut. Gut möglich, dass die Oberfläche angepresst wird. Auf einer Seite hat man immer einen recht guten Blick ins tiefe Tal, hier hat sich der wilde Branderbach seinen Weg durchgebahnt. Kurz vor der Alm ändert sich die Landschaft völlig. Ein solch idyllisches Hochplateau hätte man hier nicht erwartet. Die vielen selbst produzierten Köstlichkeiten verleiten zur Einkehr. Die Abfahrt auf gleichem Weg sollte man nicht übereilen, der lose Schotter verlängert den Bremsweg. Der Fußweg, der die Forststraße öfters kreuzt ist nur Fahrtechnikexperten vorbehalten.

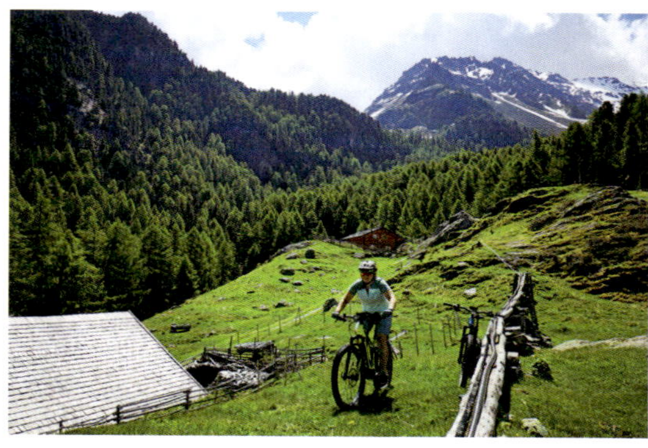

Die saftigen Wiesen bei der Morterer Alm

Anfahrt

 Mit dem Auto über die Vinschgauer Staatsstraße und in Goldrain die Abzweigung ins Martelltal nehmen. Beim Sport- und Freizeitzentrum Trattla parken.

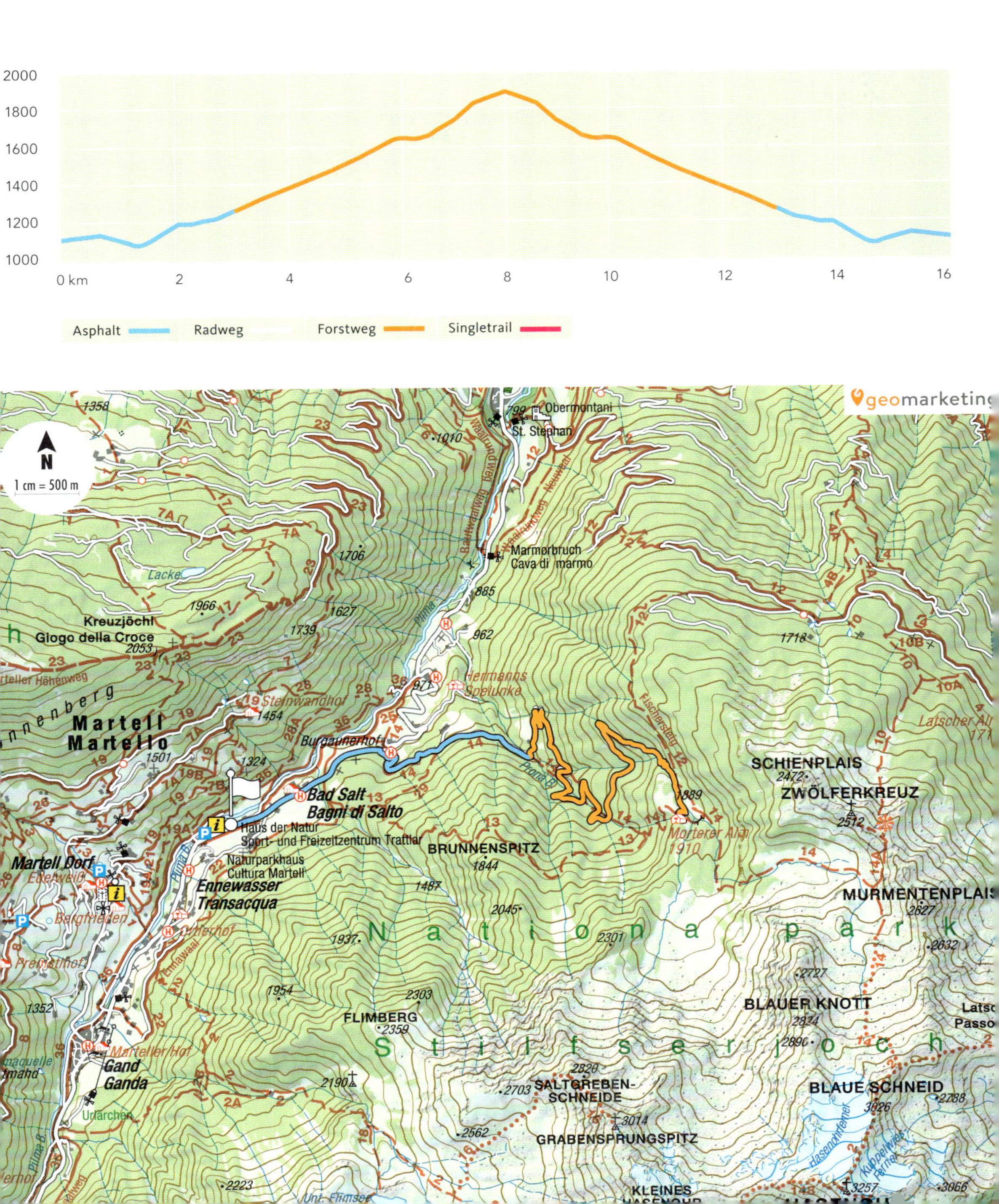

2000
1800
1600
1400
1200
1000
0 km
2
4
6
8
10
12
14
16
Asphalt
Radweg
Forstweg
Singletrail
geomarketing
N
1 cm = 500 m
Obermontani
St. Stephan
Marmorbruch
Cava di marmo
Kreuzjöchl
Giogo della Croce
Martell
Martello
Steinwandhof
Burgaunerhof
Bad Salt
Bagni di Salto
Haus der Natur
Sport- und Freizeitzentrum Trattlar
Naturparkhaus
Cultura Martell
Ennewasser
Transacqua
Martell Dorf
Hermanns Spelunke
Morterer Alm
BRUNNENSPITZ
SCHIENPLAIS
ZWÖLFERKREUZ
MURMENTENPLAIS
BLAUER KNOTT
BLAUE SCHNEID
FLIMBERG
SALTGREBEN-SCHNEIDE
GRABENSPRUNGSPITZ
Gand
Ganda
Marteller Hof
Nationalpark Stilfserjoch

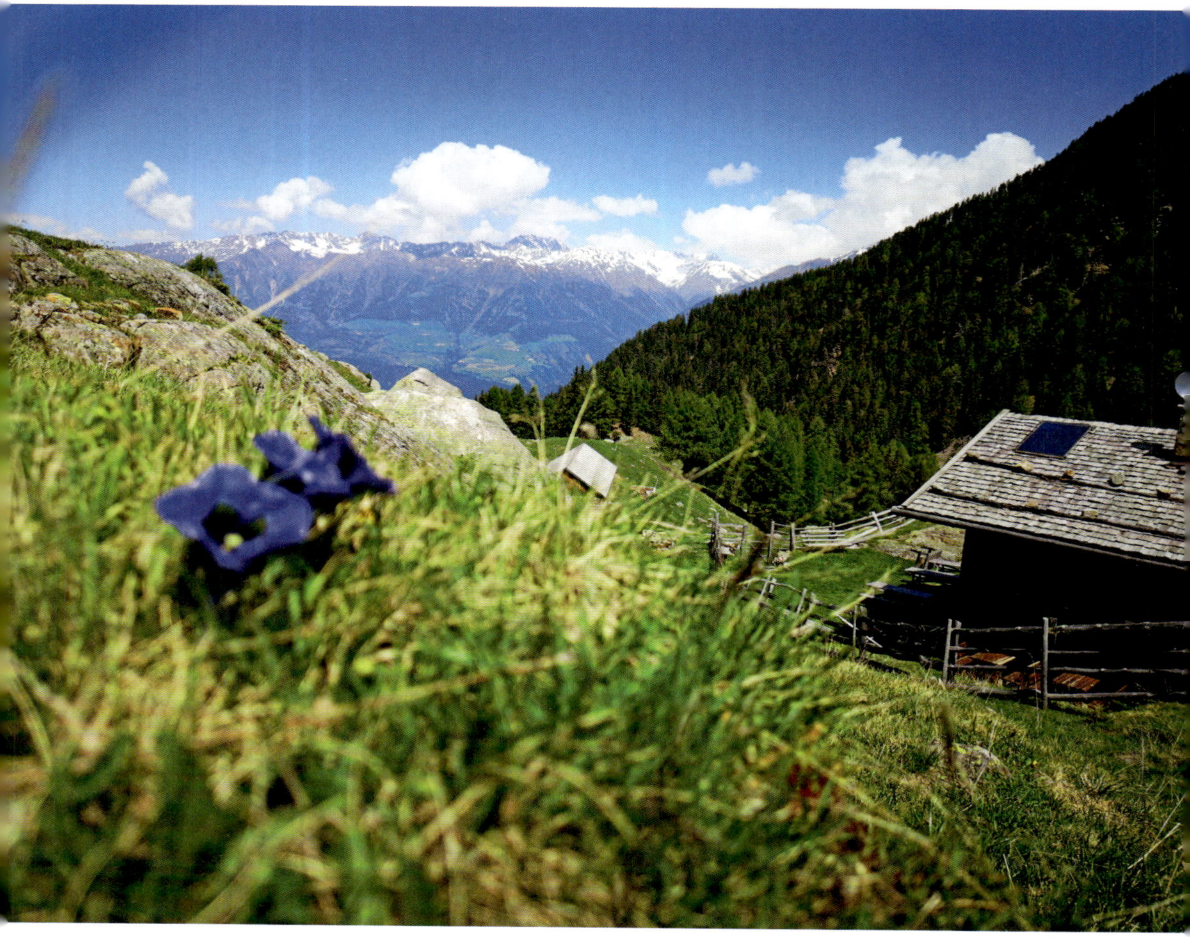

Auf der unberührten Bergwiese blüht der blaue Enzian.

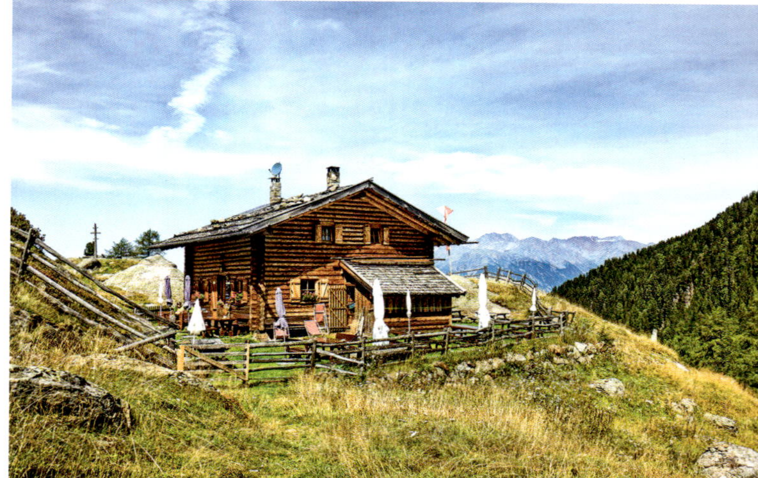

Die herrlich gelegene Morterer Alm

HIGHLIGHTS

Beerenobstanbau im Martelltal

Der Beerenobstanbau im Martelltal auf durchschnittlich 1300 m hat eine lange Tradition. Dieses Bergtal ist das bedeutendste Anbaugebiet Europas in dieser Höhenlage. Von Anfang Juni bis Anfang September werden die kleinen Köstlichkeiten unter Befolgung hoher Qualitätstandards geerntet und sind weit über die Landesgrenzen hinaus bekannt. Ursprünglich stand die Erdbeere im Zentrum des Beerenanbaus, mittlerweile wurde die Produktpalette erweitert und es gibt Himbeeren, Brombeeren, Johannisbeeren und Heidelbeeren. Diese kann man entweder frisch verkosten oder deren verarbeitete Produkte wie Säfte, Marmeladen, Schokoladen usw. genießen.

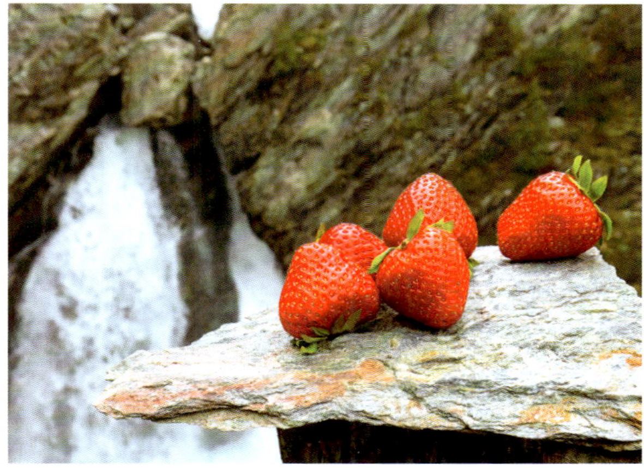

Heuernte im Martelltal

Neben dem Beerenobstanbau spielt auch die Heuernte, die sogenannte Mahd, eine wichtige Rolle: Der Mensch schmeckt, was die Kuh frisst … umso wichtiger ist es, dass die Tiere hochwertiges Futter bekommen. Eigentlich wird nur die erste Mahd, Ende Mai, als „Heu“ bezeichnet; sie ist die nährstoffreichste. Danach folgen Mitte Juli das „Groamet“, Ende August das „Pofl“ und – falls es das Wetter zulässt – im Oktober das „Nochpofl“. Voraussetzung für eine gute Ernte ist, dass die Sonne scheint, denn bei Regen dauert es länger bis das geerntete Gras trocknet. Aber das ist im Vinschgau bei 300 Sonnentagen im Jahr meist kein Problem …

Der Michelimarkt in Trattla

Wer Ende September in Trattla ist, sollte unbedingt den Michelimarkt am letzten Samstag im September besuchen. Seit den 20er Jahren wird er traditionell um St. Michael am 29. September herum abgehalten. Früher waren sogar Dolmetscher vertreten, da auch Händler und Käufer aus Italien den Markt besuchten. Diese Dolmetscher erhielten dann bei jedem Verkauf einen bestimmten Anteil des Geldes. Heute gibt es auf dem Markt sowohl Vinschger Köstlichkeiten zu kaufen als auch Klamotten und Schuhe, sogar Werkzeug und landwirtschaftliche Maschinen finden ihren Platz zwischen den Ständen.

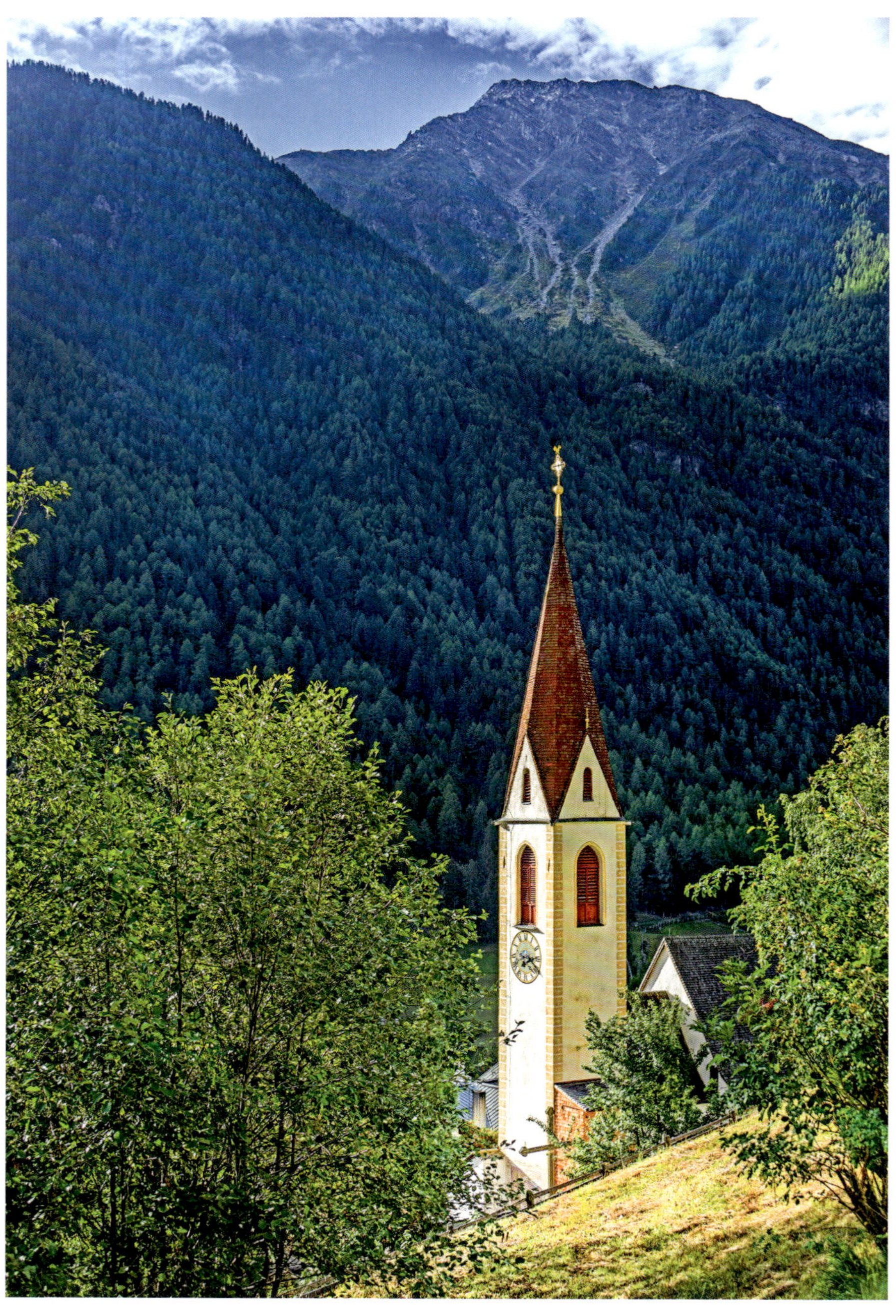

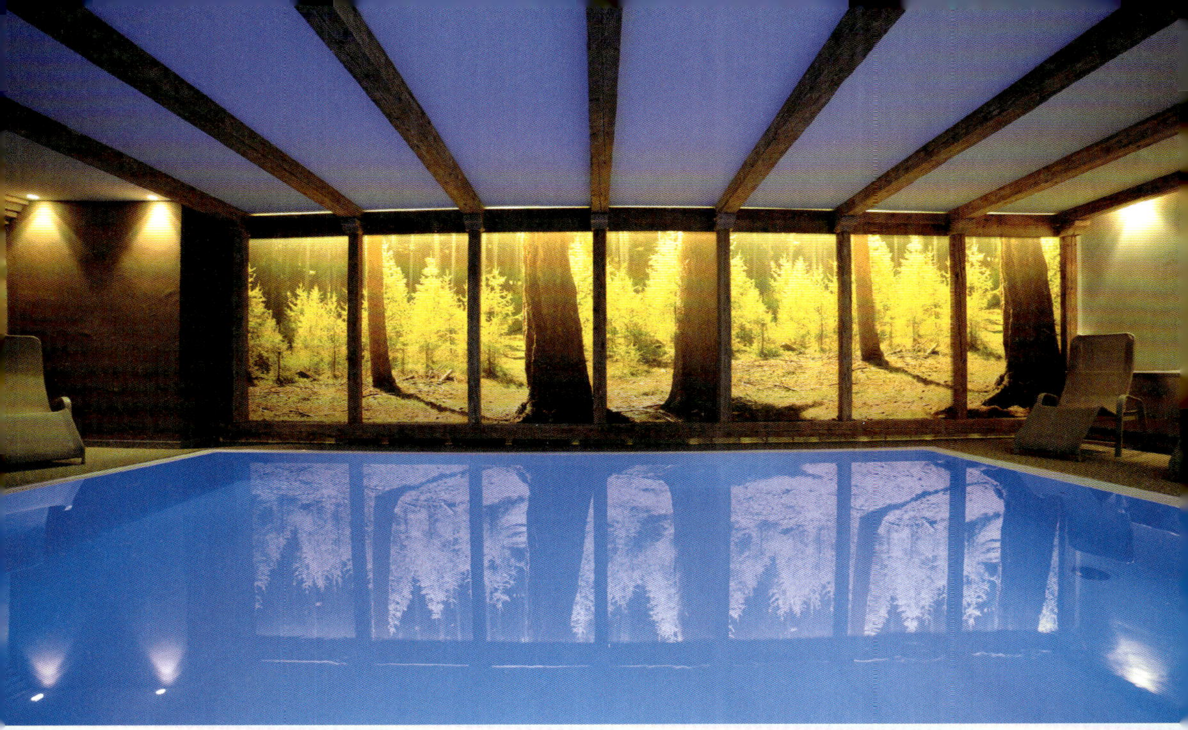

BEERENHOTEL BERGFRIEDEN ***S, 1312 m

Das Martelltal, eines der schönsten und ursprünglichsten Seitentäler des Vinschgaus, liegt sehr idyllisch inmitten des Nationalparks Stilfserjoch und bezaubert mit seiner einzigartig alpinen Naturlandschaft. Hier fällt es leicht, anzukommen und sich sofort wie zu Hause zu fühlen. Das liegt vor allem an Familie Gluderer, den Gastgebern im Beerenhotel Bergfrieden. Greti und Roland legen besonderen Wert auf all die kleinen Dinge, die ein sonniges Gefühl im Herzen auslösen: Ein freundliches Lächeln, ein persönlicher Handschlag und ein liebes Wort sind bei ihnen ebenso selbstverständlich wie die vielen „beerigen" Aufmerksamkeiten, die Sie bei einem Urlaub „mit Tiroler Herzblut" im Beerenhotel im „Erdbeertal" Martell, wo Erdbeeren bis auf 1750 m angepflanzt werden, erwarten.

Die Küche verwendet vorwiegend authentische, regionale und saisonale Produkte, die im Martelltal und Vinschgau angebaut und produziert werden. Davon zeugen die vielen leckeren Beerengerichte ebenso wie die traditionellen Südtiroler und Vinschgauer Gerichte, die mit frischen Kräutern, ausgesuchten bäuerlichen Zutaten und Südtiroler Markenprodukten zubereitet werden.

Das E-Biken ist eines der besten Möglichkeiten, abseits der Straße die Natur und den Erdbeerduft auf Wald- und Wiesenwegen zu erleben. In Verbindung mit dem Pilotprojekt zur Nutzung von „grüner Energie" im Nationalpark Stilfserjoch, werden wöchentlich mehrere geführte E-Bike-Touren angeboten. Die E-Bikes können auch vor Ort im Freizeitzentrum Trattla (wenige km vom Hotel entfernt) ausgeliehen werden.

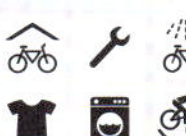

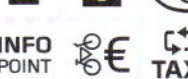

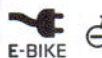

Meiern/Dorf, 84
I-39020 Martell (BZ)
T +39 0473 744516
info@bergfrieden.com
www.bergfrieden.com

Öffnungszeiten: Dezember bis Anfang Jänner, Anfang Februar bis Ostern und Anfang Mai bis Allerheiliger

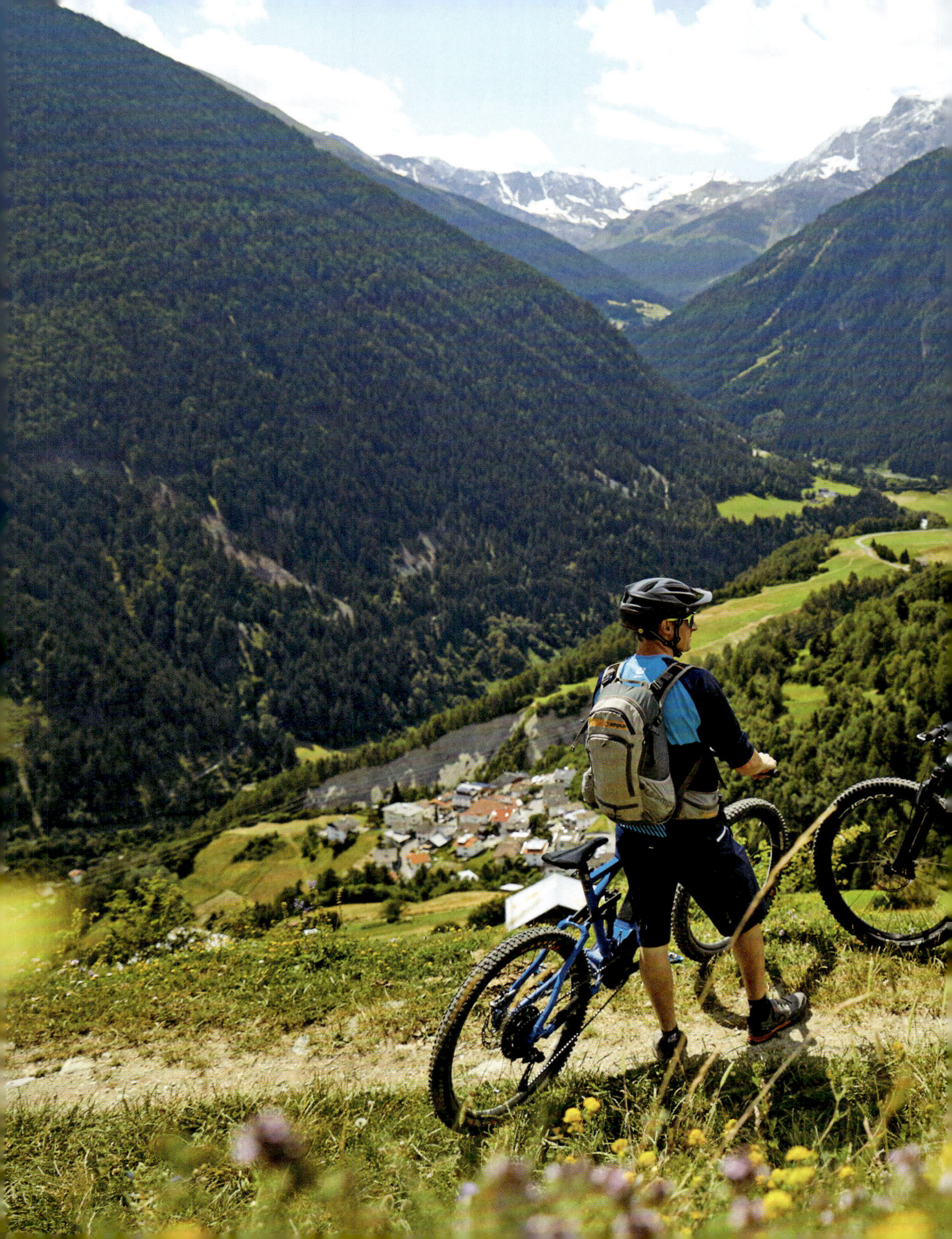

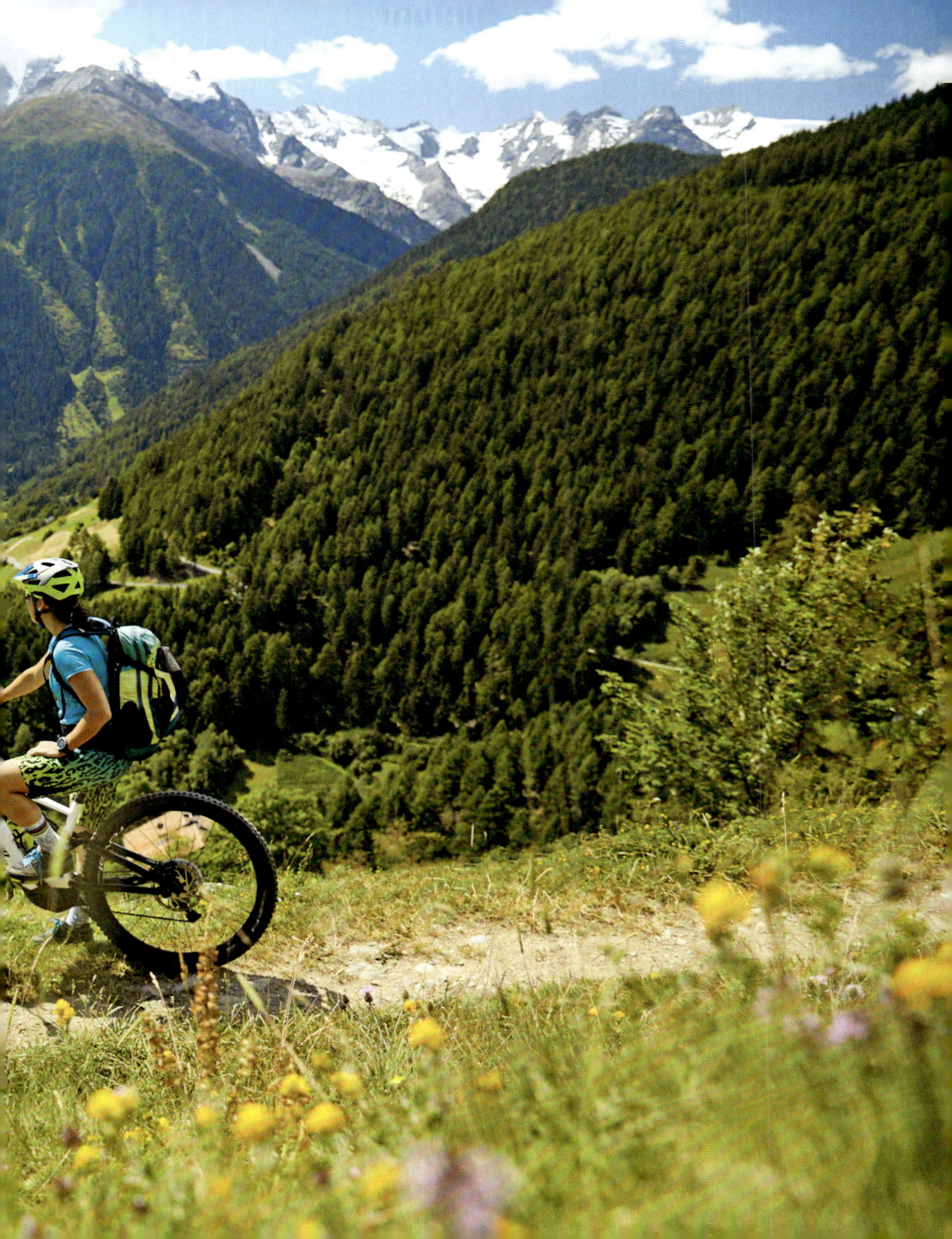

SCHLOSS-ANNENBERG-UPHILL MIT MONTE-SOLE-TRAIL

Start + Ziel Latsch, Talstation Seilbahn St. Martin im Kofel, 640 m
Höchster Punkt 1740 m
Strecke 25,2 km
Hm bergauf 1090
Hm bergab 1170
Zeit MTB 4 Std.
Zeit E-MTB 3 Std.
Schwierigkeit ●●●○○
E-Bike-Akkus 1
Anhängertauglich nein

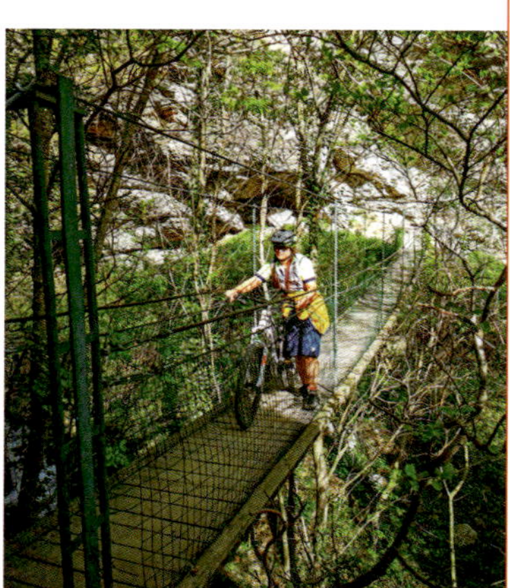

Der Latscher Sonnenberg bietet perfekte Bedingungen für eine actionreiche Up- und Downhilltour, die meist von März bis November fahrbar ist. Die beiden Schlösser Goldrain und Annenberg verleihen diesem Bike-Erlebnis einen zusätzlichen kulturellen Touch und bei der Bergstation lädt die nette Kapelle St. Martin zur Besichtigung ein.

Tourenbeschreibung

Dieser Trail trägt die Schwierigkeit S2, ist aber im ersten Drittel recht verblockt zu fahren (S3), dafür entschädigt er im Finale mit sehr flowigen Abschnitten.
Von der Talstation der Seilbahn in Latsch dem Radweg Richtung Goldrain folgen. Nach der Brücke unbedingt rechts vom Radweg dem schmalen Schotterweg neben der Straße folgen. An dessen Ende die Vinschgauer Staatsstraße überqueren (Achtung, gut aufpassen!) und links dem Schild „Annenberg Uphill" folgen. An Schloss Goldrain vorbei entlang der Apfelwiesen in Richtung

In Richtung St. Martin im Kofel

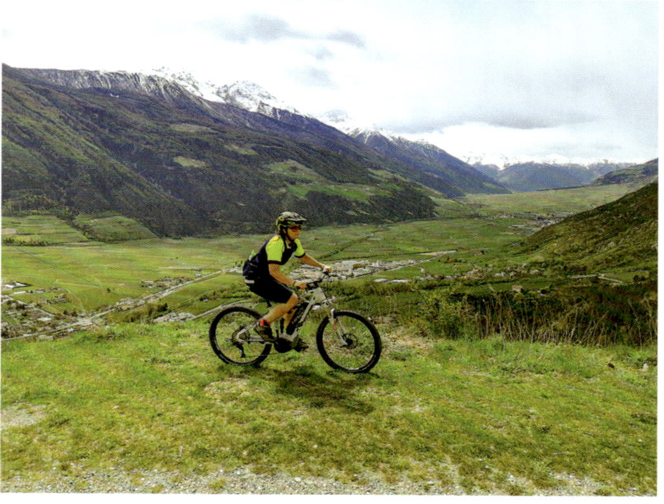

Anfahrt

 Mit dem Fahrrad über den Vinschger Radweg bis nach Latsch, dann weiter Richtung Goldrain.

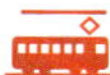 Mit dem Zug bis zum Bahnhof Latsch, dort ca. 2 Minuten bis zur Talstation der Seilbahn St. Martin im Kofel.

 Mit dem Auto über die Vinschgauer Staatsstraße bis nach Latsch, dort zur Talstation St. Martin im Kofel.

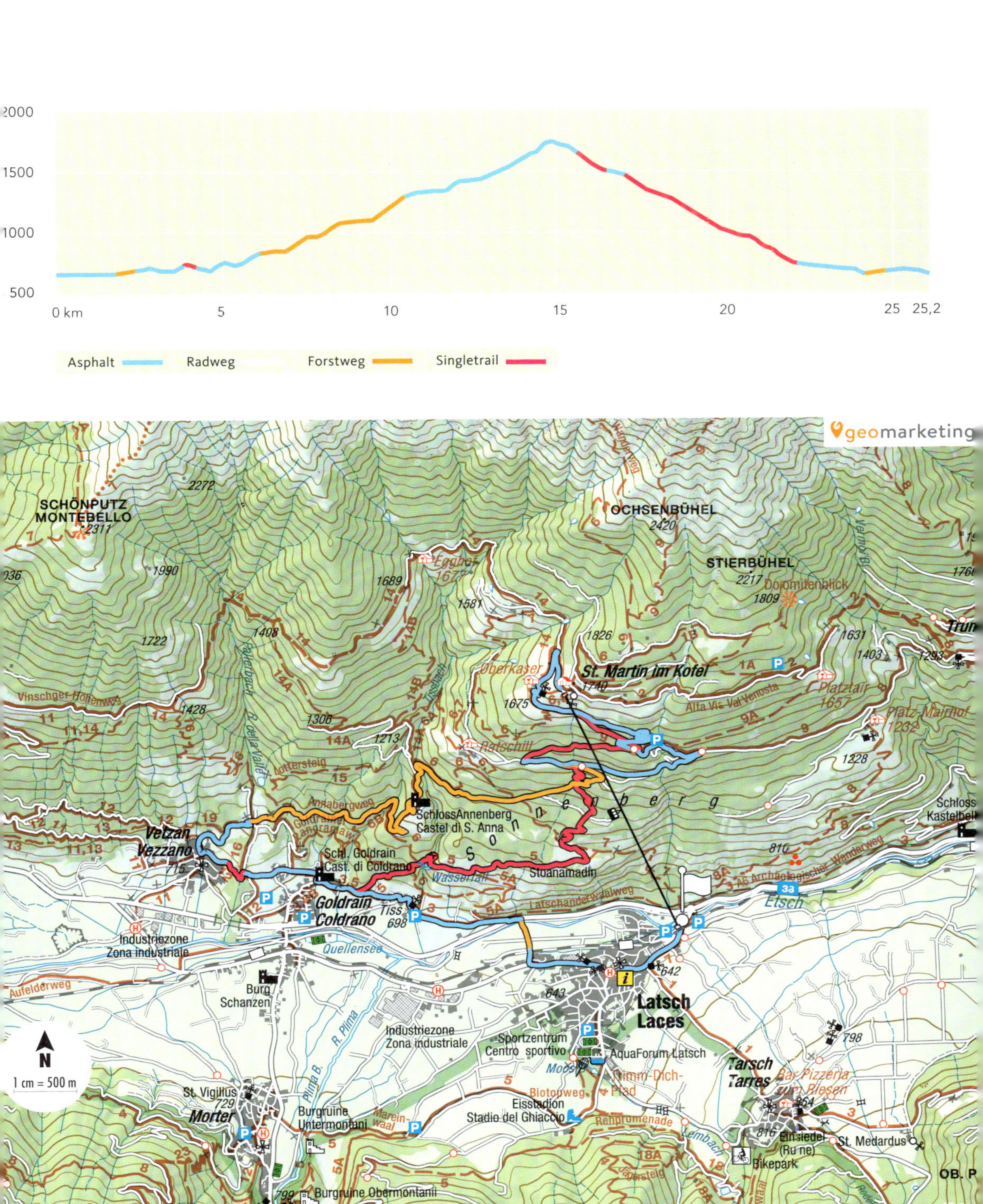

2000
1500
1000
500
0 km
5
10
15
20
25
25,2
Asphalt
Radweg
Forstweg
Singletrail
geomarketing
SCHÖNPUTZ
MONTEBELLO
2311
2272
OCHSENBÜHEL
2420
STIERBÜHEL
2217
Dolomitenblick
1809
Eggbof
1677
1689
1581
1826
Oberkaser
St. Martin im Kofel
1740
1675
Alta Via Val Venosta
Platztair
1657
Platz-Mairhof
1232
1631
1403
1293
1228
1990
1722
1408
1428
1306
1213
Vinschger Höhenweg
Lotterstieg
Annabergweg
Ratschill
SchlossAnnenberg
Castel di S. Anna
Sonnenberg
Vetzan
Vezzano
715
Schl. Goldrain
Cast. di Coldrano
Wasserfall
Stoanamadln
Goldrain
Coldrano
Tiss
698
Latschanderwaalweg
Archäologischer Wanderweg
810
Etsch
Schloss
Kastelbell
Industriezone
Zona industriale
Quellensee
Aufelderweg
Burg
Schanzen
Industriezone
Zona industriale
643
642
Latsch
Laces
Sportzentrum
Centro sportivo
AquaForum Latsch
Moos
Nimm-Dich-
Pfad
Biotopweg
Eisstadion
Stadio del Ghiaccio
Rennpromenade
Tarsch
Tarres
Bar Pizzeria
zum Riesen
798
854
816
Einsiedel
(Ruine)
St. Medardus
Bikepark
St. Vigilius
729
Morter
Burgruine
Untermontani
Burgruine Obermontani
799
St. Stephan
OB. P
N
1 cm = 500 m

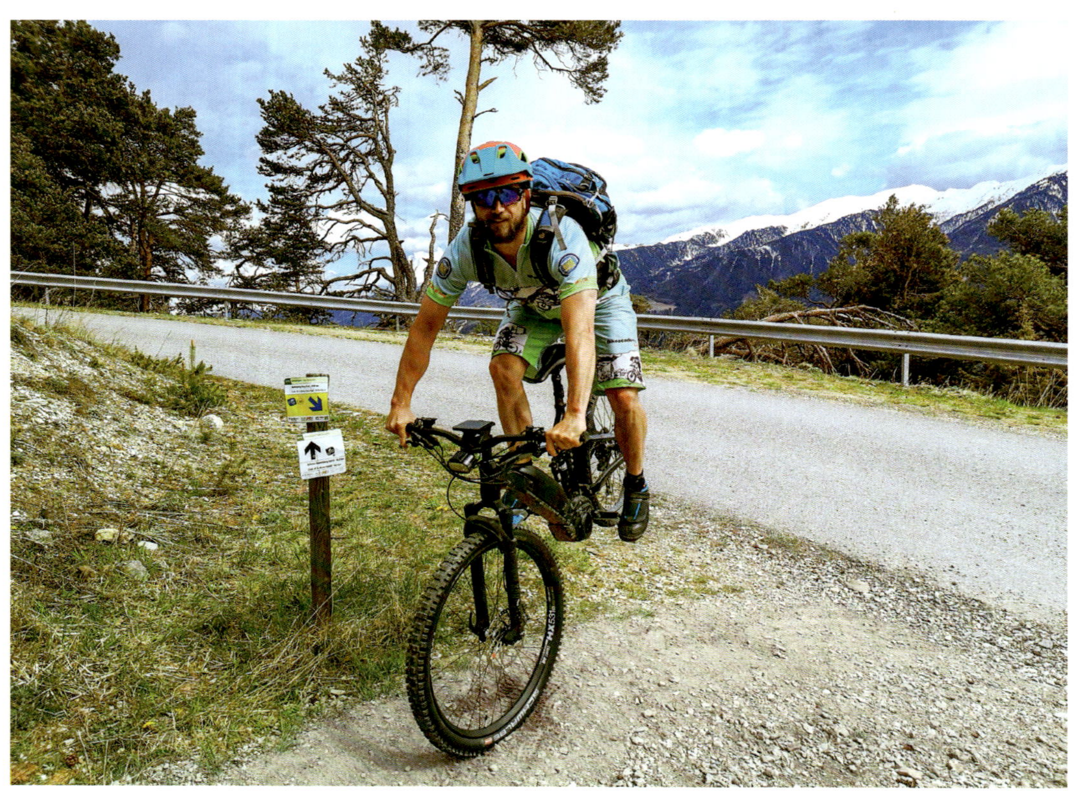

Vetzan. Dort beginnt die Forststraße, dessen Steigung im ersten Abschnitt angenehm ist, und führt bis Schloss Annenberg auf 1040 m. Auf der gegenüberliegenden Seite blickt man hier Richtung Martelltal. Nach dieser kurzen Panoramapause beginnt der kräftezehrende, ca. 2,5 km lange Uphillteil auf sehr losem Schotter und steilen Rampen, bis man vor St. Martin im Kofel auf die Asphaltstraße wechselt. Hier unbedingt scharf nach rechts drehen und die flachere Etappe bis zum Ziel, die Bergstation, überwinden.

Nun entweder die Kapelle St. Martin besichtigen oder in den Monte-Sole-Trail einsteigen. Vom Bike-Magazin wird er als einer der schönsten Trails der Alpen bezeichnet, nun kann man sich überzeugen, ob dies auch stimmt. Von der Bergstation auf der Asphaltstraße bergab, bis man rechts auf den Wanderweg Nr. 9

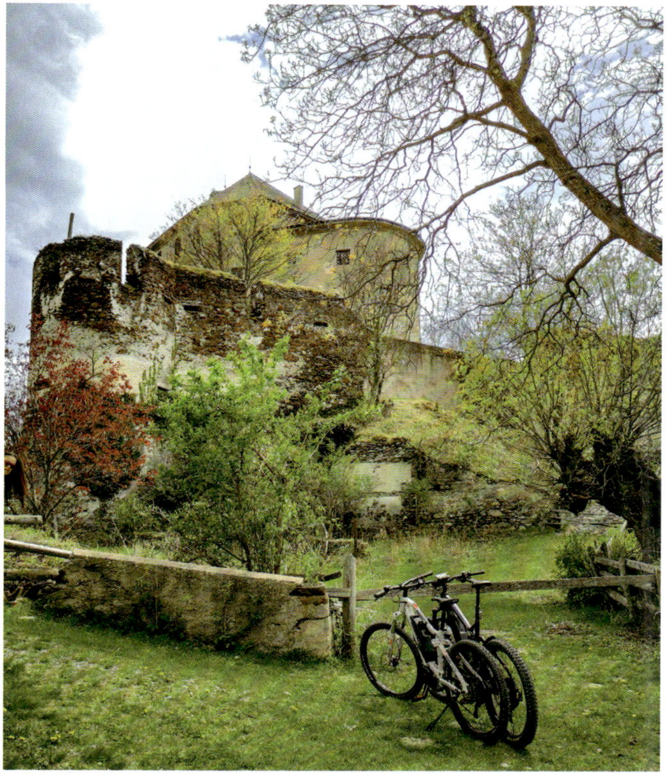

Schloss Annenberg liegt direkt auf dem Weg.

trifft, diesem folgen. Einfachere Waldwege wechseln sich mit schwierigeren Steinpassagen (teilweise S3) ab. Nach einer kurzen Asphaltquerung geht es über einen gebauten Trailabschnitt mit Anliegerkurven und später in einen flowigen, flacheren Teil über die Annenberger Böden. Anschließend wird man von einem schmalen Holzdurchgang ausgebremst, fährt über eine kurze steinige Passage, um dann das Bike über die Hängebrücke zu schieben. Vorbei an den Stoanamandln geht es nach Tiss und anschließend über Asphalt und den Radweg zurück nach Latsch. Sollte man vorher keine Lust mehr auf die Steigung haben oder sehen, dass die Zeit drängt, dann gibt es einige Zwischeneinstiege in den Tschilli- oder Montesole-Trail.
Die Share-the-trail-Passagen achten, Wanderer haben hier Vorrang!

HIGHLIGHTS

Schloss Goldrain

Die erste Station auf unserer Tour ist Schloss Goldrain, das seit 1987 als Bildungshaus fungiert. Es wurde Anfang des 14. Jahrhunderts erbaut und war im Besitz der Grafen Hendl; heute gehört es der Gemeinde Latsch. Im Zweiten Weltkrieg wurde es sogar als SS-Stützpunkt im Vinschgau genutzt. Leider sind viele Kostbarkeiten aus dem Schloss unwiederbringlich verloren gegangen, Zeitzeugen aus dem 16. Jahrhundert sind ein Kachelofen und in der Kapelle der Altar und der Chorstuhl.

Schloss Annenberg

Nach ca. 400 Höhenmetern erreichen wir Schloss Annenberg auf 1040 m, das im 13. Jahrhundert errichtet wurde. Nach dem Aussterben der Freiherren von Annenberg 1695 begann der Verfall des Bauwerks, bis es letztendlich zur Ruine wurde. Erst Sanierungsmaßnahmen um 1900 machten das Schloss wieder bewohnbar. Seit 2010 ist Annenberg im Besitz der Familie Fuchs.

Die Stoanmandln

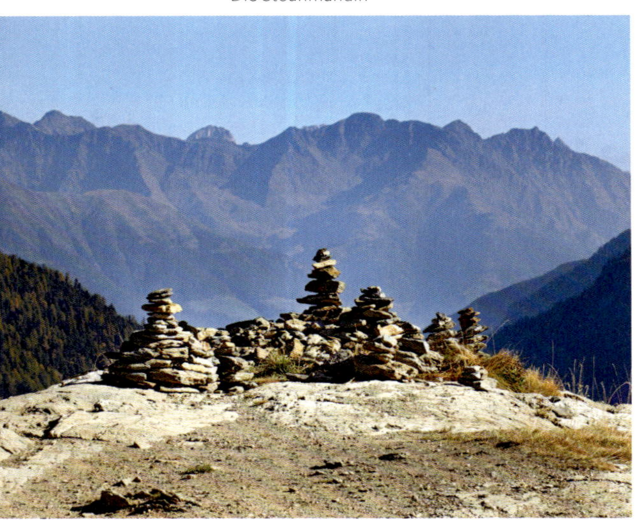

Wallfahrtskirche zum hl. Martin und Montesole-Trail

An der Bergstation haben wir die Möglichkeit, die Wallfahrtskirche zum hl. Martin zu besichtigen (nähere Infos dazu bei Tour Nr. 22, Seite 106), bevor wir uns in den Montesole-Trail stürzen. Dieser wurde bereits 2012 in Handarbeit und kleinen Baggerarbeiten geschaffen und im Herbst 2016 von den Traildoctors an einigen Stellen überarbeitet, um ihn flowiger zu machen. Dieser Trail heißt auch Sunny Benny (Sunny von Sonnenberg) und Benny wegen Benny Plesak († 2012 mit 18 Jahren durch einen Lawinenabgang). 2014 wurde vom Tourismusverein ein Beschilderungskonzept eingeführt, das den Trail Montesole taufte. Bis heute gelten beide Namen.

Die Stoanamandln

Bergab begegnen wir noch den Stoanamandln, die im alpinen Raum oft zu finden sind; diese „geschichteten Steine" sollen seit jeher als Orientierungspunkte im Gelände gegolten haben und sind somit die Vorgänger von Wegmarkierungen (... und GPS 🙂). Einen Stein dazulegen soll Glück bringen ...

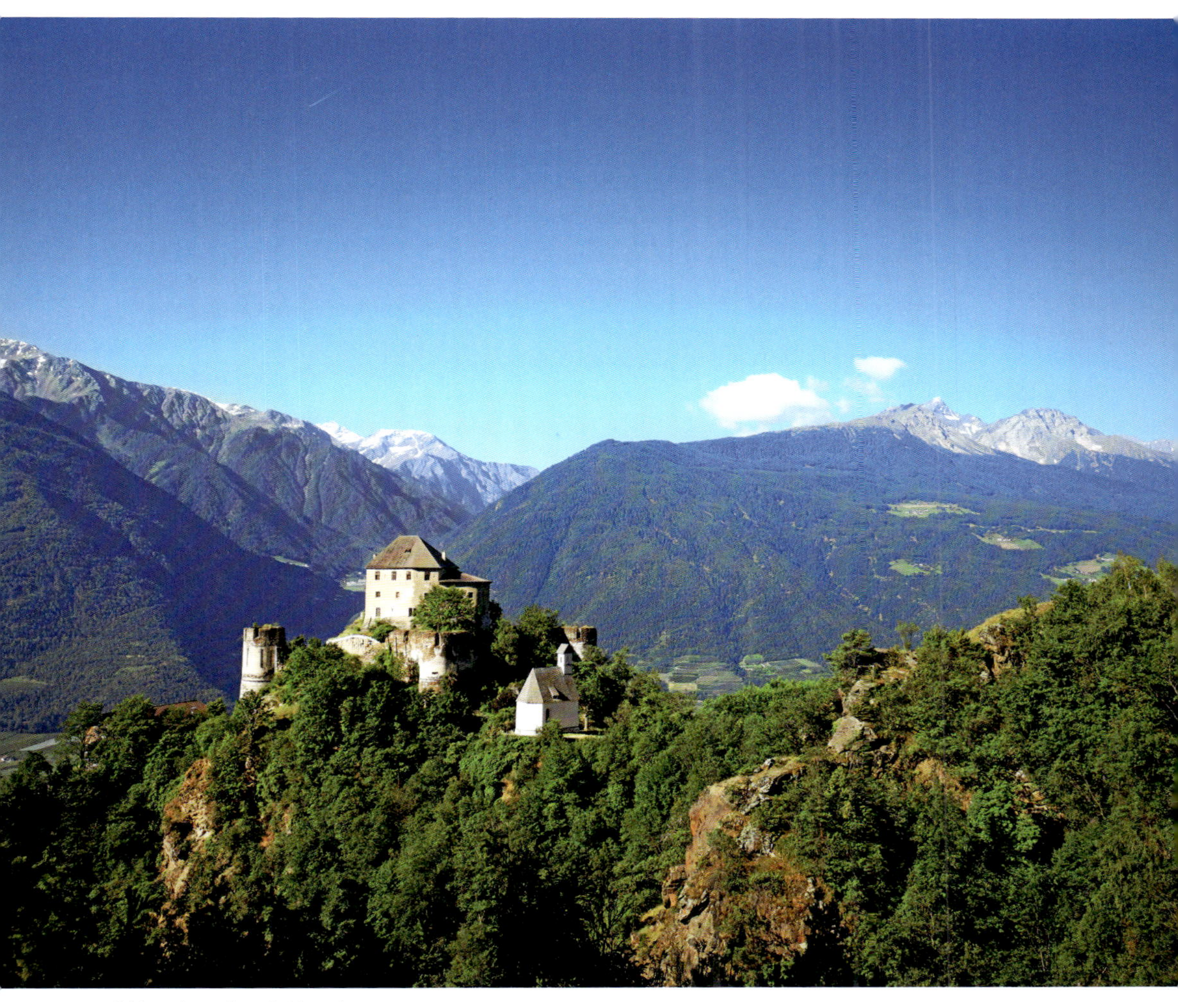

Schloss Annenberg bei Latsch

GENIESSEN

Einkehrmöglichkeiten gibt es im Berggasthof St. Martin, Hofschank Oberkaser, Egghof und an der Talstation der Seilbahn.

INFO

Wer als Aufstiegshilfe lieber die Seilbahn benützt, muss sich an die für Biker vorgesehenen Zeiten halten (7–8.30 und 15–18 Uhr)!

LATSCHER TRAILZAUBER

Start + Ziel AquaForum Latsch, 639 m
Höchster Punkt 900 m
Strecke 11 km
Hm bergauf 400
Hm bergab 400
Zeit MTB 2 Std.
Zeit E-MTB 1 Std. 30 Min.
Schwierigkeit ●●○○○
E-Bike-Akkus 1
Anhängertauglich nein

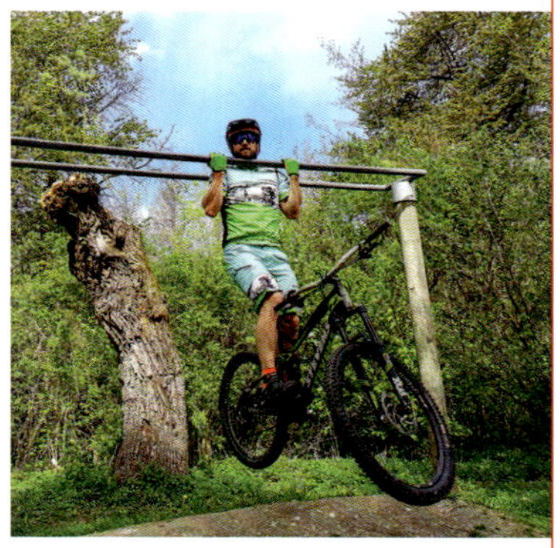

Anfahrt

 Mit dem Fahrrad über die Claudia Augusta (Vinschger Radweg) bis nach Latsch, dort bis ins Zentrum und dann weiter Richtung AquaForum Latsch.

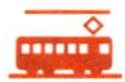 Mit dem Zug bis zum Bahnhof Latsch, dort ca. 5 Minuten durch das Zentrum und der Beschilderung AquaForum folgen.

 Mit dem Auto über die Vinschgauer Staatsstraße bis nach Latsch, durch das Zentrum bis zum AquaForum.

Diese Trailrunde bietet sowohl flowige als auch technische Passagen und eignet sich perfekt als Halbtagestour. Durch die Burgruinen Obermontani und Untermontani, die mit dem geschichtsträchtigen Nibelungenlied in Verbindung stehen, und die Kapelle St. Stephan wird diese Runde auch kulturgeschichtlich interessant.

Tourenbeschreibung

Insgesamt bietet diese Runde zwar wenige Höhenmeter, diese werden jedoch oft auf knackig steilen Gegenanstiegen, die manchmal auch technisch fordernd sind, überwunden.
Achtung: Vor allem auf den schmalen Stellen die Geschwindigkeit anpassen, da es viele Share-the-trail-Passagen gibt.
Vom Aquaforum (Nahe Zentrum Latsch) über einen Schotterweg und anschließend über den Trimm-Dich-Pfad und die Rehpromenade hinauf zum Speicherbecken. Vor der kleinen Brücke rechts auf den Trail durch den Wald entlang des Jägersteigs und des Neuwaals bis zur Burgruine Obermontani. Hier unbedingt die Aussicht genießen. Optional kann man einen Abstecher

Eine der schmalen Stellen auf dem Trail

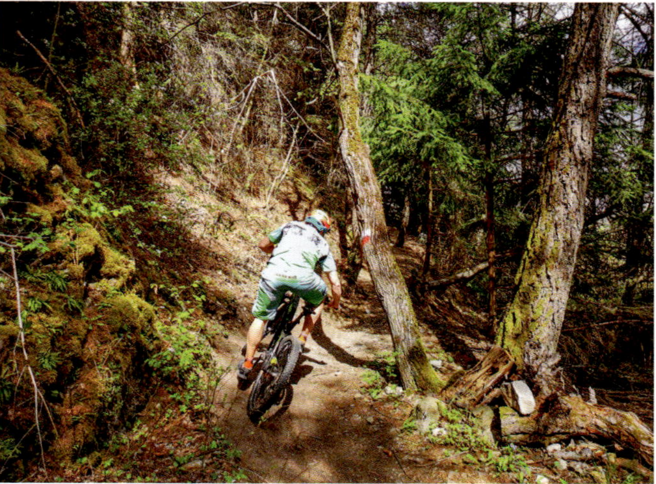

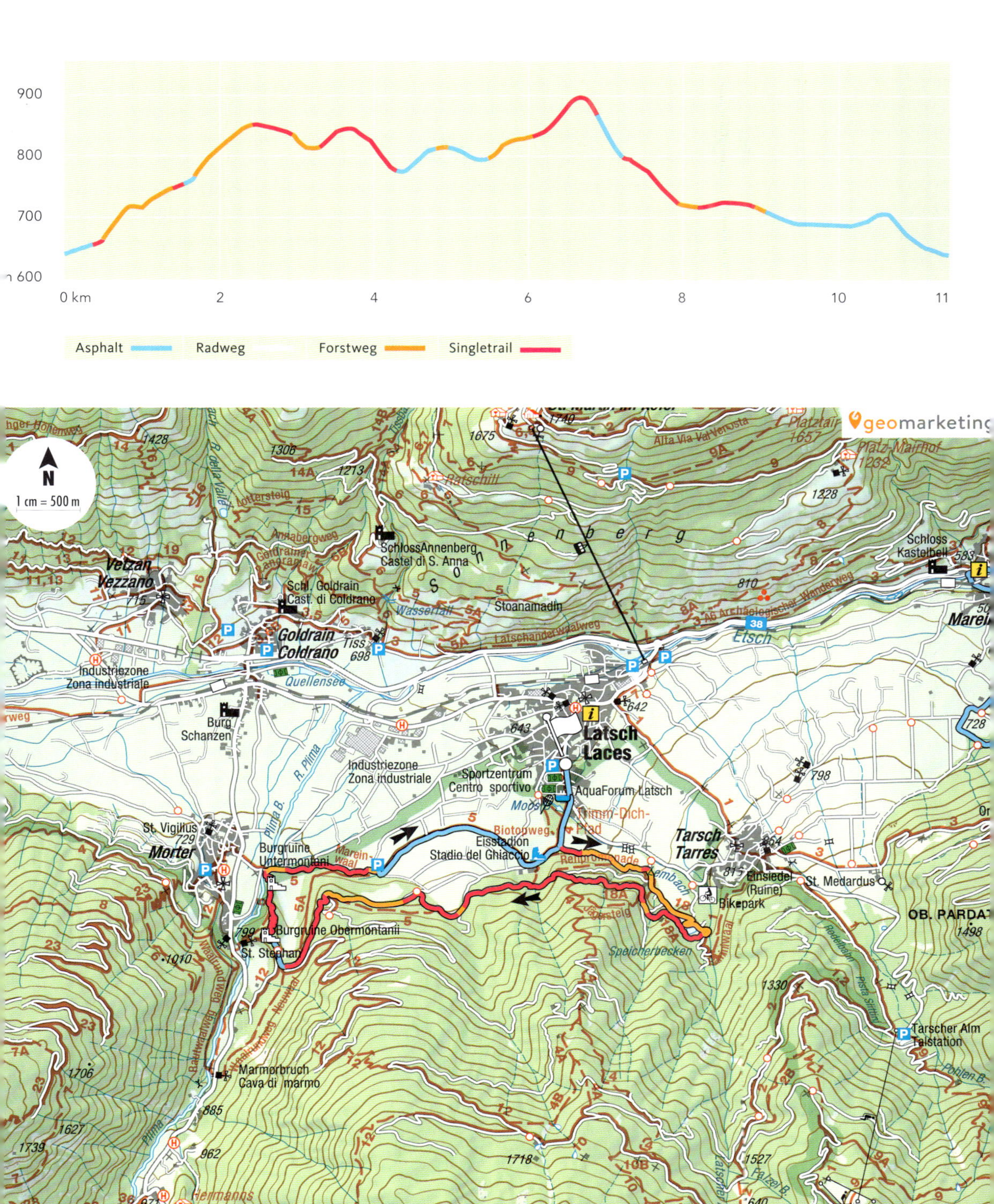
900
800
700
600
0 km
2
4
6
8
10
11
Asphalt
Radweg
Forstweg
Singletrail
geomarketing
N
1 cm = 500 m
Latsch
Laces
Goldrain
Coldrano
Morter
Tarsch
Tarres
Vetzan
Vezzano
Schl. Goldrain
Cast. di Coldrano
SchlossAnnenberg
Castel di S. Anna
Industriezone
Zona industriale
Burg
Schanzen
Quellensee
Sportzentrum
Centro sportivo
AquaForum Latsch
Trimm-Dich-Pfad
Eisstadion
Stadio del Ghiaccio
Biotopweg
Burgruine
Untermontani
Burgruine Obermontani
St. Stephan
St. Vigilius
Marein-waal
Einsiedel
(Ruine)
Bikepark
St. Medardus
Speicherbecken
Marmorbruch
Cava di marmo
Tarscher Alm
Talstation
Schloss
Kastelbell
Stoanamadln
Wasserfall
Latschanderwaalweg
Etsch
OB. PARDAT
Platz-Mairhof
Ratschill

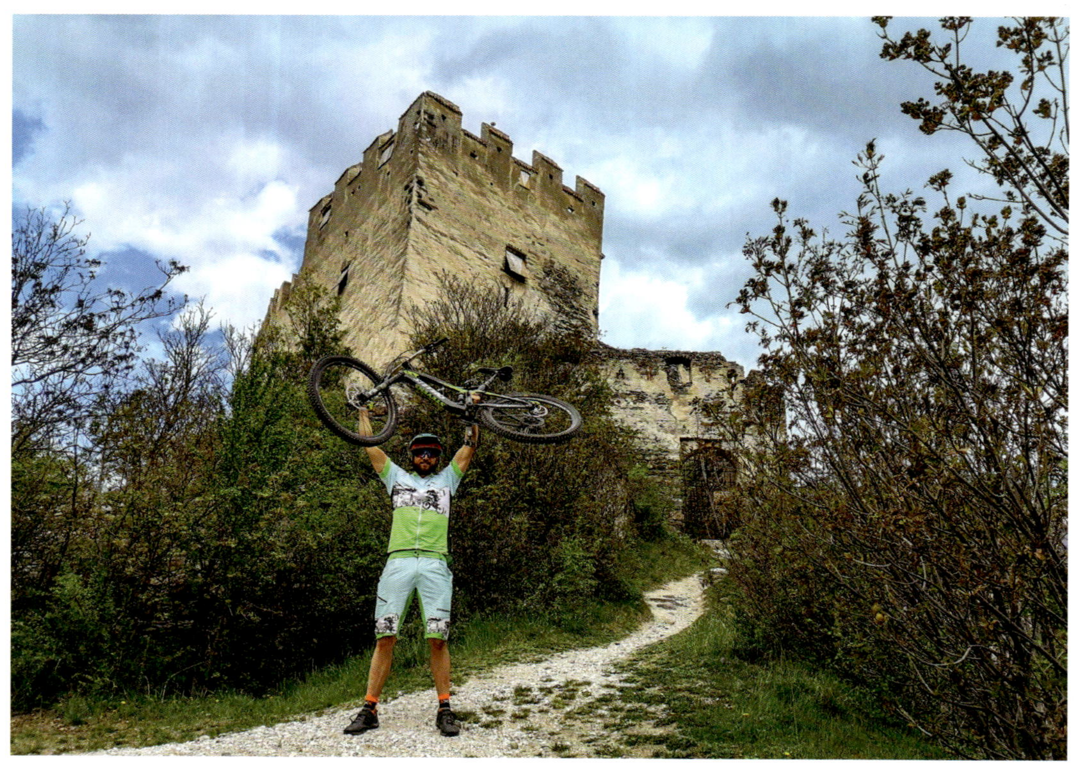

Die Burgruine Obermontani

INFO

Diese Tour weist nur den Schwierigkeitsgrad S1 auf. Trotzdem sind einige kurze Trailpassagen nicht zu unterschätzen. Abschnittsweise wird der Weg sehr schmal und ist auch etwas ausgesetzt.

nach links zur Kapelle St. Stephan mit ihren ausnehmend gut erhaltenen Fresken machen (Achtung: Öffnungszeiten beachten!) oder man folgt dem Ruf des Spitzkehrentrails sofort und schlängelt sich bis zur Burgruine Untermontani. Weiterhin der Beschilderung Latscher Trailzauber folgend gelangt man auf den Mareinwaal und schließlich zum Bierkeller. Ab hier führen relativ ebene und teilweise asphaltierte Wege durch Apfelwiesen zurück zum Ausgangspunkt in Latsch.

Nach der Stärkung bei einem guten Essen kann man noch einen Sprung ins kühle Nass (AquaForum) wagen oder auch die Tour erweitern (siehe Tour Holy-Hansen-Trail, Seite 124).

Die beiden Waalabschnitte sind künstlich angelegte Kanäle, die vor allem im niederschlagsarmen Vinschgau zur Bewässerung der Obstwiesen genutzt werden.

HIGHLIGHTS

Die Burgruine Obermontani

In der Burgruine Obermontani, die zurzeit wegen Einsturzgefahr nicht zugänglich ist, wurde im 19. Jahrhundert eine Originalhandschrift des Nibelungenliedes aus dem Jahre 1323 sichergestellt und wird nun in der Berliner Staatsbibliothek aufbewahrt. Aktuell ist die Burg im Besitz des Landes Südtirol. Durch Witterungseinflüsse verfällt die Kulturstätte zusehends.

Die Kapelle St. Stephan

Zirka 150 m westlich befindet sich die Kapelle St. Stephan, die sich zwar nicht direkt auf unserem Weg befindet, aber dennoch einen Abstecher wert ist. Der gesamte Innenraum ist mit sehr gut erhaltenen Fresken bedeckt. Besichtigen kann man diese von Ostern bis Ende Oktober jeweils freitags und samstags von 14.30 bis 17.30 Uhr gegen den Eintrittspreis von ca. drei Euro. Ansonsten ist die kleine Kapelle leider verschlossen und wird nur auf spezielle Anmeldung geöffnet.

Die Burganlage Untermontani

Auf demselben Felsrücken wie St. Stephan und Obermontani befindet sich die kleinere Burganlage Untermontani, die im Anschluss an die Fertigstellung der Burg Obermontani erbaut wurde. Zu Beginn des 19. Jahrhunderts wurde sie von der entlangfließenden Plima unterspült, so dass sie größtenteils einstürzte und bis heute vollkommen zerfallen ist.

GENIESSEN

Fast am Ende unseres Weges liegt der Bierkeller Latsch, in dem man sich mit Südtiroler Gerichten und einem frischgezapften Bier stärken kann.

Einstieg in den Spitzkehrentrail bei der Burg Obermontani

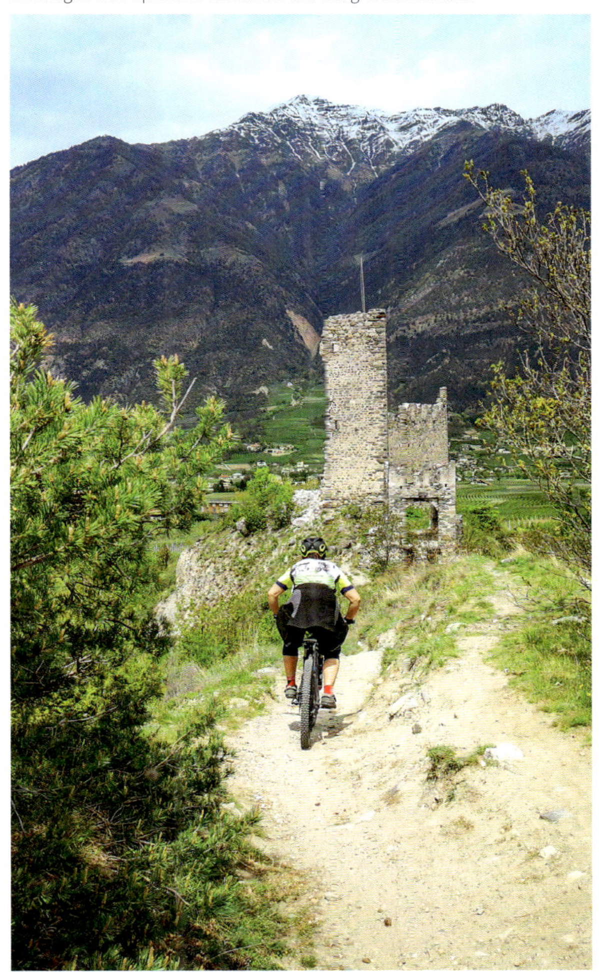

UPHILL ST. MARTIN IM KOFEL MIT ANNENBERG-EASY-TRAIL

Start + Ziel Latsch, Talstation Seilbahn St. Martin im Kofel, 640 m
Höchster Punkt 1739 m
Strecke 29 km
Hm bergauf 1200
Hm bergab 1200
Zeit MTB 3 Std. 40 Min.
Zeit E-MTB 2 Std. 30 Min.
Schwierigkeit ●●○○○
E-Bike-Akkus 1
Anhängertauglich nein

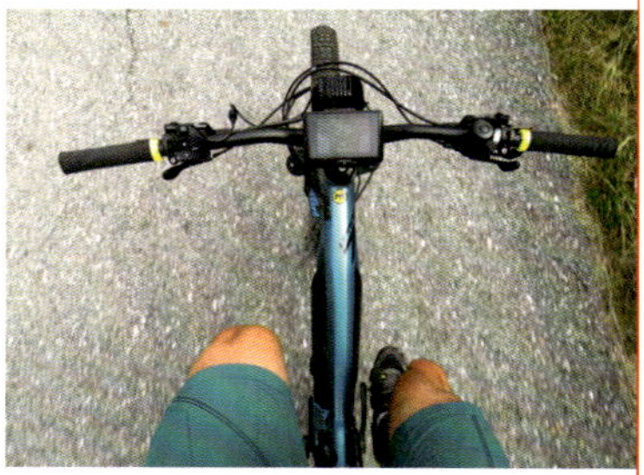

Anfahrt

 Mit dem Rad über die Claudia Augusta bis zur Talstation der Seilbahn St. Martin im Kofel in Latsch.

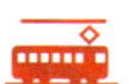 Mit dem Zug bis zum Bahnhof Latsch, dort ca. 2 Minuten bis zur Talstation der Seilbahn St. Martin im Kofel.

 Mit dem Auto über die Vinschgauer Staatsstraße bis nach Latsch, dort zur Talstation St. Martin im Kofel.

Latsch hat sich als Endurogebiet weltweit einen Namen gemacht, die hier gezeigte Tour ist aber auch ohne Protektoren fahrbar. Der Fahrradtransport mit der Seilbahn ist nur zu bestimmten Zeiten möglich (siehe Homepage!). Gut, dass man als E-Biker den Anstieg bis zum Wallfahrtskirchlein St. Martin selbst erkurbeln kann …

Tourenbeschreibung

Von der Seilbahn aus dem Radweg Richtung Meran folgen; im Nachbarort Kastelbell beginnt der Anstieg über die Straße. Da man sich hier am Sonnenberg befindet, empfiehlt es sich zumindest im Sommer, die heißeste Tageszeit zu meiden, im Frühjahr und Herbst ist es hier herrlich. Die Straße berghoch teilt sich eigentlich nur einmal (nicht Richtung Trumsberg fahren, sondern nach St. Martin), weiter links haltend. Der Straße folgen bis zum höchsten Punkt, der Bergstation der Seilbahn St. Martin im Kofel.
Hier gibt es eigentlich nur ein Gasthaus und die kleine Kirche. Der erste Teil erfolgt auf demselben Weg zurück ins Tal, bis auf 1500 m Meereshöhe bei einer Ausbuchtung der Annenberg-Easy-Trail nach rechts startet. Nach dem Trailabschnitt geht es auf eine recht steile Forststraße zum Namensgeber des Downhills: Annenberg. Hier nie zu viel Geschwindigkeit aufkommen lassen, um immer auf der sicheren Seite zu sein. Rund um Schloss Annenberg gibt es viele schöne Panorama- und Fotospots. Danach der Straße bis nach Goldrain folgen und über den Talradweg zurück nach Latsch.

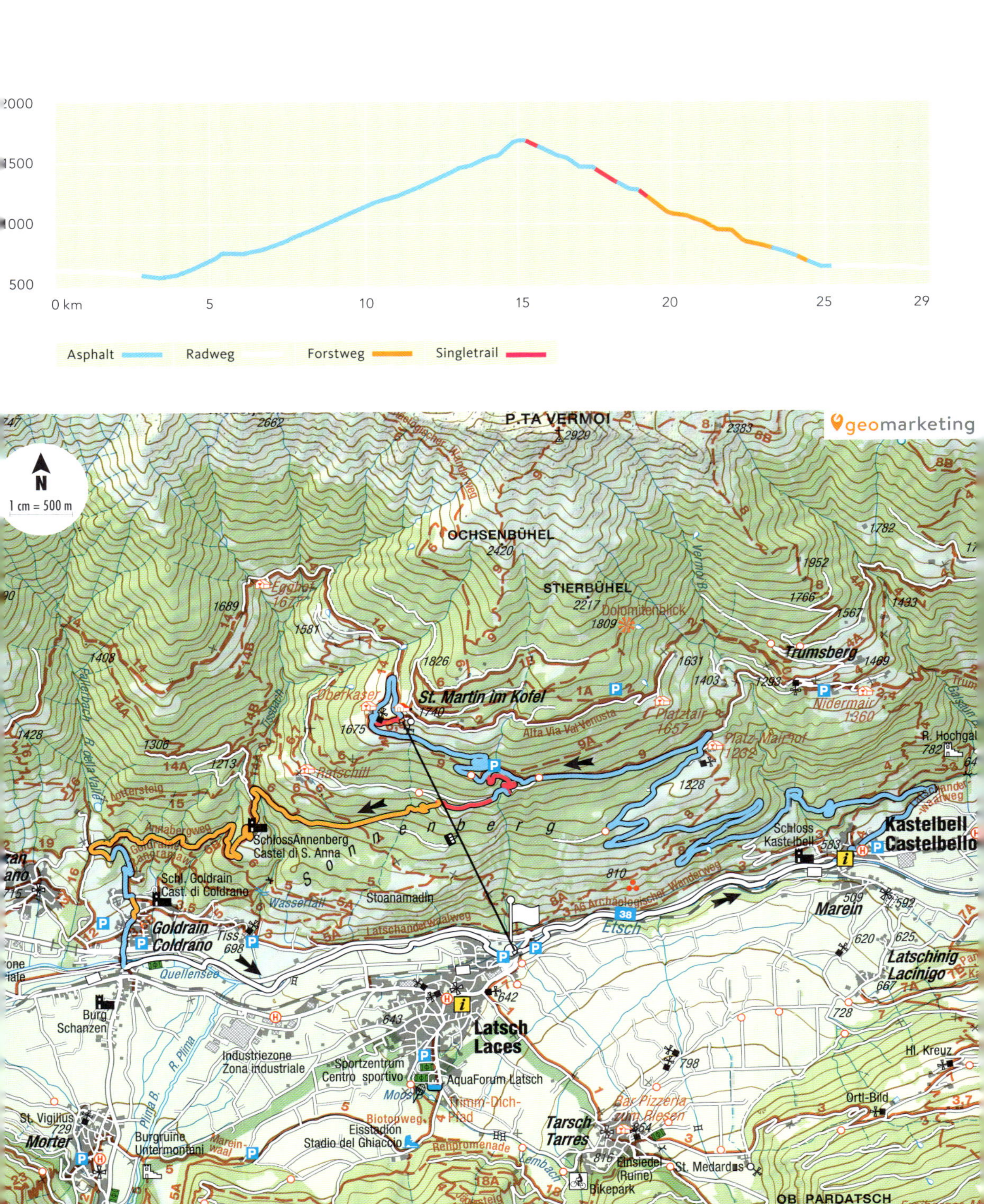

2000
1500
1000
500
0 km
5
10
15
20
25
29
Asphalt
Radweg
Forstweg
Singletrail
geomarketing
1 cm = 500 m
P.TA VERMOI
OCHSENBÜHEL
STIERBÜHEL
St. Martin im Kofel
Trumsberg
Kastelbell
Castelbello
Marein
Latschinig
Lacinigo
Latsch
Laces
Goldrain
Coldrano
Morter
Tarsch
Tarres
Schloss Annenberg
Castel di S. Anna
Schl. Goldrain
Cast. di Coldrano
Schloss Kastelbell
Industriezone
Zona industriale
Sportzentrum
Centro sportivo
AquaForum Latsch
Eisstadion
Stadio del Ghiaccio
Burg Schanzen
Burgruine Untermontani
St. Vigilius
Einsiedel (Ruine)
St. Medardus
Bikepark
OB. PARDATSCH
Etsch

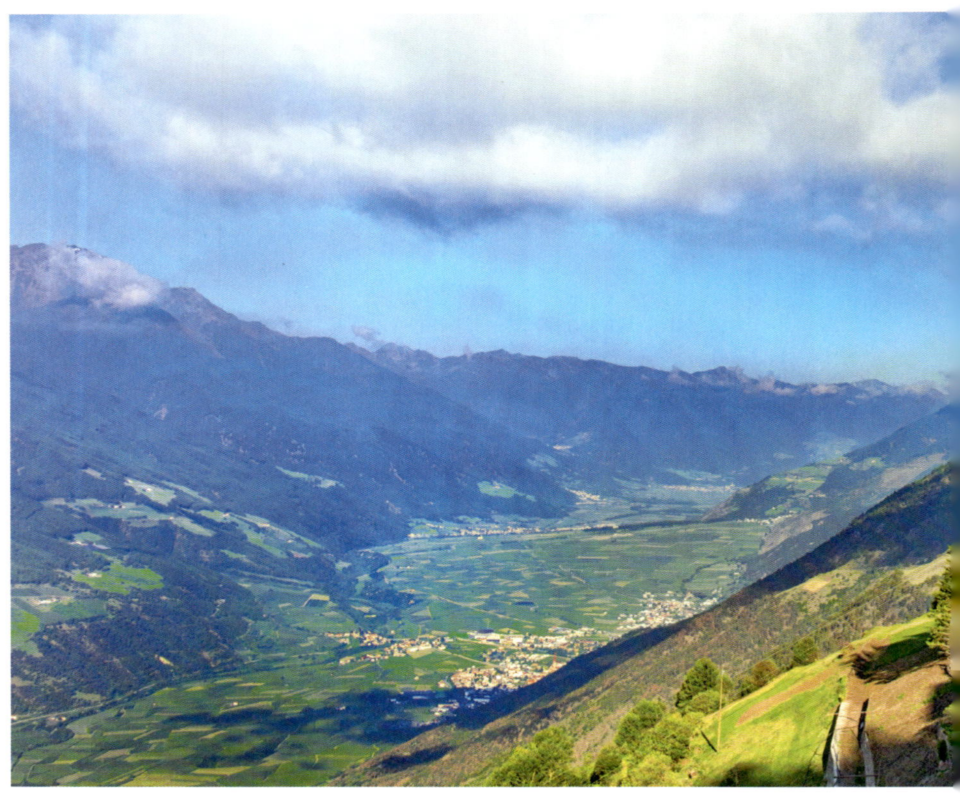

HIGHLIGHTS

St. Martin im Kofel

St. Martin im Kofel ist eine Fraktion der Gemeinde Latsch und weist mit 1736 m zusammen mit den Höfen am Naturnser Sonnenberg die größte Siedlungshöhe der Ostalpen auf. Der Ort mit ca. 130 Einwohnern besteht aus der Seilbahnstation, der Grundschule, einem Bauernhof, einer Handvoll Neubauten und natürlich der einfachen Kirche, die dem heiligen Martin geweiht ist. Zu diesem Wallfahrtsort pilgerten früher besonders Bauern, um hier für ihr Vieh und die Ernte zu beten. Die im 16. Jahrhundert in den steilen Hang gebaute Kirche besitzt einige Wandmalereien und interessante Votivbilder, die den heiligen Martin verehren. Das Örtchen heißt St. Martin im Kofel, da dieser neben dem Hochaltar in einer Steinhöhle verehrt wird. Den Patron, der aufgrund seiner Vita als Schutzheiliger der Reisenden, der Armen und Bettler sowie der Reiter gilt, kann man zusammen mit dem Bettler, dem er letztendlich die Hälfte seines roten

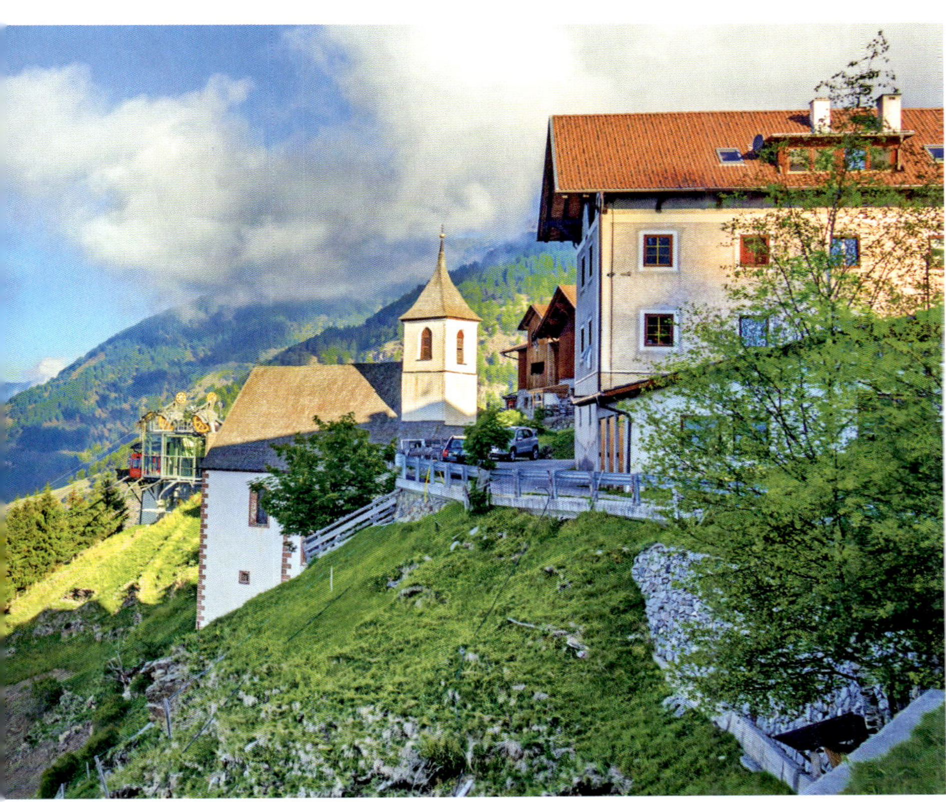

Die Bergstation St. Martin im Kofel mit Blick in den Vinschgau

Mantels schenkte, noch einmal im Schiff des Kirchleins in weißem Marmor bewundern. Im gesamten Land wird am 11. November Martini gefeiert und die Kinder ziehen an jenem Abend mit ihren selbst gebastelten Laternen durch die Dunkelheit und singen und erzählen von St. Martin.

Seilbahn St. Martin im Kofel

1959 wurde die Seilbahn nach St. Martin im Kofel erbaut, 2002 mit modernster Technik komplett erneuert und befördert so ihre Passagiere in 8 Minuten von 600 auf 1700 m Meereshöhe. Sie stellt eine enorme Erleichterung für die Einwohner dar, da diese ihrer Erwerbstätigkeit doch meistens im Tal nachgehen. Die steilen Wege werden heute nur mehr als „Uphill-Fitnesswege" genutzt und jeder passionierte Bergläufer kennt die Zeit, die er benötigt um die 1100 Höhenmeter zu überwinden. Bergab wird dann meist die Seilbahn genutzt ... ganz anders als bei den Mountainbikern. 🙂

TARSCHER ALM MIT BARBAROSSATRAIL

Start + Ziel AquaForum Latsch, 639 m
Höchster Punkt 1950 m
Strecke 22 km
Hm bergauf 1300
Hm bergab 1300
Zeit MTB 3 Std. 40 Min.
Zeit E-MTB 2 Std. 20 Min.
Schwierigkeit ●●○○○
E-Bike-Akkus 1
Anhängertauglich ja, aber nur ohne Trailabfahrt Barbarossa

Anfahrt

 Mit dem Fahrrad über die Claudia Augusta (Vinschger Radweg) bis nach Latsch, dort bis ins Zentrum und dann weiter Richtung Aqua-Forum Latsch.

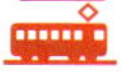 Mit dem Zug bis zum Bahnhof Latsch, dort ca. 5 Minuten durch das Zentrum und der Beschilderung AquaForum folgen.

 Mit dem Auto über die Vinschgauer Staatsstraße bis nach Latsch, durch das Zentrum bis AquaForum und dort parken.

Die Tour zur Tarscher Alm war schon immer lohnenswert. Auf dem Weg dorthin liegt in Tarsch das kleine Kirchlein St. Karpophorus, dessen romanischer Glockenturm etwas ganz Besonderes ist. Seit 2019 gibt es mit dem Barbarossatrail nun auch einen gebauten Flowtrail bergab ...

Tourenbeschreibung

Beim Aquaforum die Hauptstraße Richtung Tarsch nehmen. Durch das Dörfchen hindurch und hinauf bis zur Talstation der Liftanlage Tarscher Alm. Diese fährt auch im Sommer und bringt einen direkt auf die Tarscher Alm. Auch eine Option, wenn man den Barbarossatrail öfters rocken möchte oder sich auf die weit schwierigeren Trails Tarscher Alm oder Roatbrunn wagt. Wer kein Trailfan ist, folgt einfach der Forststraße. An der Kreuzung zwischen Latscher und Tarscher Alm ist beides möglich, wir folgen der Beschilderung zur Tarscher Alm. Hier ist der höchste Punkt der Tour erreicht. Für den Barbarossatrail wieder runterrollen und in der ersten Kurve links auf den Trail einbie-

Der Barbarossatrail

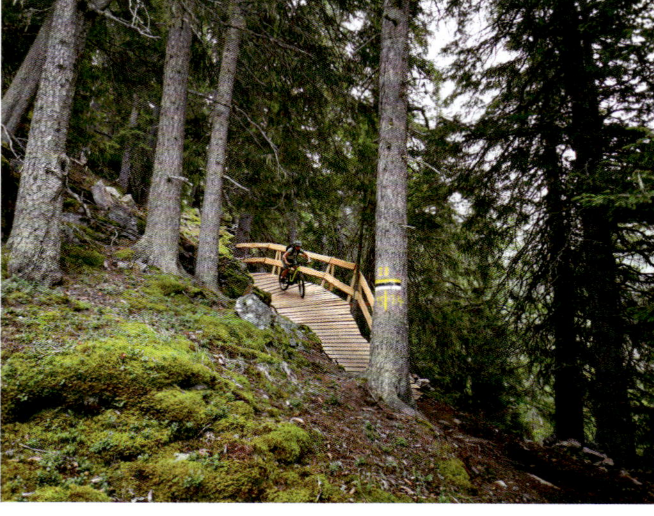

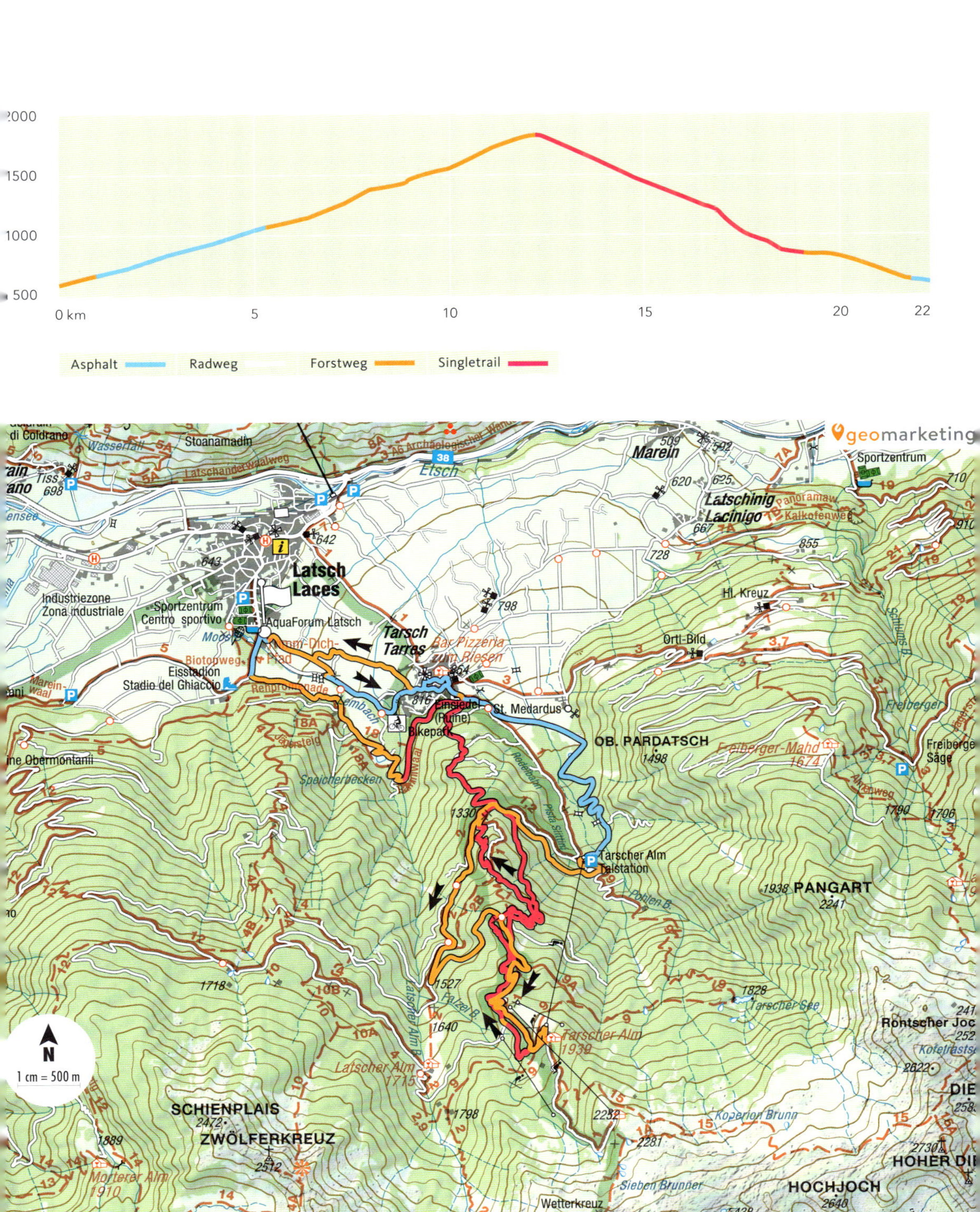

2000
1500
1000
500
0 km
5
10
15
20
22
Asphalt
Radweg
Forstweg
Singletrail
geomarketing
Stoanamadin
Wasserfall
Latschanderwaalweg
Archäologischer Wanderweg
Etsch
Marein
Latschinig
Lacinigo
Panoramaw
Kalkofenweg
Sportzentrum
Tiss
Latsch
Laces
Industriezone
Zona industriale
Sportzentrum
Centro sportivo
AquaForum Latsch
Biotopweg
Eisstadion
Stadio del Ghiaccio
Tarsch
Tarres
Bar Pizzeria zum Riesen
Einsiedel (Ruine)
Bikepark
St. Medardus
Hl. Kreuz
Ortl-Bild
OB. PARDATSCH
Freiberger-Mahd
Freiberger Säge
Speicherbecken
Tarscher Alm Talstation
Pohlen B.
PANGART
Tarscher See
Tarscher Alm
Latscher Alm
Rontscher Joc
Kofelrastse
SCHIENPLAIS
ZWÖLFERKREUZ
Morterer Alm
Koperion Brunn
Sieben Brunner
Wetterkreuz
HOCHJOCH
HOHER DI
N
1 cm = 500 m

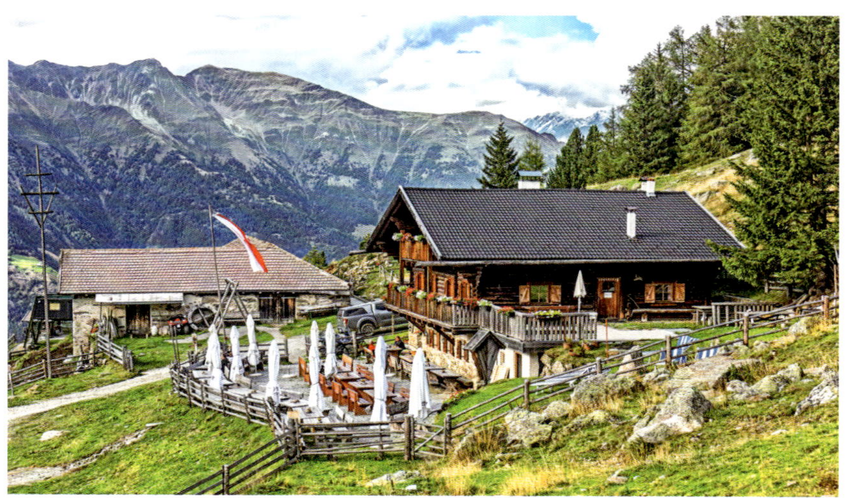

Die Tarscher Alm

TIPP

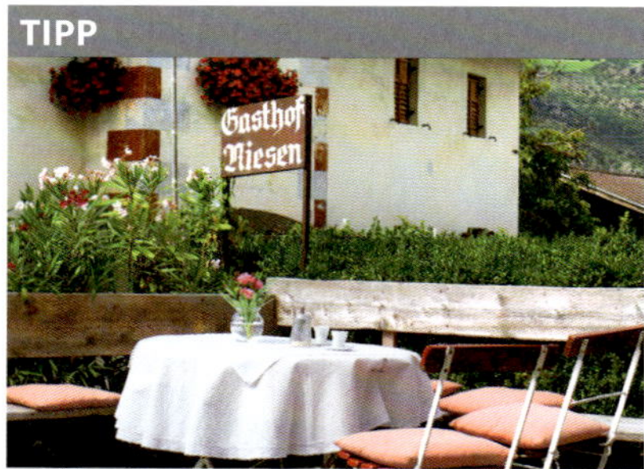

BAR PIZZERIA ZUM RIESEN, 750 m

Dieses Traditionshaus wurde urkundlich im Jahre 1478 belegt und wird seit kurzem von einem jungen, engagierten Team geführt. Hausgemachte Kuchen und eine große Auswahl an Pizzas sind hier selbstverständlich, aber auch die „Pizza des Tages“ stellt ein willkommenes Highlight dar. Für größere Gruppen wird auch mittags gekocht und entweder auf der Terrasse im Schatten eines alten Baumes oder in den gemütlichen Stuben serviert.

Brunnenweg, 1
I-39021 Latsch-Tarsch (BZ)
T +39 0473 860818
mirjam.goetsch@icloud.com

Ganzjährig geöffnet
Ruhetag: Montag bis Dienstag, 16 Uhr

E-BIKE

gen. Dieser kreuzt zwar mehrfach die Forststraße und andere Wege, ist aber vorbildlich ausgeschildert und kann nicht verfehlt werden. Auf diesem neu angelegten Flowtrail kommen sowohl Anfänger als auch Fortgeschrittene auf ihre Kosten. Kurz vor der Talstation der Liftanlage kommt man wieder auf den Forstweg. Ab der Liftanlage auf demselben Weg zurück wie bei der Anfahrt. Von der Tarscher Alm aus kann auch der Verbindungsweg zur Latscher Alm genommen und dort über die Zufahrt abgefahren werden. Auch hier kommt man wieder in der Nähe des Aquaforums heraus.

HIGHLIGHTS

Die Tarscher Alm

Die Tarscher Alm lockt mit einer leckeren Marende in der Almlounge, die man sich nach knackigen Anstiegen auf der Forststraße auch wohl verdient hat. Außerdem warten spannende Trailoptionen sowohl für den Anfänger als auch den passionierten Biker. Auf dem Weg findet sich sogar ein lauschiger Picknickplatz im Wald für eine romantische Auszeit.

St. Karpophorus in Tarsch

Außerdem auf der Route: das kleine Kirchlein St. Karpophorus in Tarsch mit einem der schönsten romanischen Glockentürme in ganz Tirol. 1214 schenkte Kaiser Friedrich diesen Sakralbau dem Deutschen Ritterorden, welcher die Kirche noch heute besitzt. Zum Patrozinium am 20. August wird jedes Jahr ein Festgottesdienst in dem kleinen Kirchlein abgehalten. Der Heilige Karpophorus hatte drei Brüder (Severus, Severianus und Victorinus) und ist mit ihnen zusammen im Zuge der diokletianischen Verfolgung um den christlichen Glauben willen in Rom zu Tode gegeißelt worden (um 305). Da man lange ihre Namen nicht kannte, wurden sie die vier Gekrönten genannt. St. Karpophorus bleibt trotzdem ein wenig bekannter römischer Märtyrer.

Das St.-Karpophorus-Kirchlein ist Teil des länderübergreifenden Projektes: alpine Straße der Romanik – Stiegen zum Himmel; es ist ein Netzwerk jener Stätten, die Kultur und Kunst der Romanik eint. Dieser Zusammenschluss umfasst 25 romanische Bauten, wobei der Großteil davon, ganze 18 Kulturstätten, im Vinschgau zu verzeichnen sind; darunter Kloster Marienberg und die St.-Prokulus-Kirche bei Naturns.

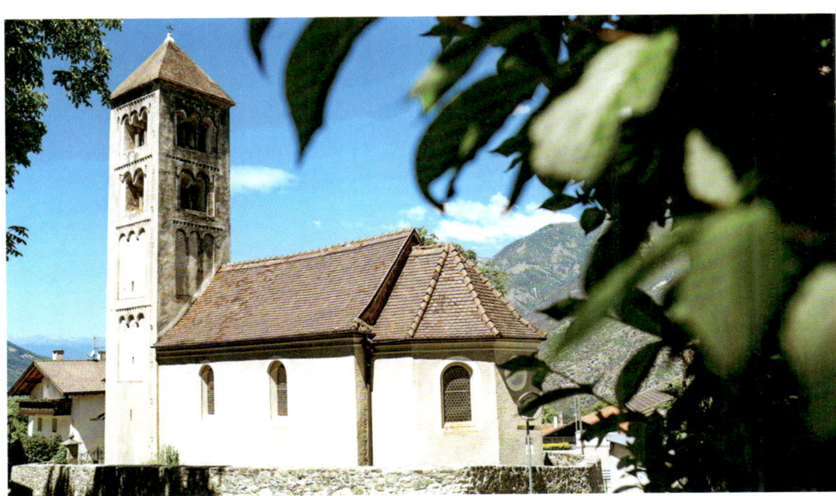

Das St.-Karpophorus-Kirchlein in Tarsch

MARZONER-ALM-GENUSSTOUR

Start + Ziel Tschars, Bahnhof, 560 m
Höchster Punkt 1620 m
Strecke 26 km
Hm bergauf 1090
Hm bergab 1090
Zeit MTB 3 Std. 20 Min.
Zeit E-MTB 2 Std. 10 Min.
Schwierigkeit ●●○○○
E-Bike-Akkus 1
Anhängertauglich nein

Die Marzoner Alm ist je nach Fahrtrichtung Start- oder Endpunkt der Tour Meran-Highline (Seite 116). Aber auch für sich ist die Alm eine Tour wert: Bestes Südtiroler Essen und ein sensationeller Ausblick auf die Sonnenseite des Vinschgaus locken Biker und Wanderer.

Tourenbeschreibung

Vom Bahnhof in Tschars der Straße in gerader Linie bis zum Anstieg auf den Nörderberg folgen. Auf der Straße Richtung Tomberg hinauf und auf ca. 1400 m Meereshöhe, kurz vor dem Schartegg rechts abbiegen. Diese letzten 100 m Meereshöhe befinden sich auf einem schmaleren Weg, der ein paar kurze steile Rampen hat, aber für das E-Bike kein Problem darstellen. Nach einer Rast und Aussicht von der Terrasse der Marzoner Alm auf dem Weg in westlicher Richtung weiter und auf dem Zufahrtsweg über die Freiberger Säge hinunter bis Latschinig. Über die gleichnamige Straße bis nach Kastelbell und nach der Brücke über die Etsch der Claudia Augusta zurück nach Tschars.

Flowige Abfahrt durch Wiesen und Wälder

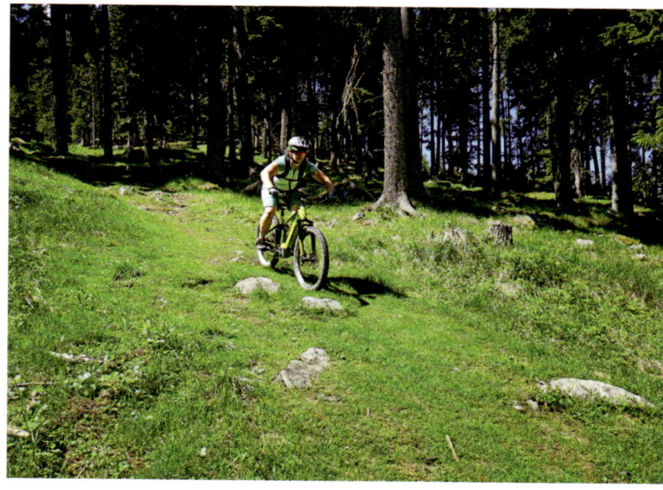

Anfahrt

 Mit dem Fahrrad auf der Claudia Augusta bis nach Tschars.

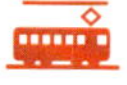 Mit dem Zug bis zum Bahnhof Tschars.

 Mit dem Auto auf der Staatsstraße bis nach Tschars, dann zum Bahnhof.

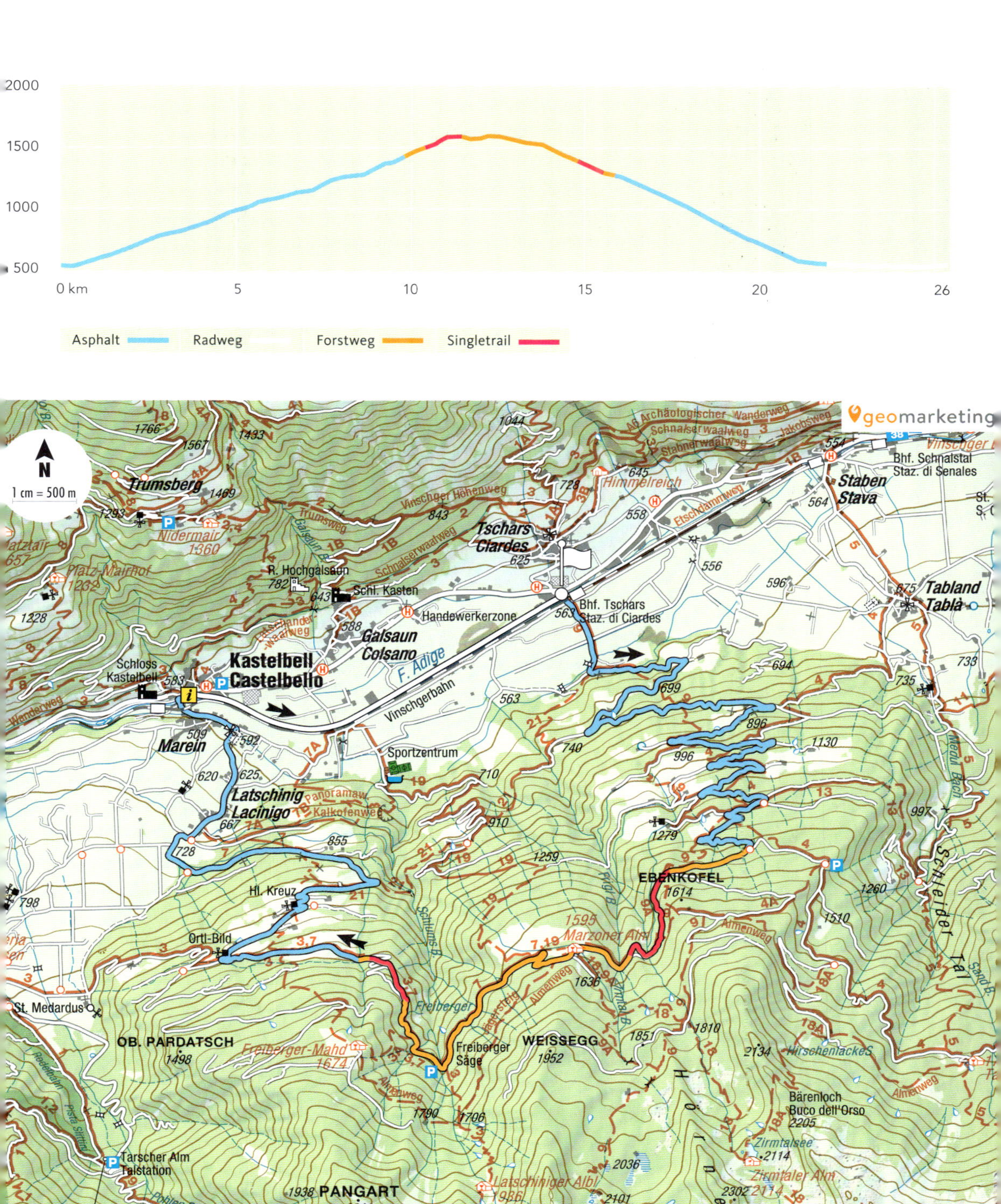

2000
1500
1000
500
0 km
5
10
15
20
26
Asphalt
Radweg
Forstweg
Singletrail
geomarketing
1 cm = 500 m
N
Trumsberg
Nidermair 1360
Platz-Mairhof 1232
Vinschger Höhenweg
Schnalserwaalweg
R. Hochgalsaun 782
Schl. Kasten
Galsaun Colsano
Kastelbell Castelbello
Schloss Kastelbell
Marein
Latschinig Lacinigo
Panoramaweg
Kalkofenweg
Handewerkerzone
F. Adige
Vinschgerbahn
Sportzentrum
Tschars Ciardes
Bhf. Tschars Staz. di Ciardes
Himmelreich
Etschdammweg
Staben Stava
Bhf. Schnalstal Staz. di Senales
Tabland Tablà
Archäologischer Wanderweg
Hl. Kreuz
Ortl-Bild
St. Medardus
OB. PARDATSCH
Freiberger-Mahd 1674
Freiberger Säge
Marzoner Alm
EBENKOFEL 1614
WEISSEGG 1952
Almenweg
Jägersteig
Zirmtal B.
Hirschenlacke
Bärenloch Buco dell'Orso 2205
Zirmtalsee 2114
Zirmtaler Alm
Latschiniger Albl 1986
PANGART 2241
Tarscher Alm Talstation
Schleider Tal

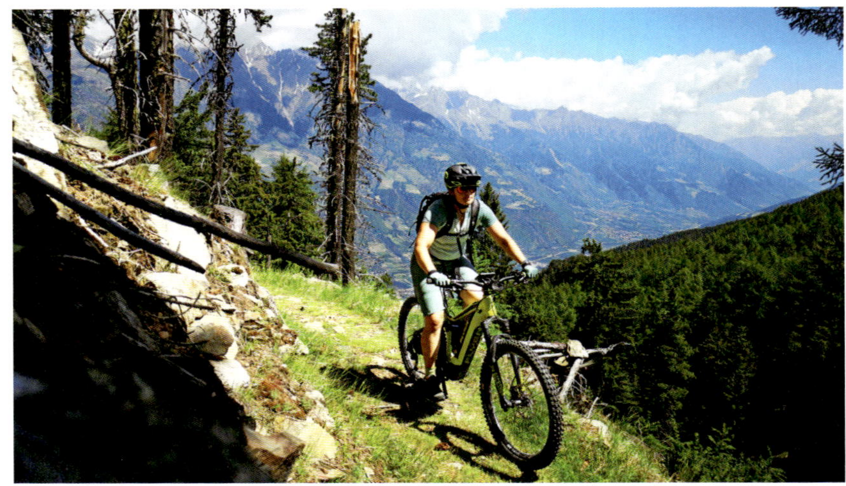

Auf der Meran-Highline

TIPP

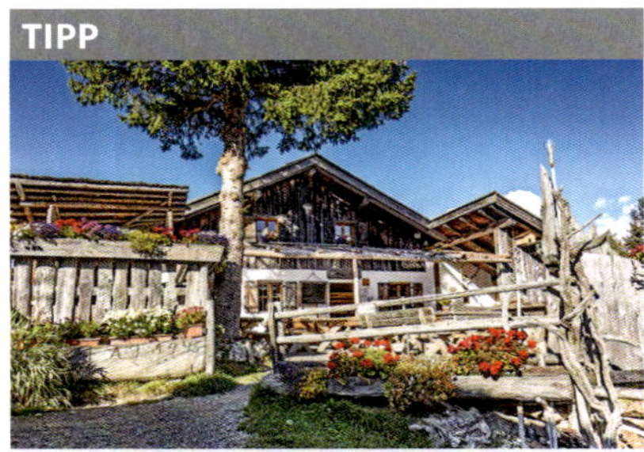

MARZONER ALM, 1600 m

Gemütliche Alm direkt an der Bike-Highline-Meran. Köstliche Speisen aus der Almkuchl: verschiedene Knödel mit Salat aus dem eigenen Garten, Kaiserschmarrn, hausgemachte Kuchen und auf Bestellung Schöpsernes und schmackhafte Wildgerichte. Im Panoramagarten und in den Holzstuben gibt es genug Platz für größere Gesellschaften! Auch für kleine Almhochzeiten ist die Alm ideal. Die Marzoner Alm ist sehr beliebt bei Familien, da sie nur 30 Minuten vom Parkplatz entfernt ist und einen Kinderspielplatz bietet.

I-39020 Kastelbell-Freiberg
T +39 335 5605862
info@marzoneralm.it
www.marzoneralm.it

Geöffnet: 1. Mai bis Ende Oktober

24h E-BIKE

HIGHLIGHTS

Schloss Juval

Die Marzoner Alm liegt auf 1600 m auf dem Nörderberg in Kastelbell-Tschars. In diesem Gemeindegebiet befinden sich insgesamt vier Schlösser und Ansitze: Schloss Juval, Schloss Kastelbell, Ansitz Kasten und Schloss Hochgalsaun. Schloss Juval ist die Sommerresidenz des bekannten einheimischen Extrembergsteigers Reinhold Messner, der das Gebäude Mitte der 80er Jahre renovieren ließ und zu seinem Museumsprojekt Messner Mountain Museum (MMM) mit sechs Standorten gehört. Die Ausstellung auf Schloss Juval spiegelt vor allem Messners Zeit in Tibet wider; auch der Mythos Berg mit heiligen Bergen der Welt wird hier thematisiert.

Schloss Kastelbell

Schloss Kastelbell ist eine mittelalterliche Burg beeindruckender Größe und befindet sich direkt auf einem Felsvorsprung oberhalb der Vinschgauer Staatsstraße. Im 13. Jahrhundert erbaut, war es ursprünglich im Besitz der Grafen von Tirol und ging im 16. Jahrhundert an die Grafen Hendl über. Nach Bränden im 19. Jahrhundert verkam das Schloss zur Ruine. Im 20. Jahrhundert wurde es dann vom italienischen Staat gekauft und umfassend renoviert. Seit 2008 gehört das historische Gebäude dem Land Südtirol und wird für kulturelle Veranstaltungen genutzt.

Der Vinschgauer Sonnenberg

Vom Nörderberg aus blickt man natürlicherweise auf die Sonnenbergseite des Tales. Durch den geringen Jahresniederschlag, die intensive Sonneneinstrahlung und den manchmal lästigen „Oberwind" prägt Trockenvegetation die Landschaft. Durch das Abholzen der Wälder für die intensive Schaf- und Ziegenzucht siedelten sich osteuropäische und mediterrane Pflanzenarten an. Zur Aufforstung wurde vor über 100 Jahren die anspruchslose und schnell wachsende, aber standortfremde Schwarzkiefer eingesetzt; dies stellte sich als Fehler heraus: Es kam zu einer Verarmung des Ökosystems und der Vinschgauer Sonnenberg hat mit einem durch die Monokultur entstandenen Schädling zu kämpfen: dem Prozessionsspinner. Die langen Haare der Raupe sind giftig und können sogar allergische Reaktionen auslösen, also bitte nicht anfassen!

Das Schloss Juval von Reinhold Messner

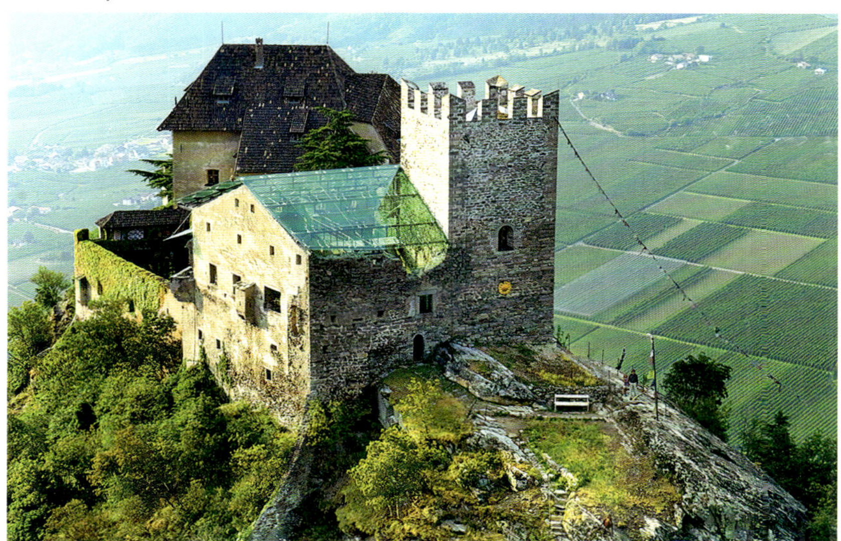

25 MERAN-HIGHLINE

Start St.-Vigilius-Kirchlein, 1800 m
Ziel Marzoner Alm, 1590 m
Höchster Punkt 1860 m
Strecke 19 km
Hm bergauf 640
Hm bergab 790
Zeit MTB 2 Std. 30 Min.
Zeit E-MTB 1 Std. 40 Min.
Schwierigkeit ●●○○○
E-Bike-Akkus 1
Anhängertauglich teilweise

Anfahrt

 **a)** Mit dem Fahrrad der Claudia Augusta folgen und bei Rabland über die Brücke zur Seilbahn Aschbach. Mit der Seilbahn Aschbach hinauf und dann der Forststraße Richtung Vigiljoch bis zum Einstieg in die Highline folgen.

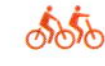 **b)** Mit dem Fahrrad nach Lana zur Talstation der Seilbahn Vigiljoch, an der Bergstation der Forststraße 34 bis zur Kreuzung nach dem Gasthaus Gampl folgen.

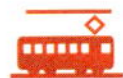 Mit dem Zug bis zur Haltestelle Rabland.

 **a)** Mit dem Auto über die Vinschgauer Staatsstraße bis nach Rabland, dort der Beschilderung zur Seilbahn Aschbach folgen.

 **b)** Mit dem Auto nach Lana zur Talstation der Seilbahn Vigiljoch, dort parken.

Die Meran-Highline ist nicht nur eine einzelne Tour, sondern die Basis für eine ganz Reihe von Touren. Hier wird ein All-Mountain-Abschnitt mit Blick auf den Talkessel des Burggrafenamtes und seinem charmanten Städtchen Meran unter die Lupe genommen.

Tourenbeschreibung

Bei der großen Kreuzung knapp unterhalb der St.-Vigilius-Kirche am Vigiljoch die Abzweigung Richtung Aschbach nehmen und bei nächster Möglichkeit links halten. Ab hier ist der Weg zuverlässig ausgeschildert. Nach der ersten Steigung hat man auch schon den höchsten Punkt erreicht (abgesehen von den Almen selbst), der Weg danach ist ein ständiges Auf und Ab. Die Naturnser Alm, Zetn- und Mauslochalm kann links liegen gelassen werden, außer man gönnt sich eine Rast. Direkt an der Tablander Alm folgt man noch ein Stück der Forststraße. Jäh ist diese dann zu Ende und es geht auf einem Trail weiter. Dieser weist die Schwierigkeit S1 auf, weswegen er nicht anhängertauglich ist; wer sich aber nur auf dem Abschnitt zwischen Tablander Alm und dem Vigiljoch aufhält, kann auch seinen Nachwuchs nachziehen. Vor dem Abschluss, der Marzoner Alm, gibt es dann zwei Abfahrten, die Marzoner Uphill 1 und 2.

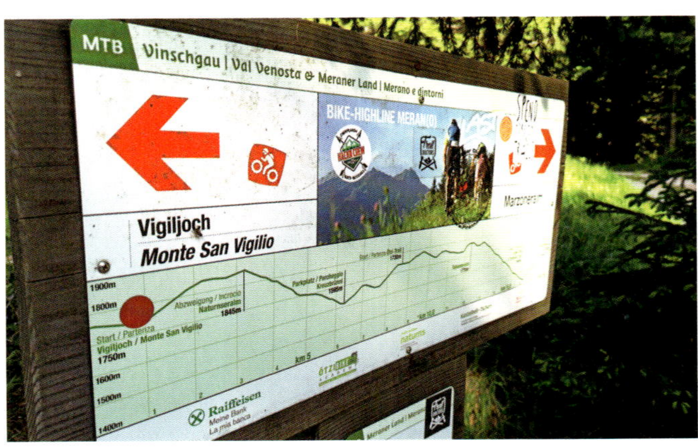

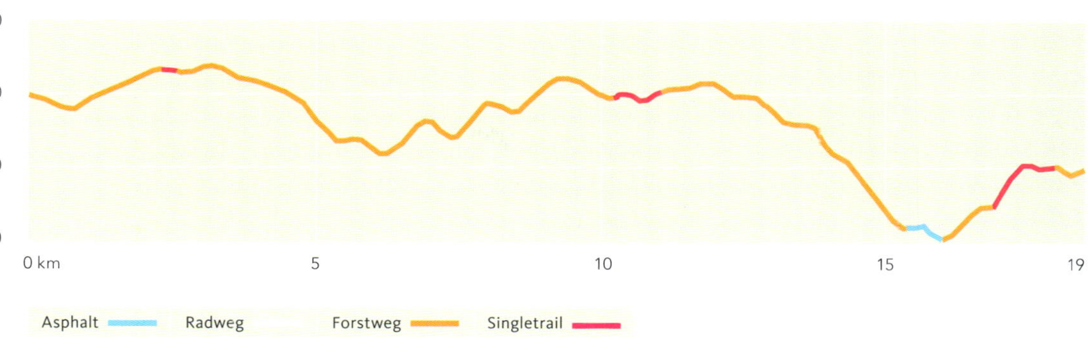

Als Almenverbindungsweg verbindet die Meran-Highline die Almen Seespitz, Naturnser Alm, Zetnalm, Mauslochalm, Tablander Alm und Marzoner Alm. Nicht alle Almen liegen direkt auf der Highline, können aber mit ein paar wenigen Extrahöhenmetern besucht werden. Auch bei den Abfahrten schöpft man aus dem Vollen. Von Straße, Forstweg, Flowtrail bis hin zum anspruchsvollen S3-Trail ist alles dabei. (Noch) nicht offiziell, aber trotzdem empfehlenswert ist die Schleife rund um das Vigiljoch und dann anspruchsvoller ins Ultental oder gemütlich über die Forststraße zurück zur Naturnser Alm.

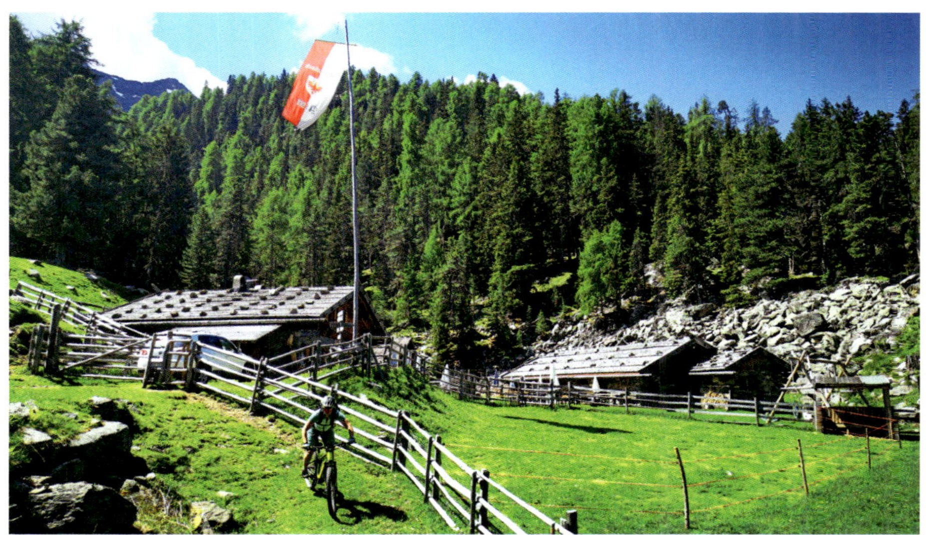

Die Mauslochalm

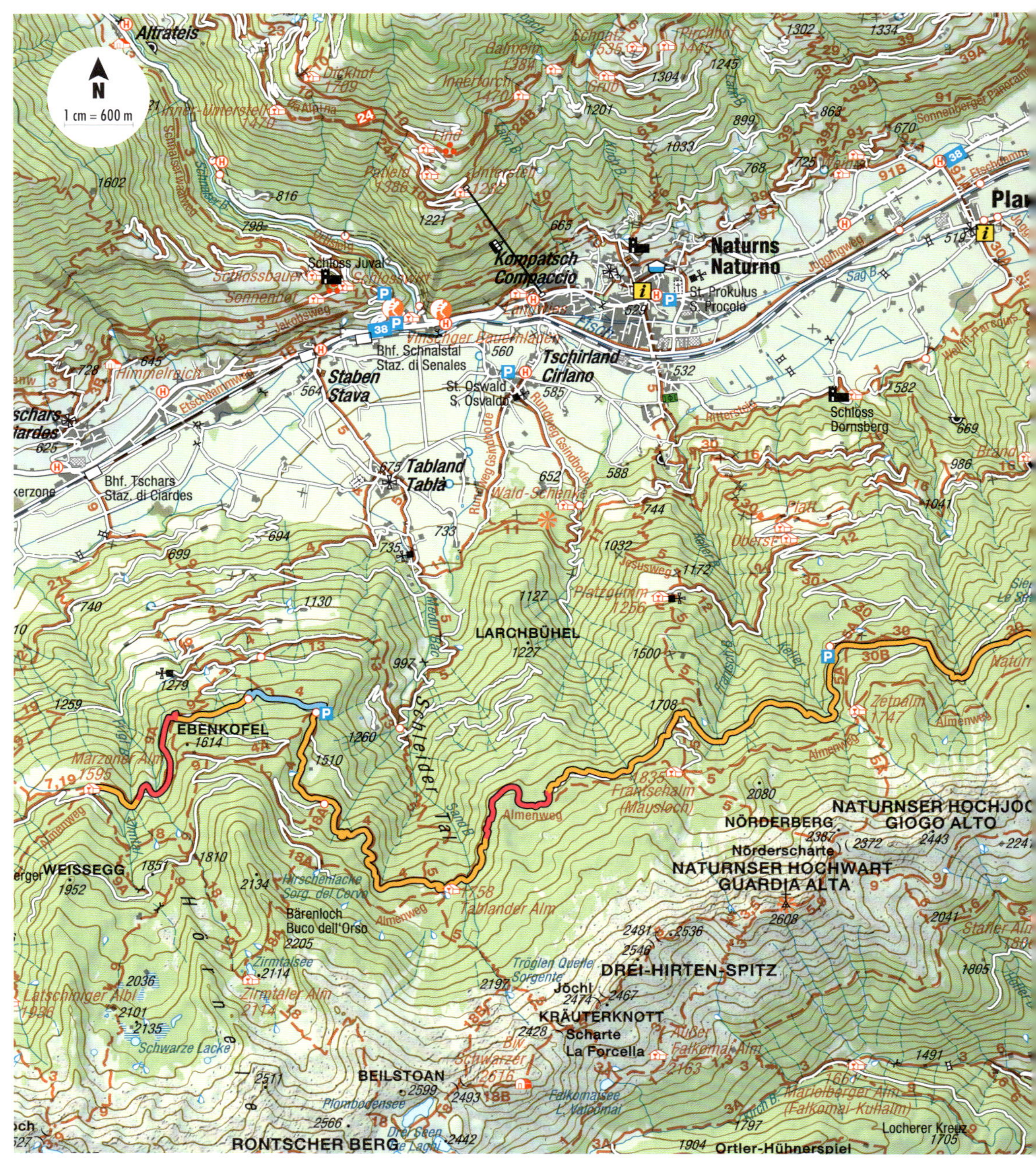
1 cm = 600 m
N
Altrateis
Naturns
Naturno
Kompatsch
Compaccio
Schloss Juval
Tschirland
Cirlano
Staben
Stava
Tabland
Tablà
St. Prokulus
S. Procolo
St. Oswald
S. Osvaldo
Bhf. Schnalstal
Staz. di Senales
Bhf. Tschars
Staz. di Ciardes
Schloss
Dornsberg
LARCHBÜHEL
EBENKOFEL
WEISSEGG
NATURNSER HOCHJOCH
GIOGO ALTO
NÖRDERBERG
Nörderscharte
NATURNSER HOCHWART
GUARDIA ALTA
DREI-HIRTEN-SPITZ
KRÄUTERKNOTT
BEILSTOAN
RONTSCHER BERG
Bärenloch
Buco dell'Orso
Schleider Tal
Ortler-Hühnerspiel
Locherer Kreuz

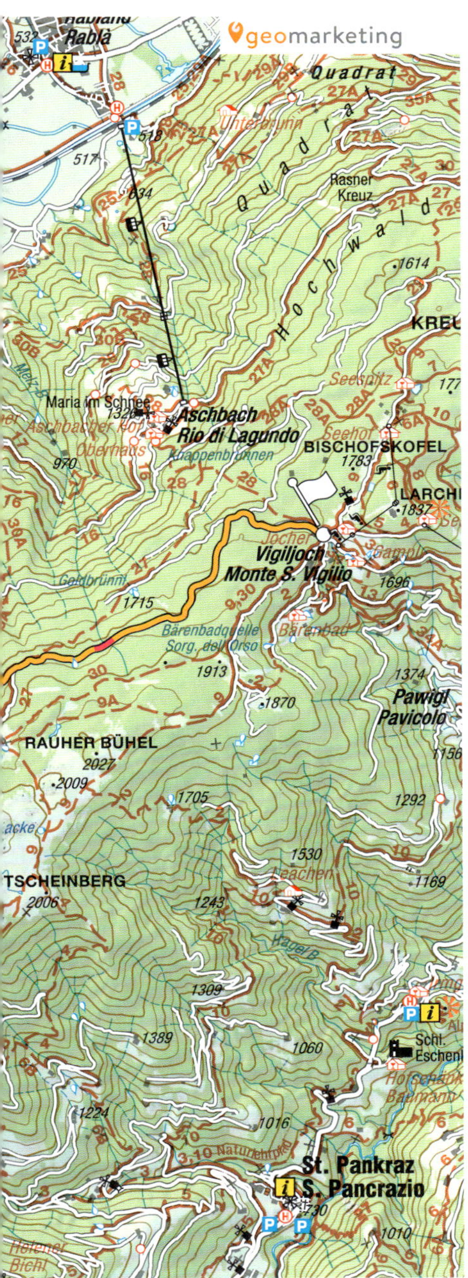

HIGHLIGHTS

Die Kurstadt Meran

Meran ist mit 40.000 Einwohnern (je zur Hälfte deutsch- bzw. italienischsprachig) die zweitgrößte Stadt Südtirols und liegt an der Schnittstelle von Passeier, Vinschgau und Etschtal. Einst eine römische Siedlung („castrum maiensis"), wurde Meran im 13. Jahrhundert zur Stadt erhoben, im Mittelalter war sie die Landeshauptstadt der Grafschaft Tirol. Im 19. Jahrhundert machte sie sich als Kurstadt einen Namen; dies ist nicht zuletzt der Kaiserin Sissi zu verdanken, die wegen ihres starken Hustens das mediterran geprägte Klima der Kurstadt wählte; insgesamt vier Mal verweilte sie in Meran und so stieg die Stadt zum Nobelkurort auf. Ihr zu Ehren gibt es den Sissi-Weg, der Schloss Trauttmansdorff mit der Meraner Altstadt verbindet, und die Sissi-Statue an der Sommerpromenade. Die Stadt hat eine Vielzahl an Sehenswürdigkeiten, darunter an der Passerpromenade das Kurhaus mit den tanzenden Mädchen außen auf dem Vorbau und am Tappeinerweg den Pulverturm, früher Teil der Stadtmauer von Meran. Außerdem sind noch drei der ursprünglich vier Stadttore erhalten: das Vinschgauer, das Bozner und das Passeirer Tor, allesamt in Form eines Turms errichtet. Das Ultner Tor am Theaterplatz wurde im 19. Jahrhundert im Zuge der baulichen Umgestaltung der Stadt abgebrochen.

Der Pferderennplatz Meran

Besonders gut zu erkennen von der Highline aus ist der Meraner Pferderennplatz: 1896 noch in der österreichisch-ungarischen Zeit errichtet, beträgt seine Fläche 40 Hektar! Das heißt, die gesamte Bevölkerung Südtirols (520.000 Einwohner) könnte auf dem Pferderennplatz stehen, wenn auch etwas eng (0,75 m^2/Kopf).
Das wichtigste Pferderennen ist der Große Preis von Meran, der jedes Jahr am letzten Sonntag im September stattfindet und bei vielen Bewohnern wie Touristen das Wettfieber auslöst.

26 VIA CLAUDIA AUGUSTA

Start Reschenpass, 1504 m
Ziel Meran, 330 m
Höchster Punkt 1520 m
Strecke 85 km
Hm bergauf 320
Hm bergab 1440
Zeit MTB 4 Std. 40 Min.
Zeit E-MTB 4 Std.
Schwierigkeit ●○○○○
E-Bike-Akkus 1
Anhängertauglich ja

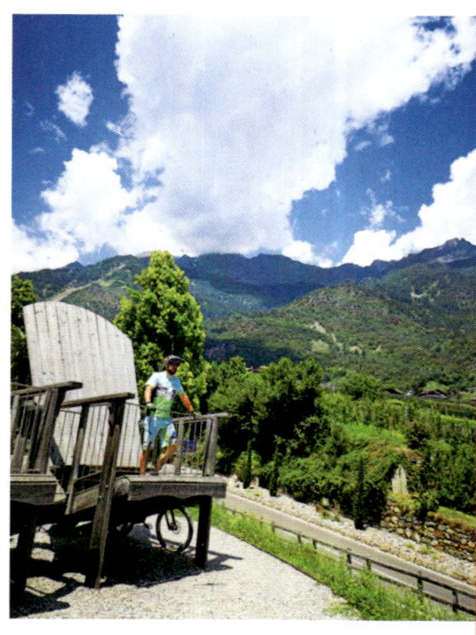

Anfahrt

 Die Claudia Augusta ist ein durchgehender Fahrradweg (im Vinschgau wird dieser Radweg auch Vinschger Radweg genannt). Richtung und Einstieg können deswegen frei gewählt werden.

Mit dem Auto über die Vinschger Staatsstraße bis zum Reschenpass.

Auf alten, geschichtsträchtigen Spuren radeln und dabei Zeitzeugnisse der römischen Antike entdecken, ist die Devise der wohl leichtesten Alpenüberquerungsstraße für Drahteselbegeisterte.

Tourenbeschreibung

Auf eine Tourenbeschreibung kann bei dieser Tour getrost verzichtet werden. Als Teil der Gesamtstrecke zwischen München und Venedig ist der Abschnitt durch den Vinschgau einwandfrei ausgeschildert, es gibt sogar Schilder für die Zufahrt in jedes Dorf. An Spitzentagen werden hier bis zu 4000 Radler gezählt. Wer von Meran aus starten will, kann mit dem Zug bis maximal nach Mals fahren und die ca. 50 km retour radeln. Das Land ist aber dabei, den Zug zu elektrifizieren, damit es dann auch eine direkte Verbindung in die Schweiz gibt. Das Auto gilt es, wann immer möglich, in den Vinschgau zu meiden. Auf der Durchzugsstraße, die auf weiten Teilen keine Ausweichmöglichkeit bietet, kommt es häufig zu langen Staus. Wer schnell sein möchte, fährt Rad! Und hat dann auch Zeit und Muße, sich

Radweg Töll

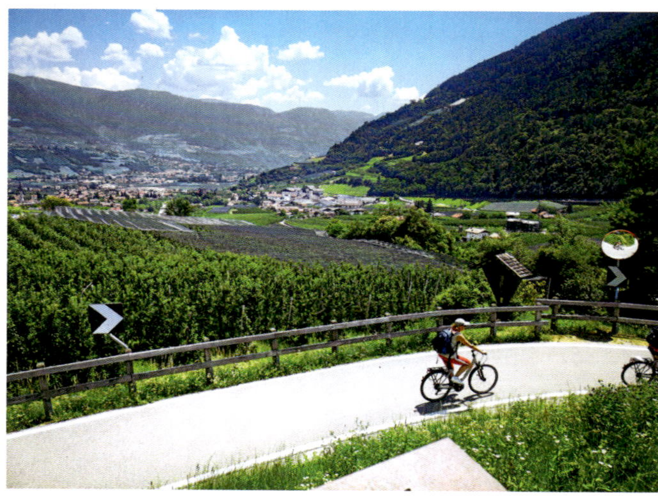

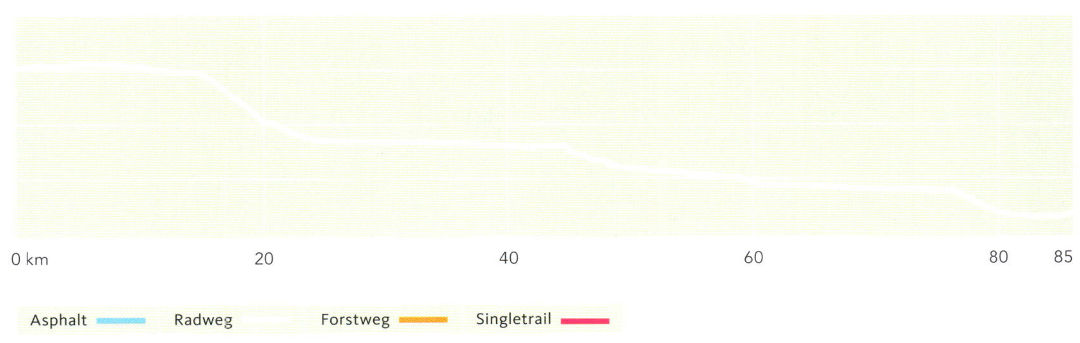

die abwechslungsreiche Gegend anzuschauen. Ist das Tal am Reschenpass noch recht karg und windig, ist der Ankunftsort Meran berühmt für sein mildes, mediterranes Klima, in dem sich sogar Palmen wohl fühlen.

Die gesamte Via Claudia Augusta ist ca. 700 km lang und führt vom bayrischen Donauwörth über die Alpen nach Altino bei Venedig bzw. Ostiglia am Po. Sie wird meistens von Norden nach Süden gefahren, umgekehrt ist sie der Höhenmeter wegen viel anstrengender.

Einige Picknick-Gelegenheiten säumen den Radweg.

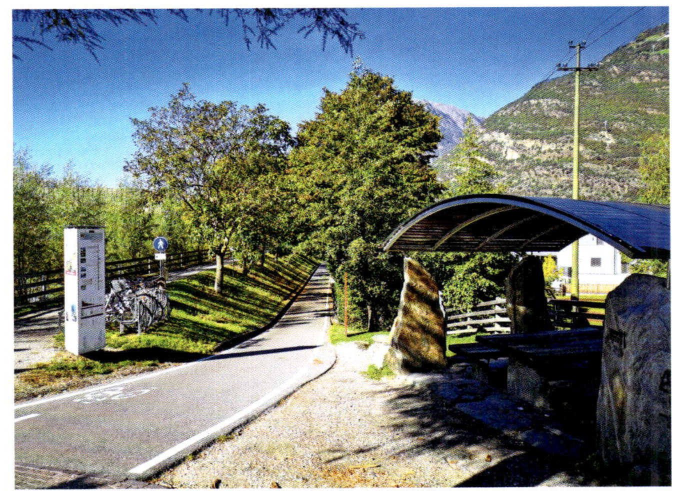

Fischerteich bei Rabland

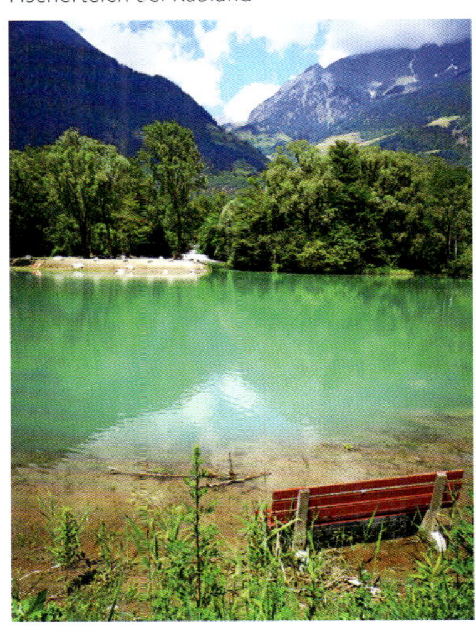

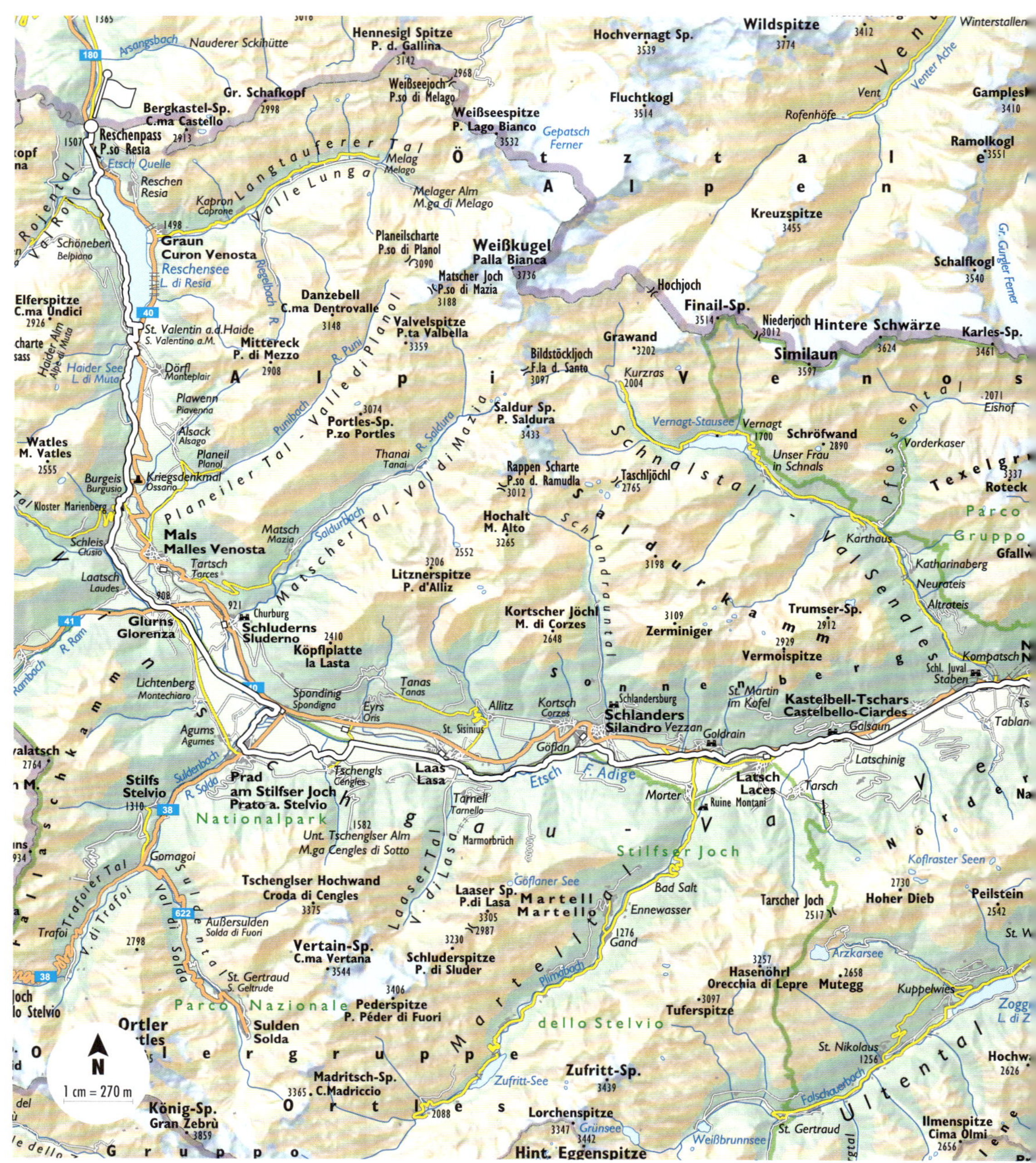

Nauderer Sckihütte
Hennesigl Spitze
P. d. Gallina
3142
Hochvernagt Sp.
3539
Wildspitze
3774
3412
Winterstallen
Arsangsbach
180
Gr. Schafkopf
2998
Weißseejoch
P.so di Melago
2968
Weißseespitze
P. Lago Bianco
3532
Fluchtkogl
3514
Gepatsch Ferner
Vent
Venter Ache
Rofenhöfe
Gampleskogl
3410
Bergkastel-Sp.
C.ma Castello
2913
Reschenpass
P.so Resia
1507
Etsch Quelle
Reschen
Resia
Langtauferer Tal
Valle Lunga
Melag
Melago
Melager Alm
M.ga di Melago
Ötztaler Alpen
Ramolkogl
3551
Kapron
Caprone
1498
Graun
Curon Venosta
Reschensee
L. di Resia
Rojental
Val Roja
Schöneben
Belpiano
Planeilscharte
P.so di Planol
3090
Weißkugel
Palla Bianca
3736
Kreuzspitze
3455
Schalfkogl
3540
Gr. Gurgler Ferner
Elferspitze
C.ma Undici
2926
Danzebell
C.ma Dentrovalle
3148
Matscher Joch
P.so di Mazia
3188
Hochjoch
Finail-Sp.
3514
Niederjoch
3012
Hintere Schwärze
3624
Karles-Sp.
3461
40
St. Valentin a.d.Haide
S. Valentino a.M.
Haider Alm
Alpe di Muta
Mittereck
P. di Mezzo
2908
Valvelspitze
P.ta Valbella
3359
Grawand
3202
Similaun
3597
Haider See
L. di Muta
Dörfl
Monteplair
Alpi Venoste
Bildstöckljoch
F.la d. Santo
3097
Kurzras
2004
Plawenn
Piavenna
Puni
Planeiler Tal - Valle di Planol
3074
Portles-Sp.
P.zo Portles
Saldur Sp.
P. Saldura
3433
2071
Eishof
Alsack
Alsago
Vernagt-Stausee
Vernagt
1700
Schröfwand
2890
Vorderkaser
Watles
M. Vatles
2555
Planeil
Planol
Thanai
Tanai
R. Saldura
Unser Frau in Schnals
Burgeis
Burgusio
Kriegsdenkmal
Ossario
Rappen Scharte
P.so d. Ramudla
3012
Taschljöchl
2765
Schnalstal
Pfossental
Texelgruppe
3337
Roteck
Kloster Marienberg
Matscher Tal - Val di Mazia
Hochalt
M. Alto
3265
Schlandrauntal
Parco
Gruppo
Mals
Malles Venosta
Schleis
Clusio
Matsch
Mazia
Saldurbach
2552
Saldurkamm
Karthaus
Gfallwand
Tartsch
Tarces
3206
Litznerspitze
P. d'Alliz
3198
Katharinaberg
Laatsch
Laudes
Naturns
908
921
Churburg
Schluderns
Sluderno
3109
Kortscher Jöchl
M. di Corzes
2648
Trumser-Sp.
2912
Altrateis
41
Glurns
Glorenza
2410
Köpflplatte
la Lasta
Zerminiger
2929
Vermoispitze
Val Senales
Kompatsch
R. Ram
Rambach
Lichtenberg
Montechiaro
Spondinig
Spondigna
Tanas
Tanas
Allitz
Kortsch
Corzes
Schlandersburg
Schlanders
Silandro
Vezzan
St. Martin im Kofel
Kasteibell-Tschars
Castelbello-Ciardes
Schl. Juval
Staben
Eyrs
Oris
St. Sisinius
Goldrain
Galsaun
Tabland
Agums
Agumes
Göflan
Latschinig
Valatsch
2764
Suldenbach
Tschengls
Cengles
Laas
Lasa
Etsch
F. Adige
Latsch
Laces
Tarsch
Stilfs
Stelvio
1310
R. Solda
Prad am Stilfser Joch
Prato a. Stelvio
Tarnell
Tarnello
Morter
Ruine Montani
38
Nationalpark
1582
Unt. Tschenglser Alm
M.ga Cengles di Sotto
Marmorbrüch
Stilfser Joch
Gomagoi
Laaser Tal
V. di Lasa
Val Martello
Koflraster Seen
Trafoier Tal
V. di Trafoi
Tschenglser Hochwand
Croda di Cengles
3375
Göflaner See
Laaser Sp.
P.di Lasa
3305
2987
Martell
Martello
Bad Salt
Ennewasser
2730
Hoher Dieb
Tarscher Joch
2517
Peilstein
2542
622
Sulden
Solda
Val di Solda
Außersulden
Solda di Fuori
Trafoi
2798
3230
1276
Gand
Arzkarsee
Vertain-Sp.
C.ma Vertana
3544
Schluderspitze
P. di Sluder
3257
Hasenöhrl
Orecchia di Lepre
2658
Mutegg
Kuppelwies
St. Gertraud
S. Geltrude
Plimabach
3406
Pederspitze
P. Péder di Fuori
3097
Tuferspitze
Zoggler
L. di Z
Stilfser Joch
Stelvio
Parco Nazionale dello Stelvio
Ortler
Ortles
Sulden
Solda
Ortlergruppe
Gruppo Ortles
St. Nikolaus
1256
Ultental
Hochw
2626
N
1 cm = 270 m
Madritsch-Sp.
C.Madriccio
3365
Zufritt-Sp.
3439
Zufritt-See
Falschauerbach
König-Sp.
Gran Zebrù
3859
2088
Lorchenspitze
3347
3442
Grünsee
Weißbrunnsee
St. Gertraud
Ilmenspitze
Cima Olmi
2656
Hint. Eggenspitze

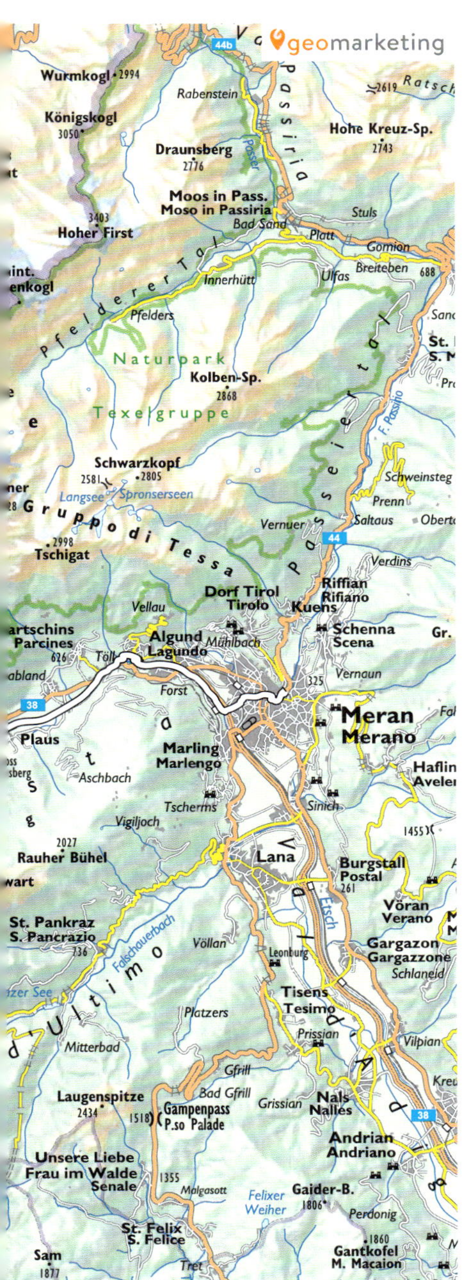

HIGHLIGHTS

Die Via Claudia Augusta

Die Via Claudia Augusta bot schon in der Antike die Möglichkeit der Alpenüberquerung; sie verbindet Norditalien mit dem süddeutschen Raum und wurde um ca. 15 v. Chr. von Kaiser Augustus erbaut und danach von Kaiser Claudius weitergeführt. Ein Meilenstein aus dem Jahre 46 n. Chr., der im Vinschgau gefunden wurde, beweist, dass die wichtige römische Kaiserstraße oberhalb der Töll vorbeiführte.

Wer mehr über die Geschichte der Römer im Südtiroler Alpenraum wissen möchte, ist im Archäologiemuseum von Bozen bestens aufgehoben.

Außerdem sind die Überreste einer vermeintlich römischen Brücke als Brückenkopf in Algund zu finden (diese Annahme ist jedoch strittig, der Brückenkopf könnte auch aus dem 15. Jahrhundert stammen ...).

Das Städtchen Glurns

Eines der Highlights entlang der Claudia Augusta (die Radroute führt praktischerweise an den Stadttoren vorbei) ist mit Sicherheit die älteste (1309) und kleinste (900 Einwohner auf einer Fläche von 13 km²) Stadt Südtirols, Glurns. Ihr Name stammt vom rätoromanischen „gluorn", was Hasel- oder Erlenau bedeutet. Die Stadtmauern der kleinen Gemeinde sind mitsamt ihren aus der Renaissance stammenden Türmen noch vollständig erhalten, was wirklich eine Besonderheit darstellt.

Die einzige Stadt im Vinschgau fasziniert mit ihren engen mittelalterlichen Gässchen, den zwei historischen, sich kreuzenden Laubengängen aus dem Jahr 1304 und Häusern aus dem 16. Jahrhundert. Ihr ganz besonderer Charme machte sie schon des Öfteren zum Schauplatz einiger Filme.

Seit 1291 ist Glurns Handelsplatz, wovon heutzutage zwei wichtige Jahrmärkte zeugen: der Bartholomäusmarkt im August und der „Sealamorkt" im November.

HOLY-HANSEN-TRAIL

Start + Ziel Schlanders, Bahnhof, 740 m
Höchster Punkt 1570 m
Strecke 16 km
Hm bergauf 820
Hm bergab 820
Zeit MTB 2 Std.
Zeit E-MTB 1 Std. 20 Min.
Schwierigkeit ●●●○○
E-Bike-Akkus 1
Anhängertauglich nein

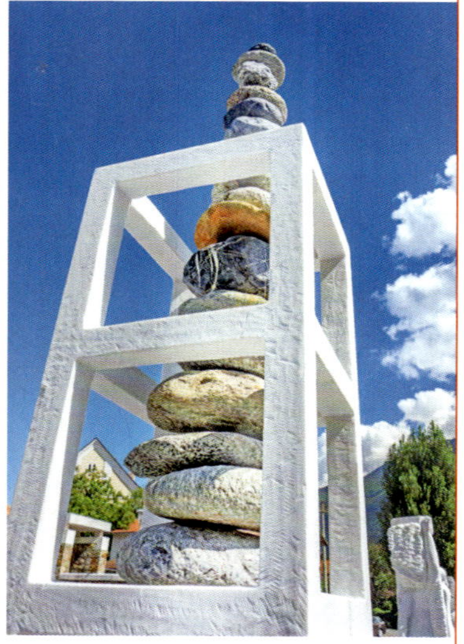

Anfahrt

 Mit dem Fahrrad über die Claudia Augusta bis nach Göflan.

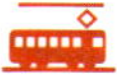 Mit dem Zug bis zum Bahnhof Schlanders.

 Mit dem Auto über die Vinschgauer Staatsstraße bis nach Schlanders und dort zum Bahnhof.

Wenn man von gebauten Trails im Vinschgau redet, führt der Holy-Hansen-Trail die Bekanntheitswertung klar an. Auf dieser Tour kann man von oben zwei Dörfer in der Talsohle ausmachen, die seit jeher Lieferanten für den reinsten Marmor Europas sind: Göflan und Laas.

Tourenbeschreibung

Vom Bahnhof Schlanders nach Göflan radeln, wo die eigentliche Tour beginnt. In Göflan die Etsch überqueren und der Straße hinauf bis zum Haslhof folgen. Wer die Straße meiden möchte, kann alternativ auch vom Nachbardorf Morter über die Forststraße zum Morterer Leger und von dort die Verbindung zum Haslhof nehmen. Nach dem Haslhof weiterfahren und rechts in den Trail einsteigen. Der Trail bietet viel Flow und ist für Anfänger wie für Cracks spaßig zu fahren. Der Mittelteil weist ein paar steilere Schlüsselstellen auf, der Weg entspannt sich dann aber wieder zusehends. Immer wieder kreuzt man Forstwege oder die Straße, der Weg selbst ist aber nicht zu verfehlen. Unterhalb des Wiebenhofs kommt man auf die Straße und fährt diese kurz hinauf, bis der Weg wieder links abzweigt und nach Göflan zurückführt.

Wer von Morter startet, kann bei der Überquerung der Straße hinauf zum Haslhof nochmal 100 Höhenmeter berghoch kurbeln, um dann links den Aigentrail zurück nach Morter zu nehmen. Wer die 800 Höhenmeter nicht hochkurbeln möchte, kann einen Shuttleservice (abwechselnd immer nur am Vormittag oder Nachmittag) in Anspruch nehmen.

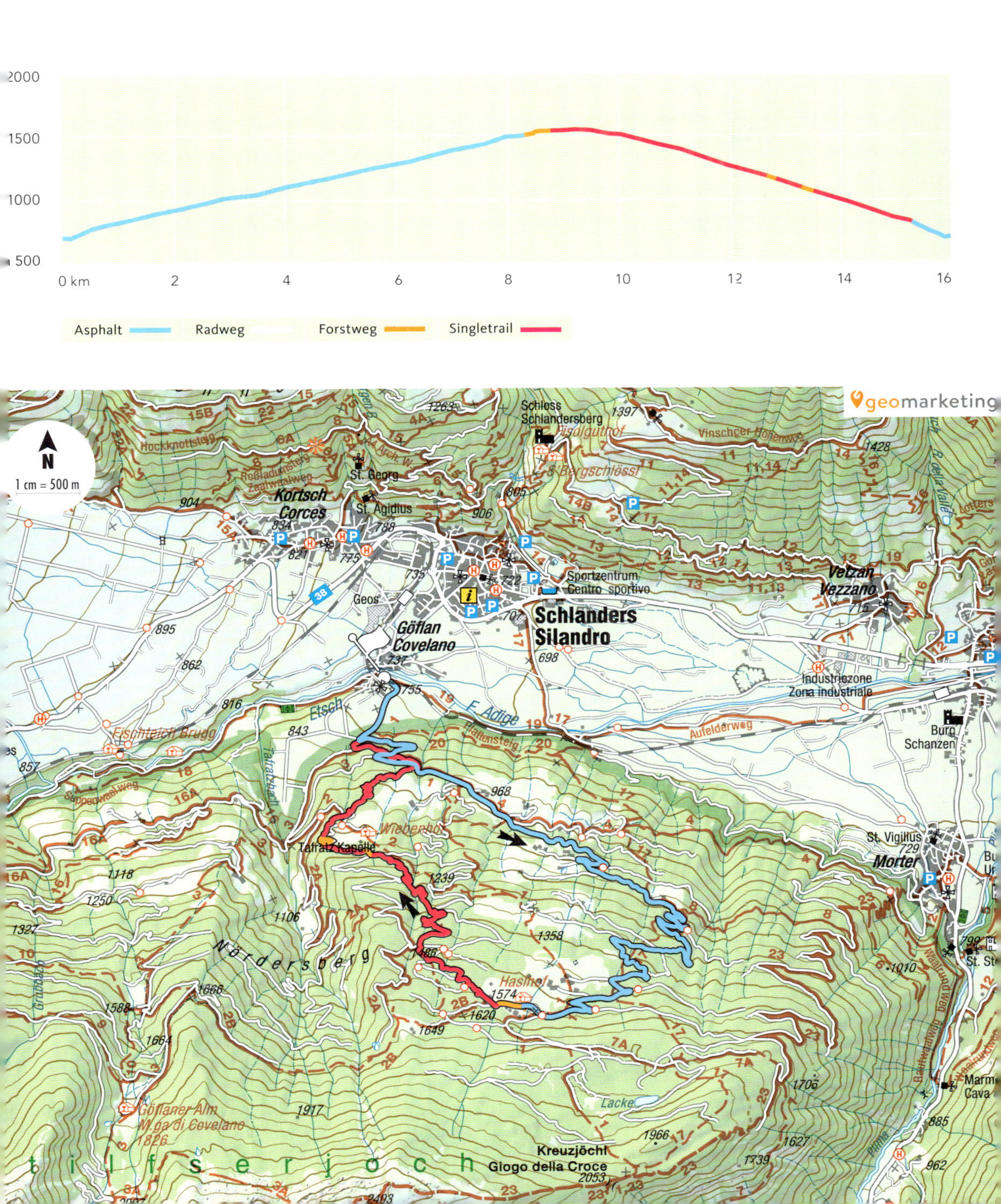

2000
1500
1000
500
0 km
2
4
6
8
10
12
14
16
Asphalt
Radweg
Forstweg
Singletrail
geomarketing
N
1 cm = 500 m
Kortsch
Corces
St. Georg
St. Ägidius
Schloss Schlandersberg
Schlanders
Silandro
Sportzentrum
Centro sportivo
Göflan
Covelano
Vetzan
Vezzano
Industriezone
Zona industriale
Burg Schanzen
St. Vigilius
Morter
Tafratz Kapelle
Wiebenhof
Haslhof
Nördersberg
Göflaner Alm
M.ga di Covelano
1826
Kreuzjöchl
Giogo della Croce
2053
Lacke
Etsch
F. Adige
Fischteich Brugg
Aufelderweg
Suppenwaalweg
Hockknottsteig
Vinschger Höhenweg
Fisolgut'hof
1620
1574
1358
1239
968
755
737
698
1917
1966

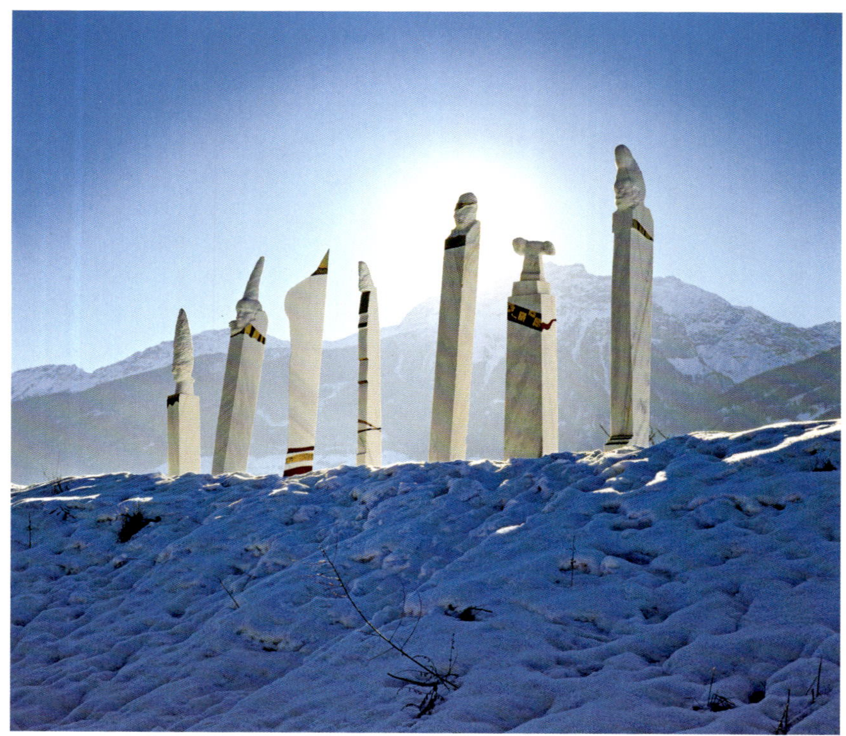

Skulpturen aus Marmor

TIPP

HASLHOF, 1580 m

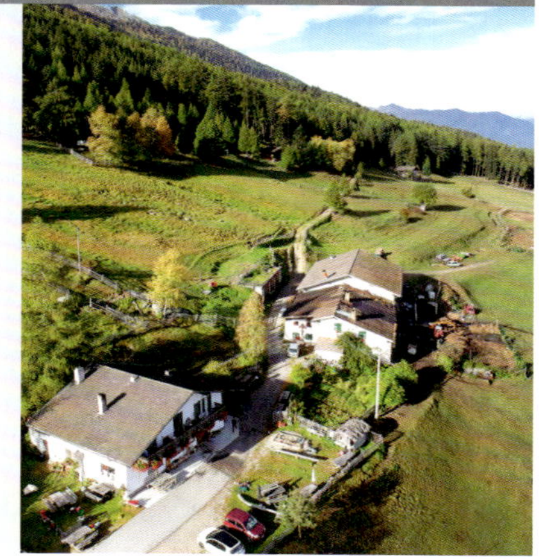

Auf der Sonnenterrasse in herrlicher Panoramalage über Schlanders ist es ein besonderer Genuss, die gutbürgerliche Küche zu verkosten. Der eigene Garten liefert das frische und knackige Gemüse sowie die Kräuter für hausgemachte Tiroler Speisen. Für diejenigen, die das Süße lieben, gibt es hausgemachte Säfte und Kuchen. Die Küche öffnet um 11 Uhr und serviert bis am Abend durchgehend warme Speisen.

Nörderberg 25
I-39028 Schlanders (BZ)
T 388 7314502

Öffnungszeiten: Ostern bis Allerheiligen

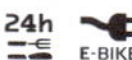

HIGHLIGHTS

„Marmor und Marillen“

Der Göflaner Marmorbruch ist auf 2186 m der höchstgelegene Europas. Der Abtransport wird seit 1930 über die einzigartige Laaser-Marmor-Bahn, eine Material-Schrägbahn, nach Laas organisiert, wo die Blöcke dann im Werk weiterverarbeitet werden. 2015 zog das Unternehmen Lasa Marmo einen Millionenauftrag an Land: 40.000 m² Laaser Marmor sollten nach New York geliefert werden, um den Innenraum der U-Bahn-Station Ground Zero auszustatten. Am 3. März 2016 wurde der „Oculus“, der Bauch der Friedenstaube aus Laaser Marmor, eröffnet.

Marmor und Marillen

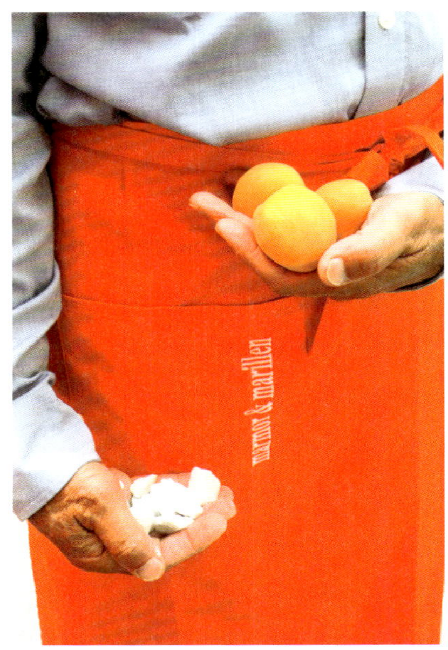

Schon in der Antike wurden die Meilensteine der bekannten Römerstraße Claudia Augusta aus Laaser Marmor hergestellt, später, im Mittelalter, wurde es vor allem für die Gestaltung von einigen Vinschgauer Burgen, wie die Churburg, Obermontani und Schloss Goldrain verwendet. Im 17. Jahrhundert wurde das „Weiße Gold“ aus dem Jennwandbruch gerne zu Reliefs und Grabdenkmälern verarbeitet. Heute findet es vor allem in Fliesen und Fassadenplatten Verwendung. Das Laaser Dorfbild ist durch Kopfsteinpflaster und Skulpturen aus Marmor geprägt. Dort findet alljährlich am ersten Wochenende im August das Kulturfest „Marmor und Marillen“ statt, welches neben dem weißen Gestein das zweite Haupterzeugnis der Gegend in den Mittelpunkt stellt: die „Vinschger Marille“ (Aprikose). Sie gedeiht prächtig auf einer Höhe zwischen 500 und 1000 Metern und wird gerne, da man sie nach der Ernte nicht lange lagern kann, zu Marillenmarmelade verarbeitet.

28 ALTA-REZIA-TOUR

Start Stilfser Joch, 2760 m
Ziel Prad am Stilfser Joch, 915 m
Höchster Punkt 2760 m
Strecke 73 km
Hm bergauf 920
Hm bergab 2750
Zeit MTB 6 Std.
Zeit E-MTB 3 Std. 40 Min.
Schwierigkeit ●●●○○
E-Bike-Akkus 1 ab Stilfser Joch, sonst 2
Anhängertauglich nein

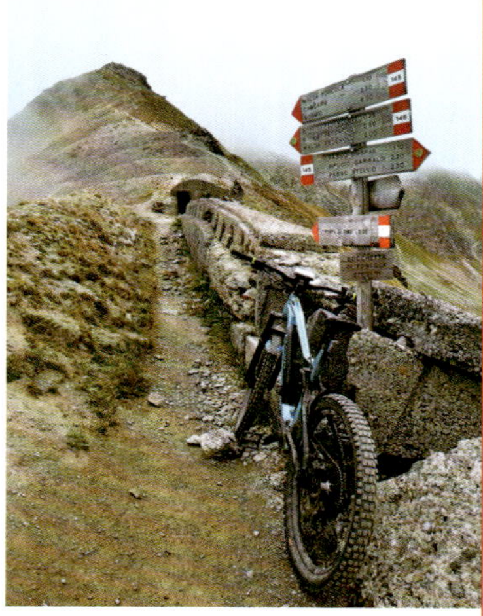

Anfahrt

 Mit dem Shuttle bis aufs Stilfser Joch. Wer das Stilfser Joch selber hochkurbeln möchte, kann auch am Bahnhof Mals starten. Nur mit zweitem Akku möglich.

Eine Tour über zwei Länder ist immer etwas Besonderes, so auch diese. Highlights sind sicherlich die Bocchetta di Forcola und der darauffolgende spektakuläre Militärweg hinunter zu den beiden Stauseen. Das Val Mora in den Rhätischen Alpen begeistert viele Transalpler auf ihren Überquerungen.

Tourenbeschreibung

Vom Stilfser Joch die Straße Richtung Bormio hinunterrollen. Bei der Kreuzung Richtung Umbrailpass fahren und in der ersten Kurve den Abzweig nach links in den Trail nehmen. Der Weg zur Bocchetta di Forcola weist einige ausgesetzte Stellen auf, ist aber technisch recht einfach. Nach den Weltkriegsgebäuden links halten für die originale Abfahrt oder rechts, um bald auf eine Forststraße zu gelangen. Die ursprüngliche Abfahrt führt in Serpentinen einen steilen Hang bergab, gefühlt kann man recht gerade nach unten schauen. Wer aber keine Höhenangst hat, kann sich den Weg ruhig zutrauen. Bis hierhin war der technische Anspruch schon höher. Ist man beim Lago die Cancano angekommen, wird zuerst in Fahrtrichtung links gefahren,

Am Lago di Rims

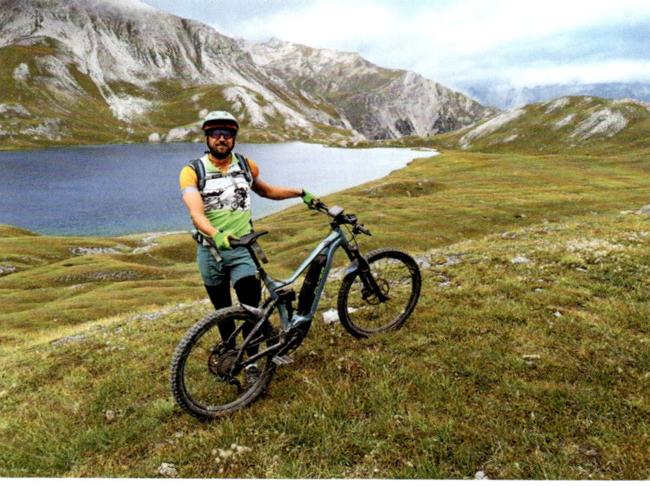

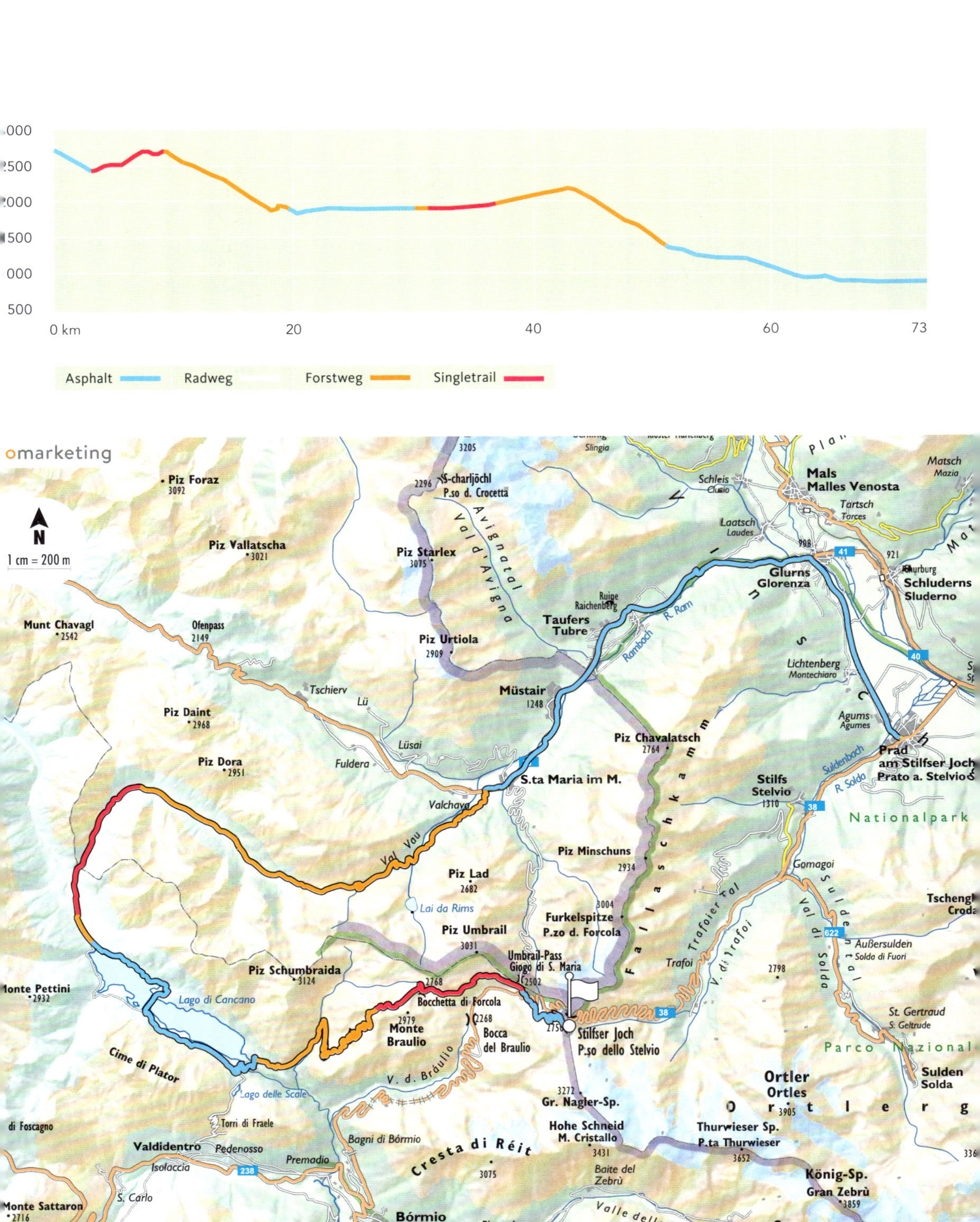

500
0 km
20
40
60
73
Asphalt
Radweg
Forstweg
Singletrail
omarketing
1 cm = 200 m
N
Piz Foraz
3092
Piz Vallatscha
3021
Piz Starlex
3075
S-charljöchl
P.so d. Crocetta
2296
3205
Avignatal
Val d'Avigna
Schleis
Clusio
Mals
Malles Venosta
Matsch
Mazia
Tartsch
Tarces
Laatsch
Laudes
908
41
921
Glurns
Glorenza
Schluderns
Sluderno
Munt Chavagl
2542
Ofenpass
2149
Piz Urtiola
2909
Ruine
Raichenberg
Taufers
Tubre
R. Ram
Rambach
Tschierv
Lü
Piz Daint
2968
Müstair
1248
Lichtenberg
Montechiaro
40
Piz Dora
2951
Lüsai
Fuldera
Piz Chavalatsch
2764
Agums
Agumes
Prad
am Stilfser Joch
Prato a. Stelvio
S.ta Maria im M.
Valchava
Stilfs
Stelvio
1310
Suldenbach
R. Solda
38
Nationalpark
Val Vau
Piz Minschuns
2934
Gomagoi
Piz Lad
2682
Lai da Rims
3004
Furkelspitze
P.zo d. Forcola
Tschengl
Croda
Piz Umbrail
3031
Trafoier Tal
V. di Trafoi
Val di Solda
Suldental
622
Außersulden
Solda di Fuori
Piz Schumbraida
3124
Umbrail-Pass
Giogo di S. Maria
2502
Trafoi
2798
Monte Pettini
2932
Lago di Cancano
2768
Bocchetta di Forcola
Fallaschkamm
St. Gertraud
S. Geltrude
2979
Monte Braulio
2268
Bocca del Braulio
2756
Stilfser Joch
P.so dello Stelvio
Cime di Plator
Parco Nazionale
V. d. Braulio
Sulden
Solda
Ortler
Ortles
3905
Lago delle Scale
3272
Gr. Nagler-Sp.
di Foscagno
Torri di Fraele
Hohe Schneid
M. Cristallo
Thurwieser Sp.
P.ta Thurwieser
Valdidentro
Pedenosso
Bagni di Bórmio
3431
3652
Premadio
Isolaccia
238
Cresta di Réit
3075
Baite del Zebrù
König-Sp.
Gran Zebrù
3859
S. Carlo
Monte Sattaron
2716
Bórmio
Plazzola
Valle dello Z

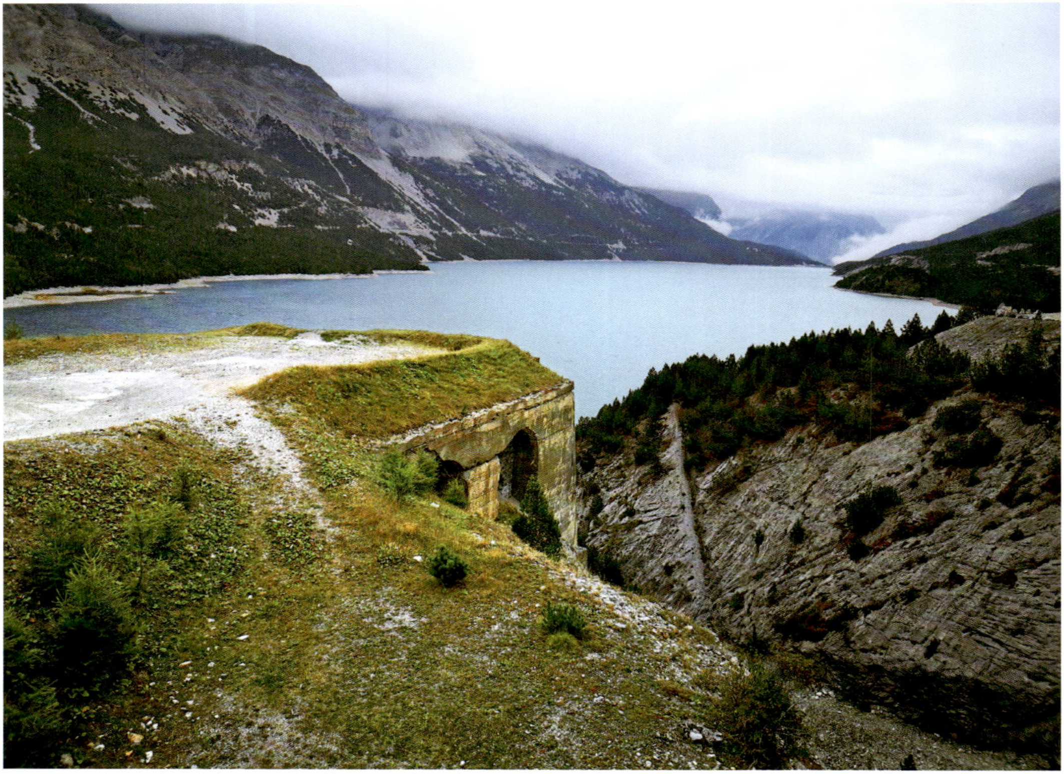

Der Lago di Cancano

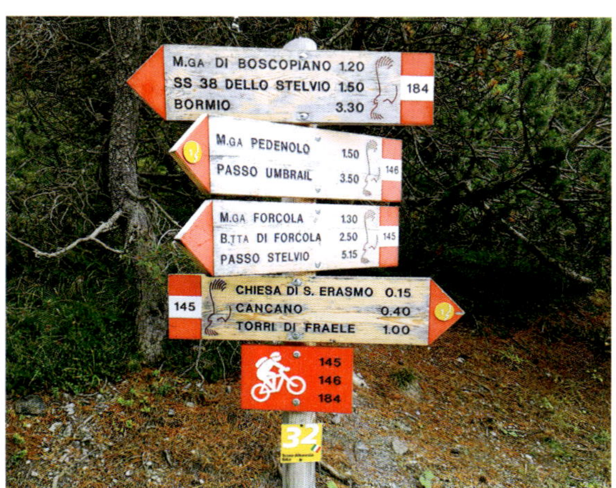

um dann über die imposante Staumauer auf die rechte Seite zu wechseln. Direkt nach der Staumauer gibt es auch die Möglichkeit zum Einkehren, was bei dieser Tour selten der Fall ist. Am Lago di San Giacomo di Fraele rechts vorbei, immer rechts halten und über die Schweizer Grenze ins wunderschöne Val Mora. Hier gibt es nur eine Forststraße inklusive ein paar lohnender Trailabkürzungen. Immer der Straße nach, bei Müstair über die italienische Grenze und zurückrollen bis nach Glurns. Von hier noch recht flach dem Radweg bis nach Prad folgen.

HIGHLIGHTS

Alta Rezia

Alta Rezia liegt in den Rhätischen Alpen zwischen Italien und der Schweiz und ist eines der wichtigsten Gebirgstourismusgebiete der Welt. Spricht man den Namen St. Moritz aus, weiß jeder, wie der (Ski-)Hase läuft. Dass die Geschichte dieses Gebietes aber sogar mit den Etruskern verwoben ist, wissen wohl die Wenigsten: 500 v. Chr. drangen die Etrusker auch gegen die Alpen im Norden vor, wo sie zahlreiche Kolonien gründeten, später eroberten die Römer das Grenzgebiet. Bis zur Vereinigung des Veltlins (Valtellina) mit Graubünden zwischen dem 16. Jahrhundert und 1815 wurden die Einwohner Reziens auch von christlichen und germanischen Einflüssen geprägt. In Grosio hat man sogar Felsbilder gefunden, die 1000–2000 v. Chr. entstanden sind.

Schmugglerkaffee

Bekannt ist das Gebiet aber auch, weil vor allem in der Nachkriegszeit besonders viel geschmuggelt wurde. Nach dem Krieg herrschte auf den Höfen lange die blanke Not und das schnell verdiente Geld lockte viele Männer an, auch wenn das Schmuggeln mit großen Risiken verbunden war. Um Grenzkontrollen zu entgehen, mussten immer extremere Wege begangen werden: Tabak, Zucker, Süßstoff, Kaffee und sogar Geräte und Maschinen wie Sägen oder Metzgerbedarf wurden so nach Südtirol „exportiert". Unzählige Tonnen von Waren haben die „Träger", die meist aus wirtschaftlicher Notwendigkeit handelten, nach Prad und Tschengls gebracht; nach deren Barauszahlung wurde die Schmuggelware verladen und von professionell organisierten Händlern von Norditalien aus in das gesamte Staatsgebiet verteilt. Die abenteuerlichen Geschichten des Schmuggelns inspirierte eine Prader Familie bei der Eröffnung ihrer Kaffeemanufaktur zum Namen der schwarzen Spezialität: Kuntrawant, abgeleitet vom italienischen „contrabbando" (= Schmuggel).

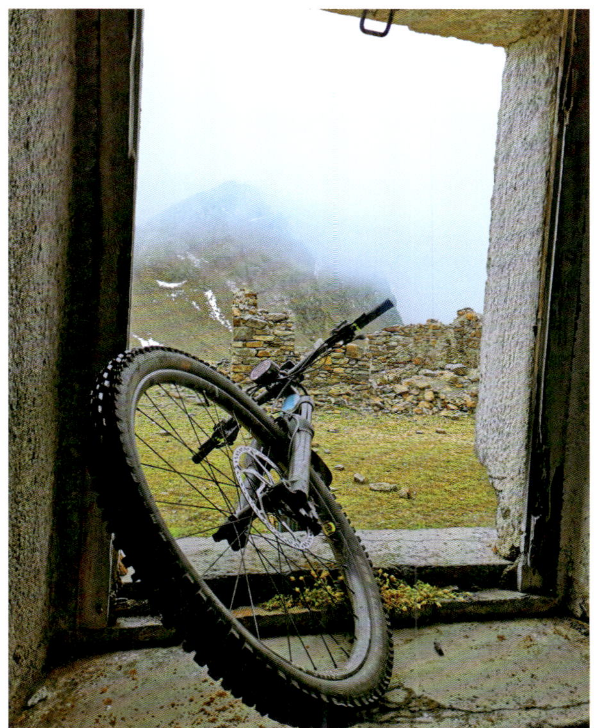

29 PARTSCHINSER-ALMEN-TOUR

Start Bergstation Seilbahn Aschbach, 1349 m
Ziel Rabland, 510 m
Höchster Punkt 1970 m
Strecke 31 km
Hm bergauf 690
Hm bergab 1150
Zeit MTB 3 Std. 20 Min.
Zeit E-MTB 2 Std. 20 Min.
Schwierigkeit ●●○○○
E-Bike-Akkus 1
Anhängertauglich nein

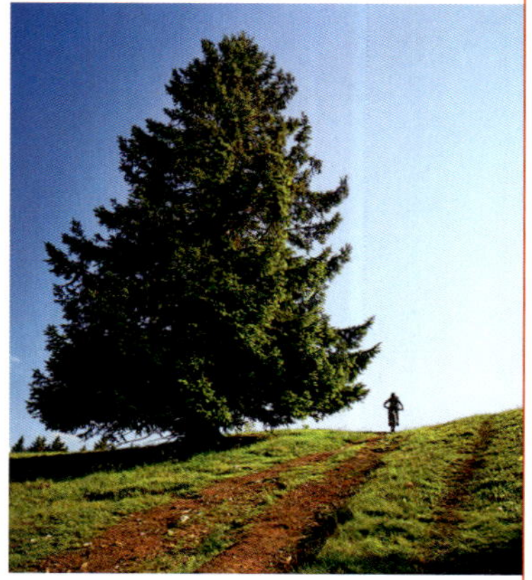

Anfahrt

 Mit dem Fahrrad der Claudia Augusta folgen und bei Rabland über die Brücke zur Talstation der Seilbahn Aschbach.

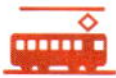 Mit dem Zug bis zur Haltestelle Rabland.

 Mit dem Auto über die Vinschgauer Staatsstraße bis nach Rabland, dort der Beschilderung zur Seilbahn Aschbach folgen.

Diese Tour lässt weit blicken: anfangs auf die Texelgruppe, der Gebirgsgruppe hinter Meran, später hin zu den Dolomiten und auch der Eingang des Schnalstales ist perfekt sichtbar. Außerdem lassen sich architektonische Gegensätze erleben: ein mittelalterliches Kirchlein und ein hochmodernes Design-Hotel.

Tourenbeschreibung

Mit der Aschbacher Seilbahn überwindet man die 800 Höhenmeter ziemlich rasch. Von der Seilbahn aus nach links und bei der Kreuzung rechts der Beschilderung aufs Vigiljoch folgen. Bei der nächsten beschilderten Kreuzung der großen Tafel Meran-Highline entlang in Richtung Naturnser Alm. In angenehmer Steigung die Forststraße hoch und nach dem Gitter links hinauf zur Naturnser Alm. Schaut man nach rechts, hat man einen

Auf dem Vigiljoch

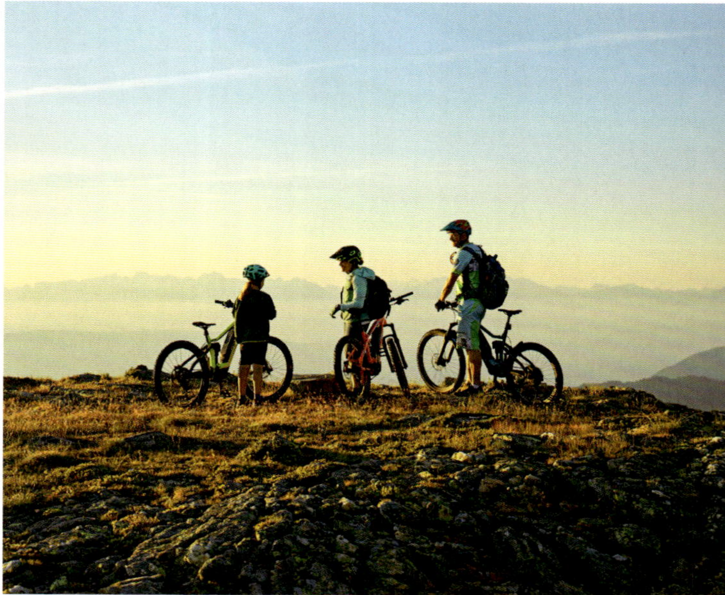

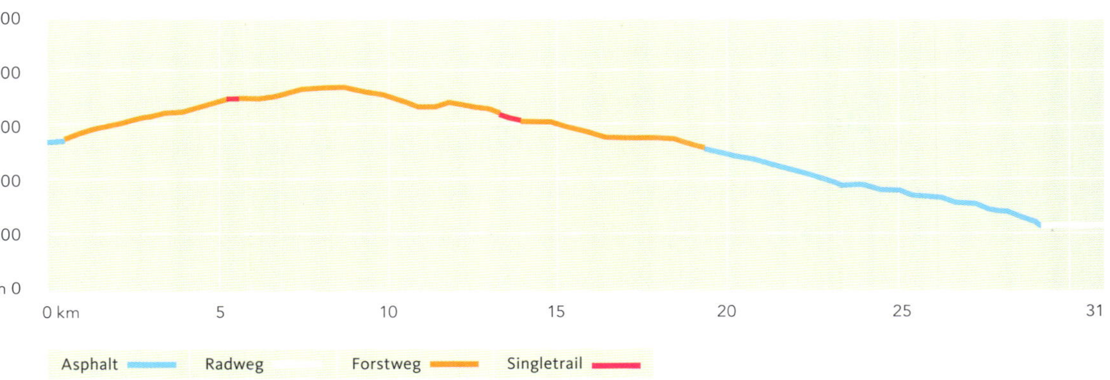

wunderbaren Ausblick über den Vinschgau bis nach Prad am Stilfser Joch. Nach der Naturnser Alm auf dem einzigen Forstweg hinauf und bald hat man den höchsten Punkt auf knapp 2000 m erreicht. Hier wechselt man von der Nord- auf die Südseite, welche einen grandiosen Blick auf die Dolomiten inklusive Geislerspitzen, Sellastock, Lang- und Plattkofel, Latemar und weitere Gipfel freigibt. Ab jetzt rollt man teilweise recht steil nach unten bis zu einer Kreuzung, wo sich fünf Forststraßen treffen. Nach links durch das Gatter und links an der Kirche vorbei wieder hinab bis zum kleinen See „Schwarze Lacke". Nach dem Gasthaus Seespitz die Forststraße weiter hinunter, sich tendenziell immer links halten und zurück nach Aschbach. Von dort der Panoramastraße hinab bis nach Töll folgen und auf dem Talradweg zurück zur Talstation der Seilbahn.

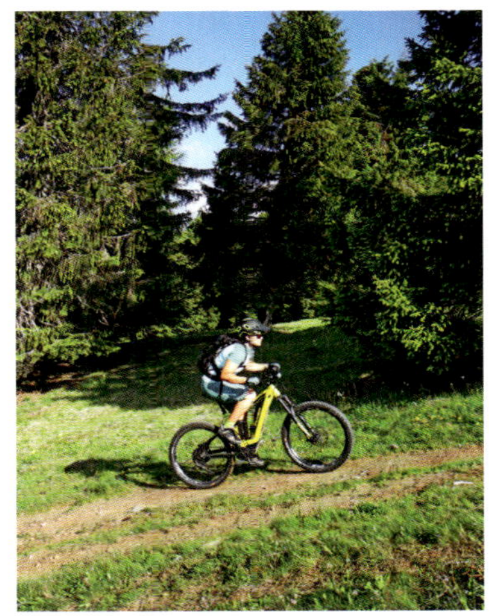

Knackiger Aufstieg

Varianten

Wer auf dieser Tour noch Meran mitnehmen möchte, kann ab der Schwarzen Lacke auf der Forststraße nach rechts abfahren und kommt in Marling, unmittelbar neben Meran heraus. Von Meran auf dem Radweg zurück zum Ausgangspunkt in Töll.
Wer Endurostrecken mag, findet ab der Schwarzen Lacke den ab 14 Uhr für Biker reservierten Steinbruchtrail bis hinunter nach Töll.

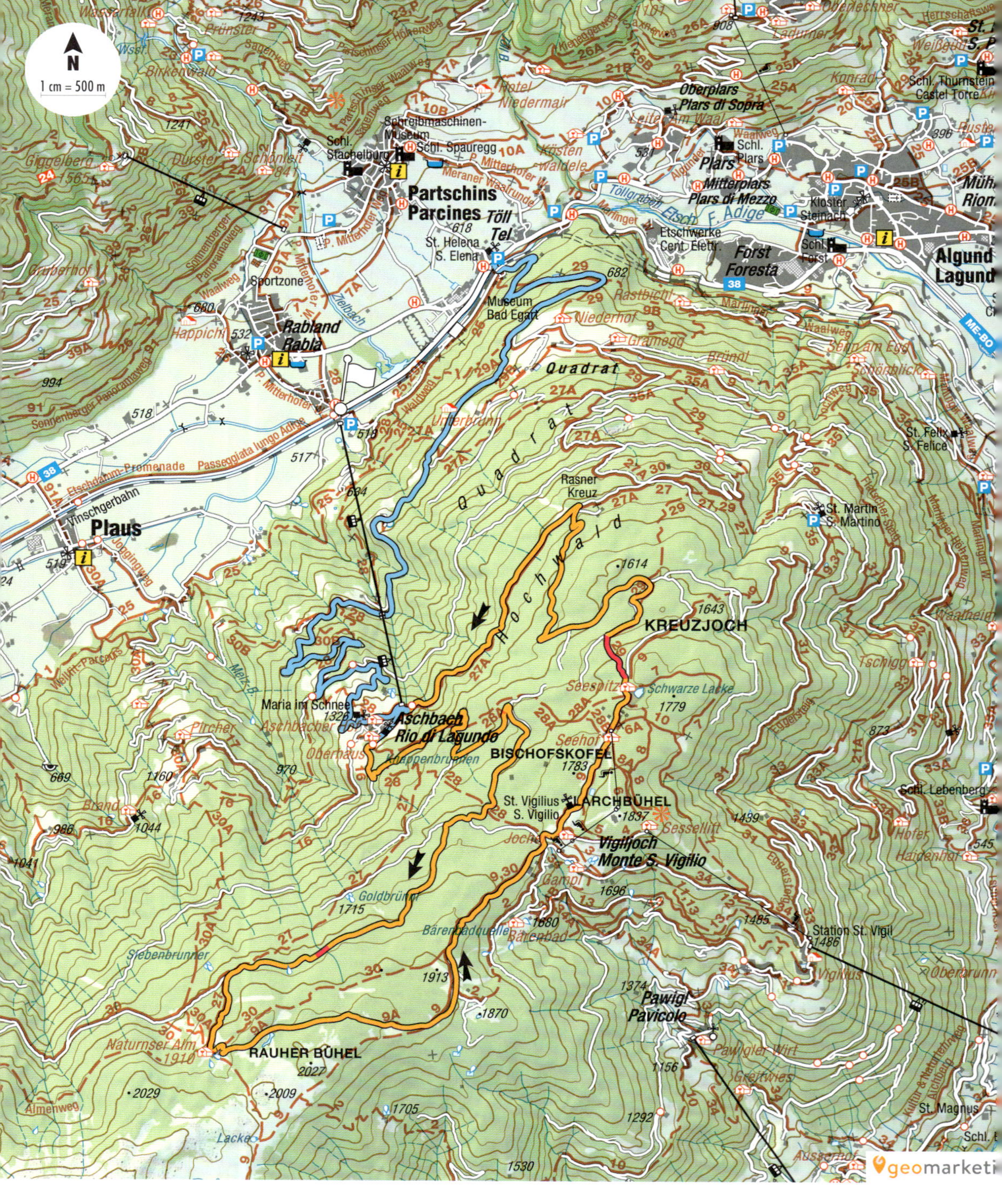
N
1 cm = 500 m
Partschins
Parcines
Töll
Tel
Rabland
Rabla
Plaus
Plars
Oberplars
Plars di Sopra
Mitterplars
Plars di Mezzo
Algund
Lagund
Forst
Foresta
Quadrat
Hochwald
Rasner Kreuz
KREUZJOCH
Schwarze Lacke
BISCHOFSKOFEL
LARCHBÜHEL
Vigiljoch
Monte S. Vigilio
St. Vigilius
S. Vigilio
Aschbach
Rio di Lagundo
Maria im Schnee
RAUHER BÜHEL
Naturnser Alm
Pawigl
Pavicolo
Station St. Vigil
St. Martin
S. Martino
St. Felix
S. Felice
Vinschgerbahn
Etschdamm-Promenade
Passeggiata lungo Adige
Sportzone
Museum Bad Egart
St. Helena
S. Elena
Schreibmaschinen-Museum
Kloster Steinach
Etschwerke
Geigelberg
Giggelberg
Gruberhof
Goldbrunn
Siebenbrunner
Bärenbad
Seehof
Seespitz
Sessellift
Pawigler Wirt
Greitwies
Schl. Lebenberg
Schl. Thurnstein
Castel Torre
Schl. Plars
Schl. Stachelburg
Tschigg
Almenweg
geomarketing

HIGHLIGHTS

St.-Vigilius-Kirchlein, Vigiljoch

Das Wahrzeichen des Vigiljochs ist das kleine Kirchlein St. Vigil, das auf einer Erhebung einsam steht; vermutlich war diese Stelle ein heidnischer Kultplatz und durch die Errichtung des sakralen Bauwerkes sollte die Anbetung von fremden Göttern verdrängt werden. Es markierte die Nordgrenze zum Bistum Trient und birgt Fresken aus der Mitte des 14. Jahrhunderts, die die zwölf Apostel und Szenen des Kreuzgangs darstellen. Ursprünglich war die Kirche zwei Heiligen geweiht: dem hl. Petrus und dem hl. Vigilius. Weil aber der Bischof von Trient seine Macht gegenüber dem Bischof von Chur unterstreichen wollte, wurde St. Vigilius zum alleinigen Schutzpatron. Er wird in der katholischen Kirche als Märtyrer verehrt: Als er in der Trentiner Gemeinde Spiazzo einen christlichen Gottesdienst feierte und dabei die Saturn-Statue in den Fluss Sarca warf, wurde er von den entrüsteten Anhängern des Saturn-Kultes zu Tode gesteinigt. Die Kirche St. Vigil galt als Wetterkirche, die die Menschen vor Unwettern beschützen sollte. Jedes Jahr wird um den 26. Juni herum (Patrozinium des hl. Vigilius) eine Bergmesse mit anschließendem Fest, der Vigiljocher Kirchtag, abgehalten.

Neben dem sehr alten steinernen römisch-katholischen Gebäude sticht ein weiteres, modernes Objekt aus Holz und Glas dem aufmerksamen Betrachter ins Auge: Das „vigilius mountain resort“ wurde von dem namhaften Architekten Matteo Thun als nachhaltiges Hotel in der Natur geschaffen. Das exklusive 5-Sterne-Hotel ist komplett autofrei und ausschließlich mit der Seilbahn erreichbar.

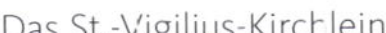
Das St.-Vigilius-Kirchlein

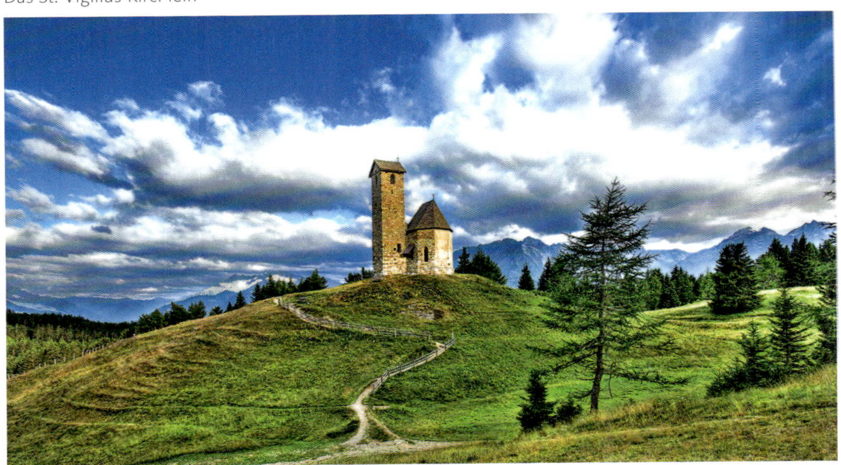

30 FAMILY-TOUR ASCHBACH

Start Bergstation Seilbahn Aschbach, 1349 m
Ziel Rabland, 510 m
Höchster Punkt 1440 m
Strecke 14 km
Hm bergauf 70 m
Hm bergab 950 m
Zeit MTB 1 Std.
Zeit E-MTB 40 Min.
Schwierigkeit ●●○○○
E-Bike-Akkus 1
Anhängertauglich nein

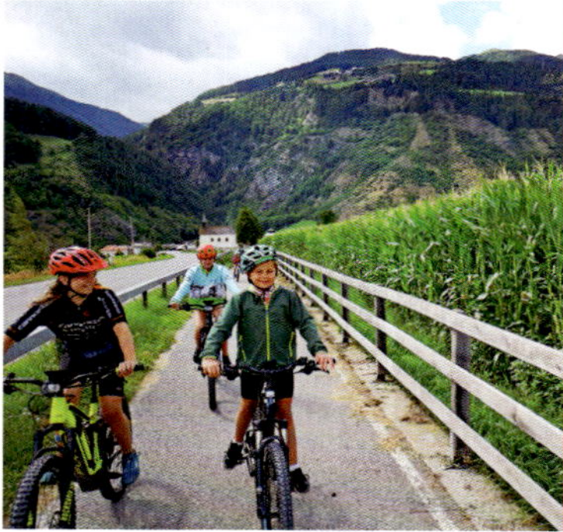

Schöne Momente mit der eigenen Familie teilen – dies gelingt beim Biken besonders gut, wenn man den Nachwuchs nicht überfordert, aber dennoch eine spannende Strecke wählt. Nach dieser Tour bleibt noch Zeit genug bei „Onkel Taa" und seinem k. u. k. Museum einzukehren oder die Eisenbahnwelt in Rabland zu besuchen.

Tourenbeschreibung

An der Bergstation der Seilbahn Aschbach der Beschilderung nach links folgen und dann auf den Forstweg wechseln. Hier werden gleich die ersten und letzten Höhenmeter gesammelt. Alsbald schon kann man rollen und hält sich links. Der Beschilderung dann nach rechts in den alten Mahlbacherweg folgen und ca. 200 Höhenmeter bergab bis man wieder die Forststraße erreicht. Die Quadratstraße bergab rollen und beim Familienrestaurant Brünnl eine Einkehr wagen. Hier warten einheimische Gerichte, feine Nachspeisen und ein eigener Streichelzoo mit Spielplatz. Danach der Straße bergab bis Töll folgen und über

Ausblick vom Gasthof Brünnl

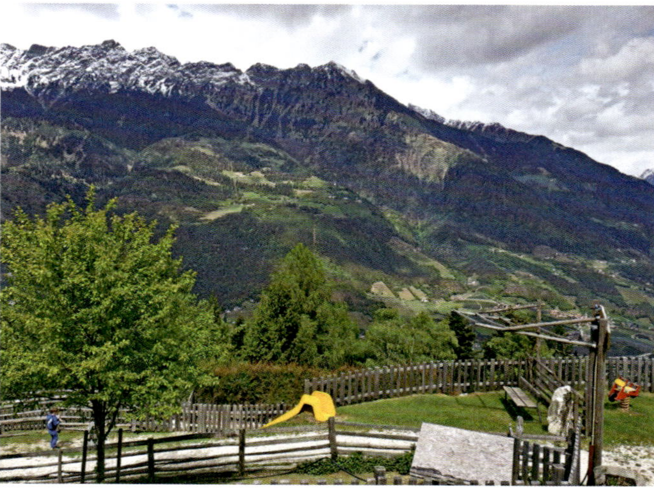

Anfahrt

 Mit dem Fahrrad der Claudia Augusta folgen und bei Rabland über die Brücke zur Talstation der Seilbahn Aschbach.

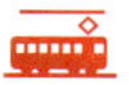 Mit dem Zug bis zur Haltestelle Rabland.

 Mit dem Auto über die Vinschgauer Staatsstraße bis nach Rabland, dort der Beschilderung zur Seilbahn Aschbach folgen.

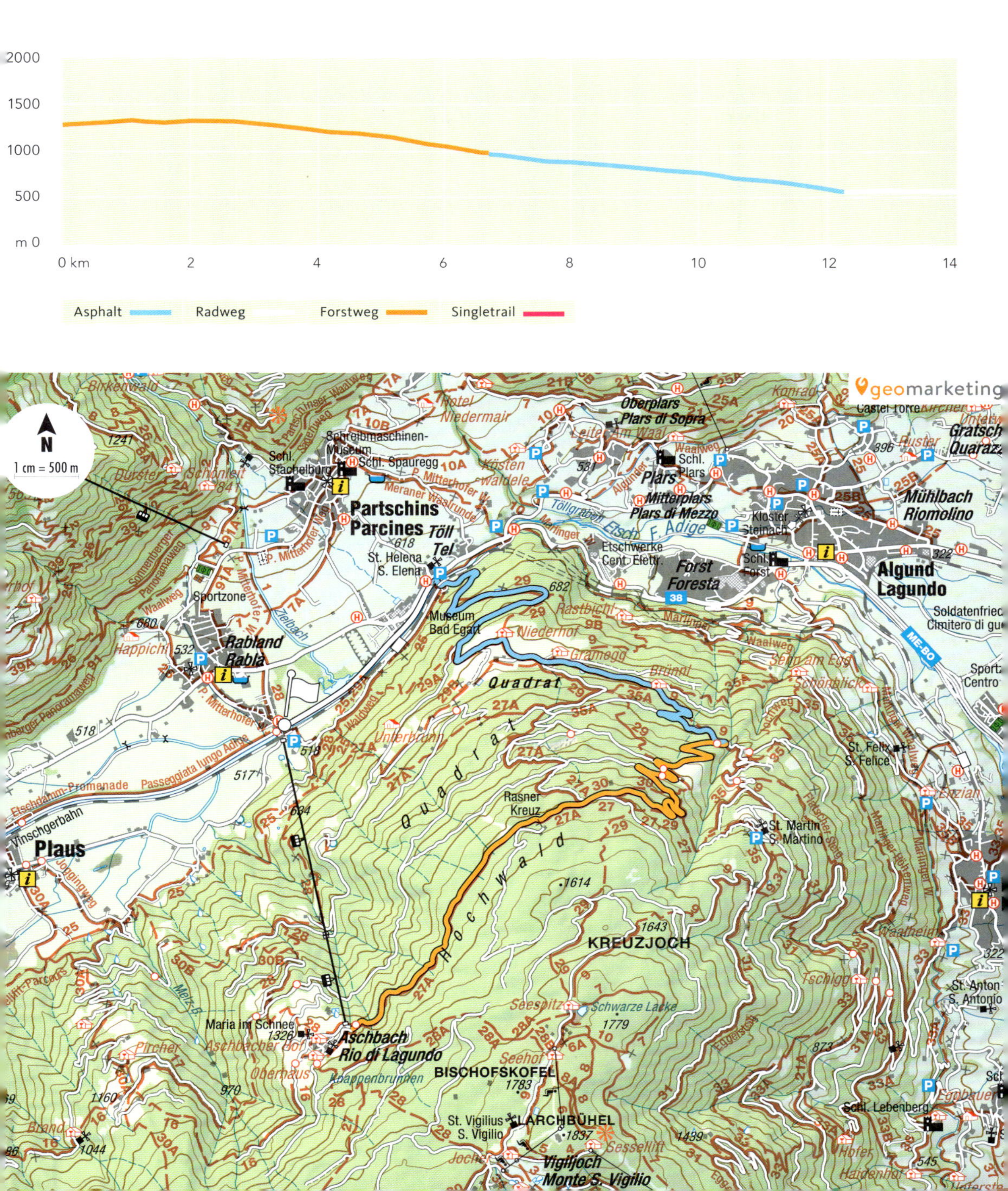
2000
1500
1000
500
m 0
0 km
2
4
6
8
10
12
14
Asphalt
Radweg
Forstweg
Singletrail
geomarketing
N
1 cm = 500 m
Partschins
Parcines
Schl. Stachelburg
Schreibmaschinen-Museum
Schl. Spauregg
Töll
Tel
St. Helena
S. Elena
Rabland
Rabla
Sportzone
Plaus
Vinschgerbahn
Etschdamm-Promenade
Passeggiata lungo Adige
Museum Bad Egart
Quadrat
Niederhof
Rastbichl
Gramegg
Brünnl
Unterbrunn
Rasner Kreuz
Hochwald
KREUZJOCH
Aschbach
Rio di Lagundo
Maria im Schnee
Aschbacher Hof
Obermaus
Knappenbrunnen
BISCHOFSKOFEL
Seespitz
Schwarze Lacke
Seehof
St. Vigilius
S. Vigilio
LARCHBÜHEL
Sessellift
Vigiljoch
Monte S. Vigilio
Oberplars
Plars di Sopra
Schl. Plars
Plars
Mitterplars
Plars di Mezzo
Etschwerke
Cent. Elettr.
Forst
Foresta
Etsch
F. Adige
Kloster Steinach
Schl. Forst
Algund
Lagundo
Mühlbach
Riomolino
Gratsch
Quarazze
Soldatenfriedhof
Sportzone
Centro
St. Felix
S. Felice
St. Martin
S. Martino
Tschigg
St. Anton
S. Antonio
Schl. Lebenberg
Waalheim
Marling
ME-BO
Töllgraben
Happichl
Birkenwald
Pircher
Brand
1614
1643
1779
1783
1837
1326
1160
1044
970
684
618
682
532
518
517
531
396
322
873
545
1439
1241

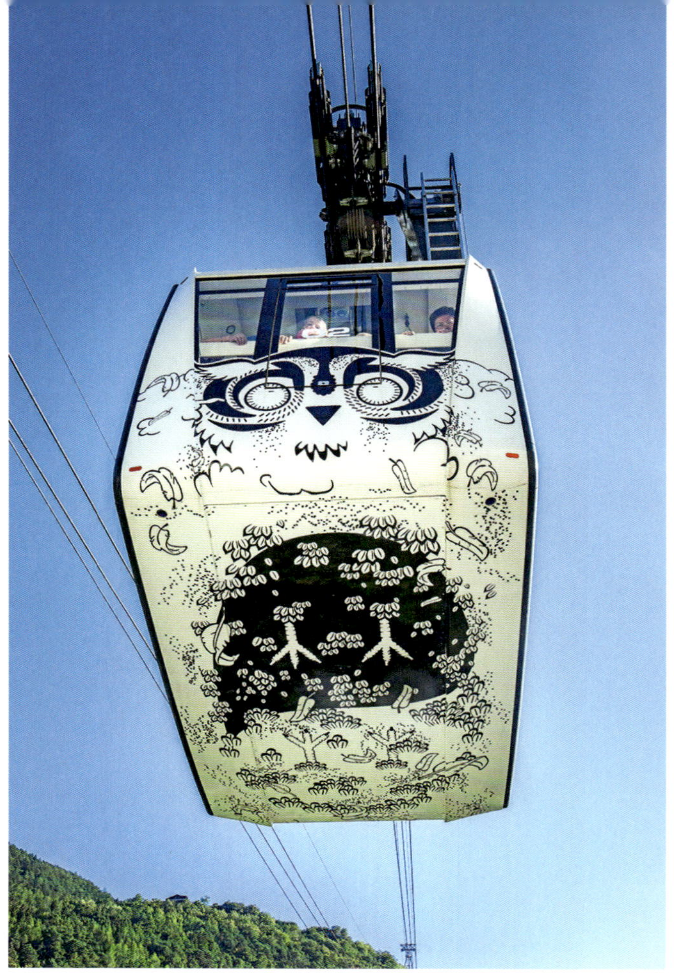

Die Seilbahn Aschbach
bei Rabland

den Radweg zurück zur Talstation der Seilbahn Aschbach. An heißen Tagen empfiehlt es sich ab Töll auf der linken Seite zu bleiben und nach dem Bahnhof den Forstweg im Wald zur Seilbahn zu nehmen. Dabei kommt man auch beim kuriosen Restaurant „Onkel Taa" und seinem k. u. k. Museum vorbei.
Auch die nahe gelegene Eisenbahnwelt in Rabland, welche die größte digitale Modelleisenbahnanlage Italiens besitzt, ist einen Besuch wert.
Wer eher mit Downhill begeistertem Nachwuchs unterwegs ist, kann ab der Schwarzen Lacke den S3 Trail „Stuanbruch" in Angriff nehmen (Achtung: hohe Schwierigkeit und erst ab 14 Uhr). Auch dieser führt hinab nach Töll.

HIGHLIGHTS

Töll

Der Name Töll (ital. Tel) hat seinen etymologischen Ursprung im lateinischen Wort telonium, was Zollstätte bedeutet. Tatsächlich war sie dies seit der Römerzeit bis ins 19. Jahrhundert auch. Die Töll markiert die Grenze zwischen dem Burggrafenamt und dem Vinschgau.

Bad Egart

Auf jeden Fall einen Besuch wert ist das älteste Heilbad Tirols, Bad Egart. Seit 1430 Gaststätte, nutzten bereits die Römer die drei Quellen für ihre Trink- und Badekuren. Die Quellgrotte mit Heilwasser ist heute noch begehbar und in ihr werden Exponate der alten Badekultur ausgestellt, wie z. B. Zuber aus dem Mittelalter. Erst 1956 wurde das Heilbad aufgelassen. Nun beherbergt Bad Egart das Restaurant „Onkel Taa" und das k. u. k. Museum Bad Egart. Im Restaurant kann man die Lieblingsgerichte seiner Majestäten, Kaiserin Elisabeth (Sissi) und Kaiser Franz Joseph I., verkosten. Als Spezialität gelten die Weinbergschnecken, welche hausintern gezüchtet werden. Im k. u. k. Museum finden sich zahlreiche Gegenstände aus der Zeit der Habsburger und auch persönliche Dinge des kaiserlichen Ehepaares Sissi und Franz Joseph. Über 30.000 Antiquitäten, die liebevoll in über 90 Vitrinen ausgestellt sind – eine Fundgrube für Liebhaber längst vergangener Zeiten. In diesem Sammelsurium vor Kleinkunstgegenständen gibt es nichts, was es nicht gibt: Steingutsammlungen, Fossilien, gotische Werkzeuge, Schnitzereien, sakrale Kunst, Erotika, Porzellanfiguren, Puppen und Spielsachen. Eine Biedermeierküche und ein Tante-Emma-Laden aus der Zeit runden das k. u. k. Erlebnis ab. Außerdem gibt es angrenzend ein Freilichtmuseum mit Kapelle zu besichtigen.

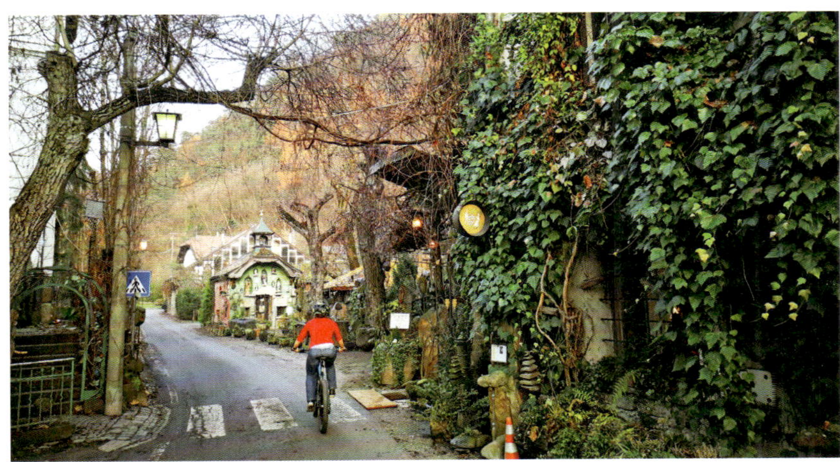

Onkel Taa und das k. u. k. Museum Bad Egart

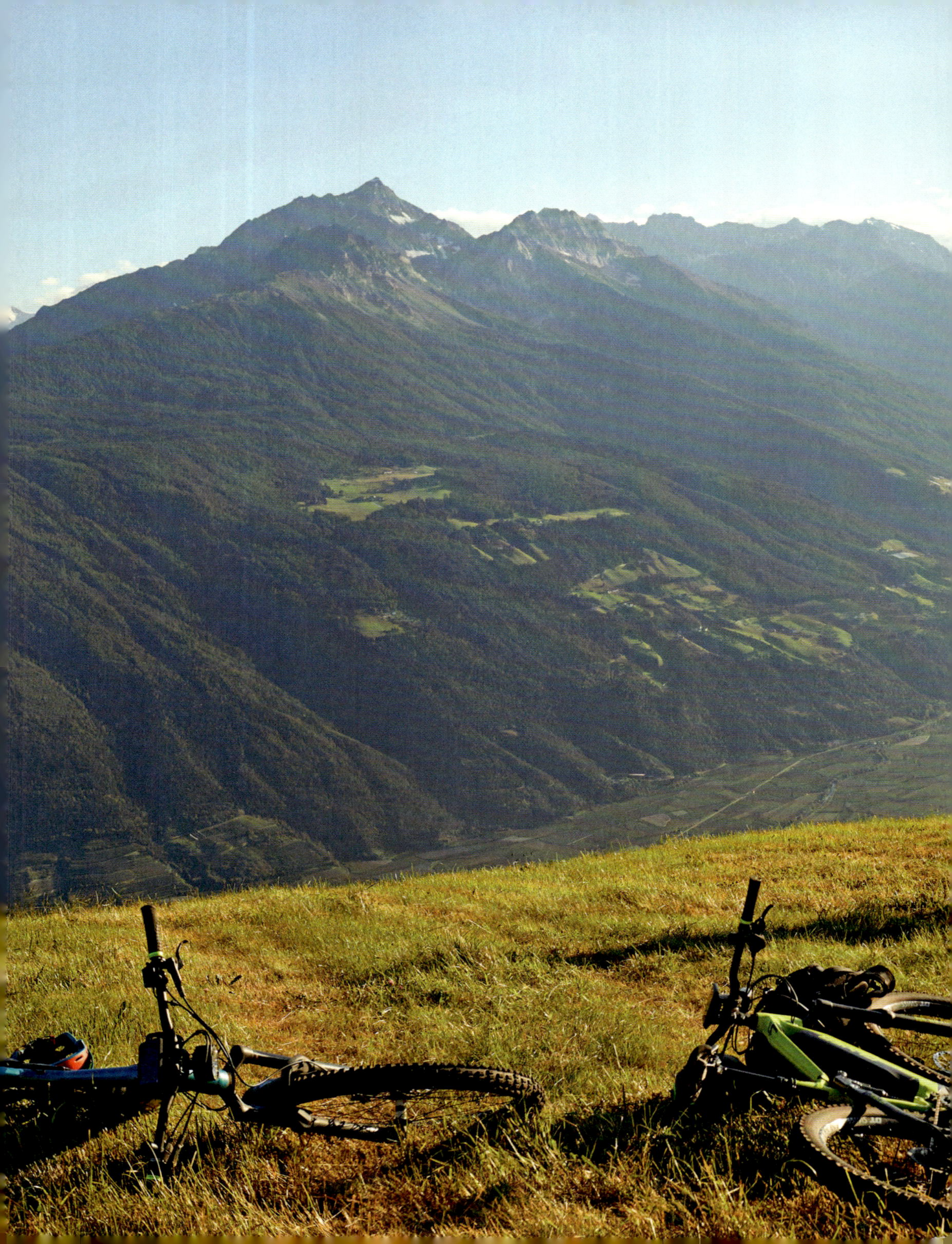

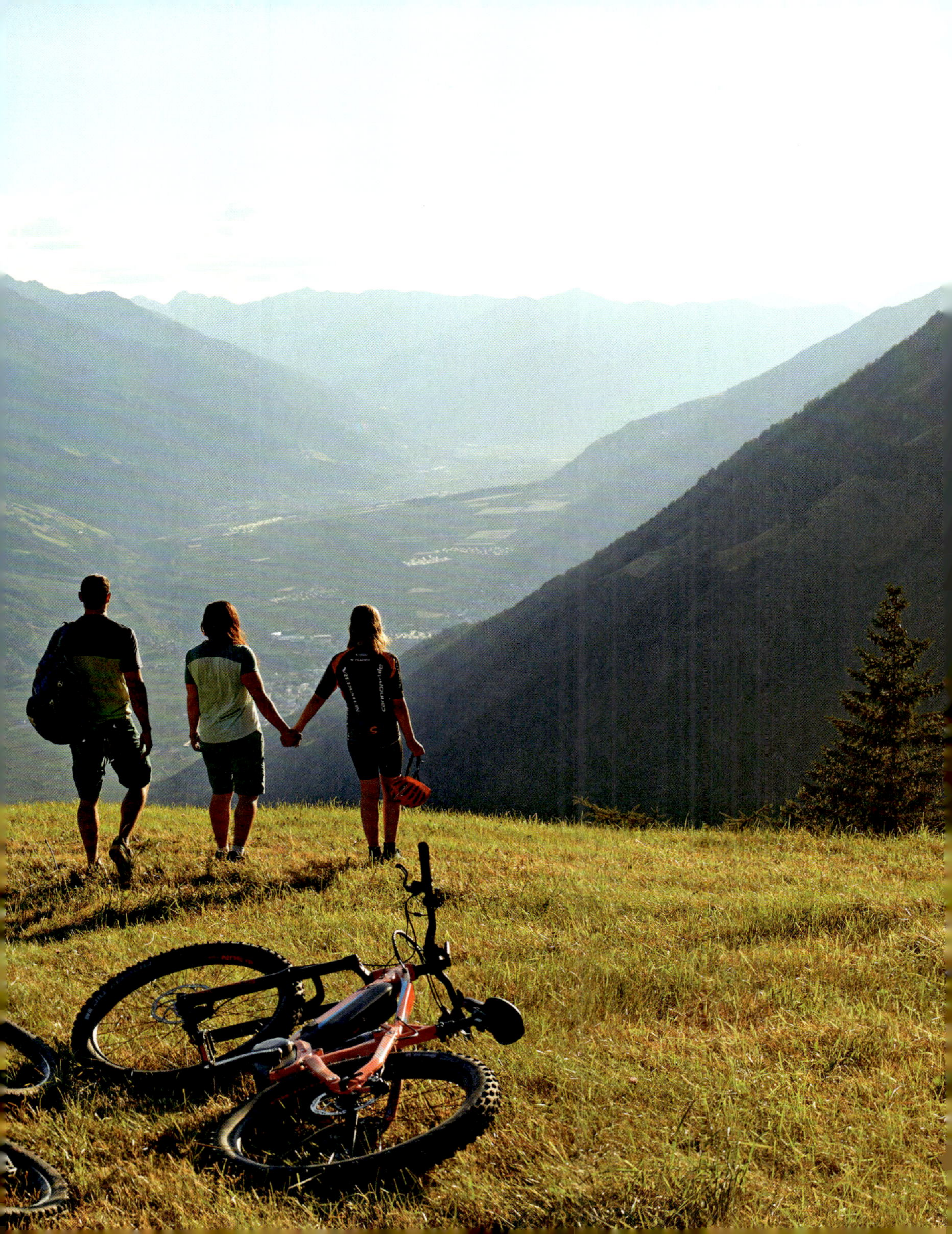

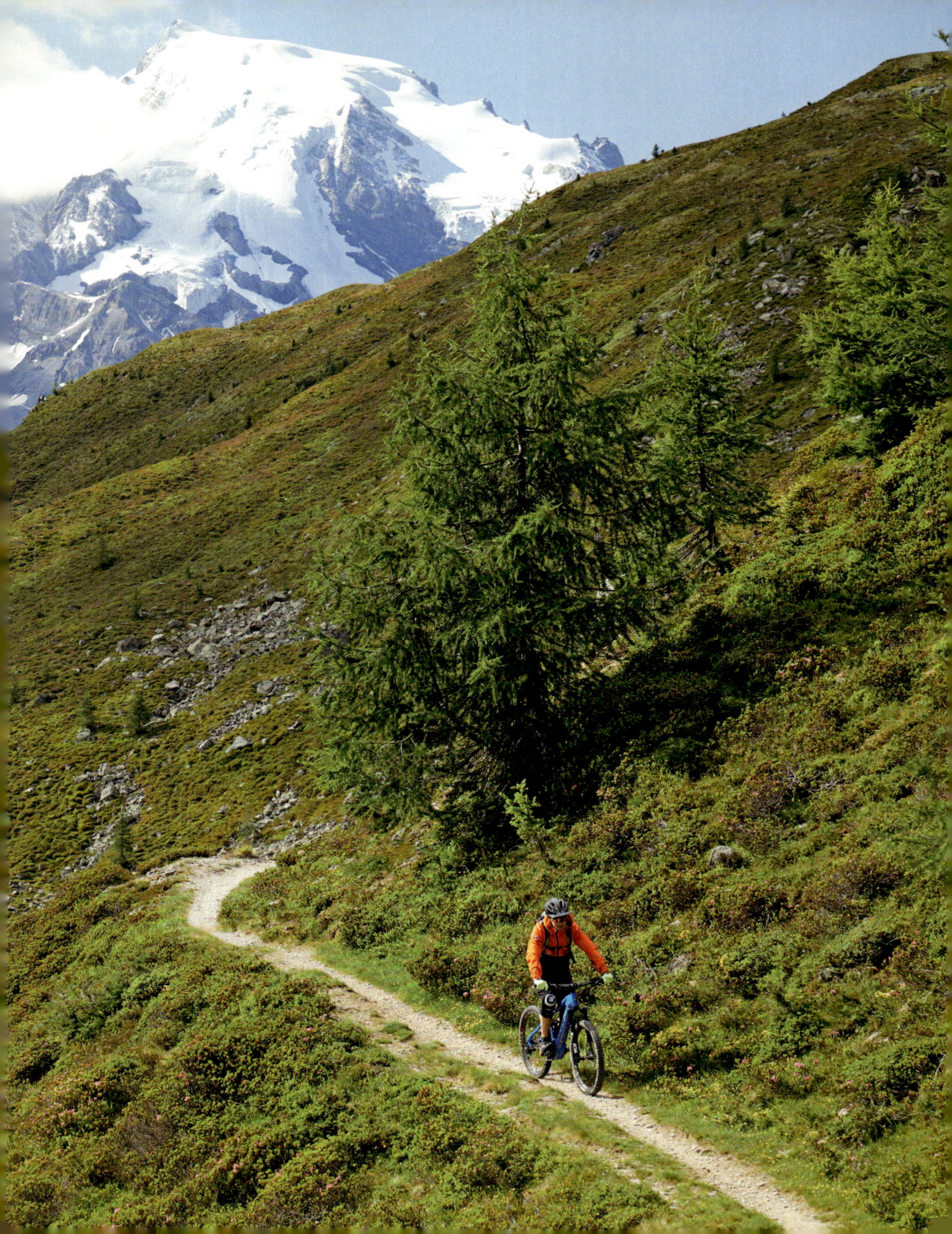

HINWEIS
Alle Angaben in diesem Wanderführer wurden von den Autoren sorgfältig recherchiert. Sollten Sie bei Ihren Touren dennoch Unstimmigkeiten bemerken, nimmt der Verlag Ihre Hinweise gerne entgegen (buchverlag@athesia.it). Die Benutzung dieses Führers erfolgt auf eigenes Risiko. Eine Haftung für etwaige Unfälle und Schäden wird weder von den Autoren noch vom Verlag übernommen.

TITELBILD
Oberhalb des Reschensees – © Julia Hofmann

BILDNACHWEIS
Athesia-Tappeiner Verlag, Christjan Ladurner, Hannes Silbernagl, IDM Südtirol (Frieder Blickle, Matt Cherubino, Thomas Grüner, Angelika Schwarz, Kirsten Sörries), Tourismusverein Prad, Tourismusverein Latsch (Heidi Hintereck, Kirsten Sörries)

2020

Design & Layout: Athesia-Tappeiner Verlag
Umschlaggestaltung: Nele Schütz Design, München
Kartografie: Athesia-Tappeiner Verlag
Druck: Athesia Druck, Bozen

ISBN 978-88-7073-950-3

www.athesia-tappeiner.com
buchverlag@athesia.it

TAPPEINER.

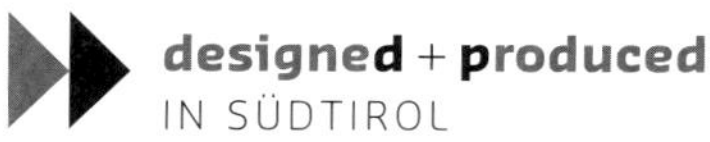

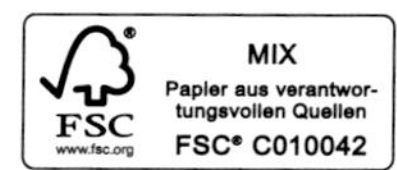